하나님 사람에게 주는 하나님 음성

하나님 사람에게 주는
하나님 음성

규장

차례 Contents

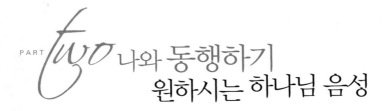

PART *two* 나와 동행하기
원하시는 하나님 음성

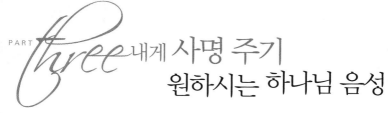

PART **three** 내게 사명 주기
원하시는 하나님 음성

✚

맑은 물을 너희에게 뿌려서 너희로 정결하게 하되
곧 너희 모든 더러운 것에서와 모든 우상 숭배에서
너희를 정결하게 할 것이며 또 새 영을 너희 속에 두고
새 마음을 너희에게 주되 너희 육신에서
굳은 마음을 제거하고 부드러운 마음을 줄 것이며

에스겔 36장 25,26절

'중요한 결정'을 내릴 때 꼭 필요한 불변의 법칙

이 법칙을 어길 때 어떻게 될까?

우리가 결정을 내리는 것에 대한 불변의 법칙이 있다. 이러한 법칙들을 어길 때, 우리는 형편없는 결정을 할 수밖에 없고, 또 그러한 결정의 결과로 고통당할 수밖에 없다.

이러한 법칙들은 중력의 법칙이 우주의 모든 물체에 실제적으로 영향을 미치는 것처럼, 우리가 하나님의 축복을 받는 결정을 하느냐, 하지 못하느냐의 문제에 실제적으로 영향을 미친다.

예를 들어, 그릇된 동기로 어떤 결정을 하거나 잘못 전해들은 사실을 기초로 결정했을 때, 하나님께서 그런 결정을 결코 축복하지 않으실 것이라고 확신해도 좋다.

만일 하나님 앞에서 죄를 짓고도 자백하지 않았다면, 어떤 문제를 결정할 때 하나님의 음성을 들을 수 없고, 성령의 인도하심을 통해 우리의 상황에 대한 깨달음도 얻을 수 없다.

성경은 이렇게 말한다.

"무릇 하나님의 영으로 인도함을 받는 사람은 곧 하나님의 아들이라"(롬 8:14).

그러므로 우리가 인생의 모든 갈림길에서 하나님의 뜻에 따른 결정을 하려면 우리의 육신이 아니라 성령을 따라 걸어야 한다. 하나님과의 수직적 관계를 유지하는 것이 중요한 이유가 바로 그 때문이다.

한 번은 친구가 기도응답에 대한 답답한 심정을 토로한 적이 있었다.

"나도 하나님을 알고, 하나님도 나를 아셔. 하지만 자네처럼 기도응답을 통해 하나님을 체험하는 일은 내게 일어나지 않아. 그 이유가 무엇인지 도대체 모르겠어!"

나는 그 친구의 말을 곰곰이 생각했다. 그러던 중, 그 친구가 과거의 상처로 하나님과 자신의 주변 사람들을 원망하고 있다는 것을 우연히 알게 되었다.

그가 인생의 교차로에서 번번이 실망스럽고 형편없는 선택을 했던 이유, 전능하신 하나님의 능력을 체험하지 못한 이유가 바로 그러한 마음 때문이었다.

하나님께서는 죄와 자기의존에 빠져 있는 인생을 축복하지 않으신다. 어떤 사람이 죄와 자기의존의 길에 계속 머물러 있다면, 하나님께서는 그 사람의 잘못을 깨우쳐주기 위해, 하나님을 간절히 찾게 하기 위해, 일부러 그 사람과 하나님 사이에 벽을 쌓으시는 것이다.

《결정의 책》, 오스 힐먼

여호와의 말씀에 너희는 이제라도 금식하고 울며 애통하고 마음을 다하여 내게로 돌아오라 하셨나니 너희는 옷을 찢지 말고 마음을 찢고 너희 하나님 여호와께로 돌아올지어다 그는 은혜로우시며 자비로우시며 노하기를 더디하시며 인애가 크시사 뜻을 돌이켜 재앙을 내리지 아니하시나니 욜 2:12,13

주님 이외의 다른 것들을 주인 삼고 결정하며 살았던 삶을 회개합니다. 저를 정결하게 만들어주옵소서. 이제는 더욱 간절히 주님만을 바라보며 하나님의 뜻을 따라 결정하며 살기를 원합니다.

나의 적용과 결단

당신은 지금 하나님
뜻대로 살고 있는가?

하나님의 뜻은 인간의 행복과 기쁨을 훼방하는 하늘의 간섭이 아니다

우리 주변에는 하나님의 뜻을 인간의 유익과 동떨어진 어떤 것, 그것과 접촉할 때마다 인간이 체념할 수밖에 없는 어떤 것으로 생각하는 이들이 많다.

프랜시스 리들리 해버갈(1836-1879. 영국의 찬송시 작가)은 "체념에는 언제나 섭섭함에서 나온 한탄이 수반된다!"라고 말했다. 그의 말은 전적으로 옳다. 그리고 하나님의 뜻에 대한 그런 개념, 즉 '하나님의 뜻'을 인간이 어쩔 수 없이 체념할 수밖에 없는 '하나님의 간섭'으로 간주하는 견해는 그리스도인의 삶에 실로 해로운 영향을 끼친다.

우리 주위를 둘러보면 삶이 평탄할 때는 하나님의 뜻에 대해 전혀 생각하지 않다가 오로지 슬픔과 시련을 당하는 경우에만 자신들의 삶과 하나님의 뜻의 관계에 대해 생각하는 이들이 많다. 그들은 슬픔과 시련의 시기에 다음과 같이 진실하게 노래한다.

"주께서 단념하라 명하시면, 가장 소중히 여기던 것들과 결코 내 것이 아니었던 것들을 포기하라 명하시면, 주님의 것이었던 것들을 주님께 드리리. 주님 뜻대로 하소서!"

그러나 이런 노래의 노랫말 자체는 그들이 하나님의 뜻의 둘레 안에 거하는 것의 기쁨과 복됨과 안전함을 진정으로 이해하고 있지 못하다는 사실을 드러낸다.

하나님의 뜻은 인간의 행복과 기쁨을 훼방하는 하늘의 간섭이 아니다. 오히려 하나님의 뜻은 인간의 삶을 파괴하고 고사(枯死)시키는 모든 해로운 힘으로부터 인간을 해방시켜주는 하나님의 법이요, 모든 인생을 위한 한 가지 유일한 삶의 법칙이다.

오늘날 사람들은 성령으로 충만해지는 것, 거룩함으로 가득해지는 것, 섬김을 위한 능력의 충만함을 입는 것에 대해 많이 말한다. 실로 감사할 일이 아닐 수 없다. 그러나 이 모든 것들 또한 목적을 위한 수단일 뿐이요 이때에도 그 목적이 하나님의 뜻을 이루는 것임을 기억해야 한다.

성령으로 충만한 사람은 참으로 영광스러운 존재가 된다. 그러나 그 사람이 그런 상태가 되었다고 해서, 하나님께서 그 사람에게 바라시는 인생의 목표에 도달한 것은 아니다. 그 사람은 단지 인생의 가장 본질적인 것, 곧 하나님의 뜻을 행하기 위한 채비를 갖추게 되었을 뿐이다.

섬김을 위한 능력도 마찬가지이다. 섬김을 위한 능력을 받는 것은 참으로 귀한 복이 아닐 수 없다. 그러나 하나님의 뜻에 합당하게 반응하여 섬기느냐 그렇지 않으냐 하는 것이 궁극적으로 중요한 문제이다. 모든 인간이 마땅히 숙고해야 할 가장 중요한 문제는 과연 하나님의 뜻에 일치하는 삶을 살고 있느냐 하는 것과 하나님의 뜻에 일치하는 것들을 행하고 있느냐 하는 것이다.

《하나님의 뜻》, 캠벨 몰간

이 세상도, 그 정욕도 지나가되 오직 하나님의 뜻을 행하는 자는 영원히 거하느니라 요일 2:17

주님, 저의 마음을 주관하시어 저의 생각과 의지와 행동이 주의 뜻에 합당하게 하소서. 주의 뜻대로 살려는 열정을 회복시켜주시고, 인생의 가장 큰 축복인 '주의 뜻을 따라 사는 삶'을 허락하여 주옵소서.

나의 적용과 결단

지금 하고 있는 일이
정말 하나님의 뜻일까?

하나님의 뜻이 아니라면, 하나님이 막으실 것입니다

그리스도인이 되면 새로운 문제와 맞닥뜨리며, 더는 기계적으로 '출근하고 일하고 퇴근하고' 살지 못합니다. 새로운 고찰, 새로운 생각, 새로운 가능성, 새로운 물음이 생겨납니다.

그리스도인이 되면, 먼저 자신에게 묻습니다.

"내 직장이나 일이 그리스도인에게 합당한가?"

이 부분에서 고민에 빠졌던 사람들이 있습니다. 한 사람을 예로 들겠습니다. 2차 세계대전 초에 읽었던 루이스(C. S. Lewis, 1898-1963)의 글이 생생하게 기억납니다.

당시 루이스가 그리스도인이 된 지 얼마 되지 않았을 때의 일입니다. 루이스는 옥스퍼드대학의 영문학 교수였습니다. 그런데 그리스도인이 되자마자 영문학 교수노릇을 그만둬야겠다고 생각했습니다.

그는 이렇게 자문했습니다.

"영문학이 기독교 신앙과 무슨 상관이 있고, 영적인 삶과 무슨 상관이 있다는 말인가?"

그는 영문학 교수를 포기하고 특별히 신앙적인 일을 해야 한다고 생각했습니다.

이와 똑같은 경험을 한 사람들이 틀림없이 많을 것입니다. 그리스도인이 된 초기에, 사람들은 특별히 신앙적인 일을 해야 한다고 생각하는 경향이 있습니다.

성경은 "무엇을 하든지 다 하나님의 영광을 위하여 하라"(고전 10:31)라고 가르치며, 이 가르침은 일반 문화에 적용됩니다. 신앙적이지 않은 일은 그리스도인에게 무가치하다고 여기는 것은 잘못입니다.

일반 문화의 자리가 있습니다. 물론 그리스도인은 이런 일의 한계를 늘 인식합니다. 그러나 루이스가 깨달았듯이 그의 느낌은 완전히 잘못된 것이었습니다. 그래서 그는 영문학 교수 자리를 계속 지켰습니다.

우리는 오직 성경의 가르침을 통해 이것을 깨닫습니다. 우리는 미술, 음악, 삶의 다양한 영역을 통해 하나님께 영광을 돌릴 수 있습니다.

물론 나쁜 일이라면 그 무엇도 하나님께 영광을 돌리지 못합니다. 따라서 하지 말아야 합니다. 성경이 이 사실을 말해줍니다. 그러나 나쁜 일이 아니라면 하나님께 영광을 돌릴 수 있습니다.

절대로 하나님의 이끄심을 넘겨짚지 마십시오. 다시 말해, 가만히 앉아 "이 일을 하는 게 옳은가? 내가 이 일을 해야 하는가?"라고 자문부터 하지 마십시오.

자신의 일을 계속하십시오. 그 일을 계속하는 것이 하나님의 뜻이 아니라면, 하나님이 막으실 것입니다. 하나님을 넘겨짚지 마십시오. 이론적인 질문을 자신에게 던지지 마십시오. 문제를 만들어내지 마십시오. 자신의 삶을 계속 사십시오. 그리스도인의 삶을 계속 사십시오. 고린도전서 7장 20절의 가르침을 따르십시오. "각 사람은 부르심을 받은 그 부르심 그대로 지내라." 이렇게 사십시오. 이것이 여러분과 제가 할 일입니다.

15

《생수를 마셔라》, 마틴 로이드 존스

우리가 알거니와 하나님을 사랑하는 자 곧 그의 뜻대로 부르심을 입은 자들에게는 모든 것이 합력하여 선을 이루느니라 롬 8:28

 오늘도 자녀의 길을 계획하시고 인도해주시는 주님, 감사합니다. 주님의 섭리를 신뢰하며 오늘도 충성하는 주의 자녀가 되겠습니다. 제 마음을 주관하여 주시옵고, 주님과 함께 평강 가운데 거하는 하루가 되도록 인도하여 주옵소서.

나의 적용과 결단

하나님은 앵벌이
왕초가 아니다!

하나님은 당신에게 돈 많이 벌어오라고,
성과를 많이 내라고 하신 적이 없다

하나님은 우리의 무엇을 보고 기뻐하실까? 우리가 하는 일을 보고 기뻐하실까? 아버지가 가장 기뻐하시는 아들의 모습은 아들이 자신을 위해 무언가를 할 때라기보다 아들이 자신과의 사랑의 관계 속에서 성숙해가는 모습을 보일 때이다. 그런데도 자본주의 사회에서 살아가는 우리는, 우리가 생산하고 이루어내는 일의 양에 우리의 가치가 있다고 생각한다. 우리는 하나님마저도 그분이 우리의 일 때문에 우리를 기뻐하신다고 착각한다.

우리 아이들이 기분이 좋을 때면 엄마 아빠를 돕겠다고 음식을 식탁까지 나르곤 한다. 나와 아내는 이 일을 기뻐한다. 그렇지만 아이들이 일을 덜어주어서 기쁜 것이 아니다. 아이들이 부모를 돕고 싶어 하는 마음을 지녔다는 사실을 기뻐하는 것이다. 사실 아이들이 돕는다고 나서보아야 일을 그르치는 경우가 더 많다. 그런데도 우리 부부는 아이들과 함께 일하는 것이 기쁘다.

우리가 사역이나 사역의 결과에 집착하는 경우, 그때가 우리 영혼이 곤핍해졌을 때임에 주의하라. 우리는 우리의 영혼이 힘들면 힘들수록 더 열심히 일하며 자신을 채찍질한다. 그리고 누군가를 감동시키려고 애쓴다. 나 자신 또한 감동시키고 싶어 한다. 심지어 하나님까지 감동시키고 싶어 한다. 그러나 하나님은 우리의 일에 감동하지 않으신다.

예수님은 오히려 이렇게 말씀하신다.

"네가 지고 있는 그 무거운 짐을 내게 다오. 내 멍에는 가볍단다. 너는 내 안에 와서 쉼을 누려라. 내가 너를 기뻐하는 것은 너의 일 때문이 아니란다. 내가 너를 위해 일해줄 수 있는데, 네가 붙잡고 있기 때문에 내가 일할 자리가 없구나!"

16

결국 이 말씀의 본뜻은 우리가 붙든 자아의 짐을 내려놓으라는 것이다. 그리고 예수 그리스도의 십자가 안에서 예수님과 함께 부활의 기쁨을 누리라는 것이다. 하나님께서 우리에게 사명을 주시는 이유는 그 사역을 통해 함께 교제 나누기를 원하시기 때문이다.

주께서 우리를 부르신 가장 중요한 목적은 친구가 되시기 위해서다. 다른 것도 중요하지만 부수적이다. 하나님은 우리의 도움이 없더라도 일하실 수 있다. 돌들을 일으켜서라도 일하게 하실 수 있다.

내가 하나님을 위해 선교 사역을 감당해드리는 것이 아니다. 하나님께서는 혼자서도 능히 그 일들을 하실 수 있고 다른 사람을 통해서도 일하실 수 있다. 내가 없으면 사역이 안 될 것 같다는 생각은 큰 착각이다.

나는 문득 문득 하나님께서 나를 쓰시는 이유는 당신의 놀라운 사역을 혼자 보시기 아까워서 나를 끼워주신 게 아닐까 하는 생각이 들 때가 많다. 하나님은 내 도움이 필요 없으시지만 서툰 나를 하나님의 계획 가운데 끼워주시고 함께 일하고 싶어 하신다. 하나님께서 나를 쓰시는 이유는 나와 그 동역의 기쁨을 함께 누리기 원하시기 때문이다. 그러면서 때로는 공로까지 내게 돌려주신다. 내가 우리 아이들과 함께 집안일을 하고 싶어 하는 이유도 이와 마찬가지이다.

17

《더 내려놓음》, 이용규

사람아 주께서 선한 것이 무엇임을 네게 보이셨나니 여호와께서 네게 구하시는 것은 오직 정의를 행하며 인자를 사랑하며 겸손하게 네 하나님과 함께 행하는 것이 아니냐 미 6:8

내가 하는 일과 그 일의 결과에만 집착하여, 영혼이 곤핍한 가운데 있습니다.
나의 무거운 짐을 내려놓고, 하나님 품 안에서 쉼과 자유를 누리기 원합니다.

나의 적용과 결단

....

....

왜 하나님이 당신을 창조하셨을까요?

창조하신 핵심적인 이유를 놓치지 말자!

만일 내가 일반적인 그리스도인들을 대상으로 하나님께서 인간을 창조하신 까닭이 무엇인지에 대한 여론조사를 실시했다면, '하나님을 예배하도록', '세상에 복음을 전하도록', '하나님을 위해 일하도록' 등의 대답이 가장 많이 나왔을 것이다.

아마도 보통의 그리스도인들은 하나님께서 인간을 창조하신 첫 번째 까닭이 하나님 자신과 친밀하게 교제하기 위함이라고 응답하지는 않을 것이다. 왜 그럴까? 그것은 그 생각이 우리 생각의 '첫 줄'을 이루고 있지 못하기 때문이다.

우리는 그리스도인으로서 하나님을 예배해야 하고, 그리스도의 지상명령을 완수해야 하며, 하나님을 위해 일해야 한다는 훈련을 받아왔고 지금도 여전히 받고 있다.

오해는 하지 말라. 이 모든 것이 중요하지 않다는 뜻이 아니다. 이 모든 것은 정말로 중대하고 중요하다. 하지만 우리는 하나님께서 우리를 창조하신 핵심적인 이유를 놓침으로써 우리 행위의 핵심적인 동기가 되어야 할 것을 놓치고 있다.

하나님께서 인간을 창조하신 까닭은 인간으로 하여금 하나님 자신과 친밀하게 교제를 나누도록 하기 위함이다. 따라서 우리는 '하나님과 친밀하게 교제하는 것'을 모든 행동의 핵심적인 동기로 삼아야 한다.

그러나 오늘날 그리스도인 가운데는 그리스도인으로서의 삶을 정의하는 기준을 자신들이 창조주 하나님을 얼마나 잘 알고 있고 또 우리를 창조하신 동기가 무엇인지에 대해 얼마나 잘 알고 있느냐 하는 것이 아니라, 자신들이 무엇을 행하고 있고 또 그것을 얼마나 잘 행하고 있느냐에 두는 사람들이 많다.

하나님과 우리의 친밀한 사랑의 관계의 결과로 우리의 모든 행위가 나와야 하는 것이지, 우리 행위의 결과로 하나님과 우리의 친밀한 사랑의 관계가 결정되는 것이 아니다.

우리는 세상에서 길을 잃고 멸망해가는 영혼들을 마땅히 구원해야 하며 또한 세상에 강력한 영향을 끼쳐야 한다. 하지만 이런 것들은 예수님이 요한복음 15장에서 우리가 하늘의 참 포도나무인 예수님 안에 거하지 않으면 아무것도 할 수 없다고 말씀하셨을 때 천명하신 그 친밀한 사랑의 '관계'의 열매로 나타나는 것들이다.

우리는 그리스도인으로서 하늘에 계신 우리 아버지와 매우 친밀한 교제의 관계를 유지해야 한다. 진정한 변화는 오직 하늘에 계신 우리 아버지로부터 나오는 그 사랑, 다른 사람들에게로 쉽게 전이되는 그 사랑을 깊이 체험할 때에만 일어날 수 있다.

《하나님의 터치》, 오스 힐먼

내 안에 거하라 나도 너희 안에 거하리라 가지가 포도나무에 붙어 있지 아니하면 스스로 열매를 맺을 수 없음 같이 너희도 내 안에 있지 아니하면 그러하리라 요 15:4

주님, 제 속엔 선한 것이 하나도 없습니다. 거룩한 주님의 영으로 채워주소서. 그리하여 주님과의 교제가 특별한 만남이 아닌 일상이 되고, 그렇게 더욱 주님을 더욱 알고 친밀해지기를 원합니다.

나의 적용과 결단

우리들은 내 생각에 "예스"할 때가 많다

'하나님의 YES'를 선언하라!

오늘날 정말 많은 사람들이 기독교를 자신들의 신앙으로 택하려 한다. 하지만 그들은 기독교가 자신들의 삶에 대해 '예스'(Yes)라고 말하기보다는 '노'(No)라고 말한다고 생각한다. 그러나 사실 기독교 신앙은 살고자 하는 의지에 대한 부정이요, 굴복하고 죽고자 하는 의지에 대한 긍정이다.

인생의 의미에 대하여 가장 강력하게 '노'라고 말한 사람은 석가모니였다. 그는 인생의 고통이라는 문제에 대해 오랜 시간 깊이 생각한 뒤에 결국 인간의 존재와 고통이 하나라는 결론에 이르렀다. 그는 그 고통에서 벗어날 수 있는 유일한 길이 그 존재에서 벗어나는 것이고, 그 존재에서 벗어날 수 있는 유일한 길이 그 욕망에서 벗어나는 것이라고 생각했다.

그래서 그의 가르침을 따르는 사람들은 이렇게 말한다.

"욕망의 뿌리를 잘라버려라. 심지어 살고자 하는 욕망의 뿌리까지도 잘라버려라. 그러면 해탈(解脫)이라는 움직임도 없고 격정도 없는 상태, 문자 그대로 혹 불어 꺼뜨린 촛불 같은 상태에 들어갈 것이다."

불교에서 말하는 해탈의 상태는 인생을 강력히 부정한다. 부처는 우리 인생 그 자체를 제거함으로써 우리 인생의 문제들을 제거하려고 했다. 당신의 머리 자체를 제거함으로써 두통을 제거하려고 한 것이다. 그들은 모든 것에 '노'(No) 하며 살아가려 애쓴다. 그리고 그것이 참으로 해악하고 비극적인 결과를 가져오고 있다. 인간은 모든 것을 부정하며 살아갈 수 없기 때문이다. 우리는 우리의 삶을 향해 "예스"라고 말하면서 살아가야 한다.

당신에게 묻겠다. 예수님은 우리 인생의 의미에 대해 '예스'(Yes)라고 말씀하실까, '노'(No)라고 말씀하실까? 만일 '노'라고 말씀하신다면, 우리는 예수님을 받아들일 수 없을 것이다. 우리의 삶을 부정(否定)하는 부정으로

20

는 우리가 살아갈 수 없기 때문이다.

우리는 긍정으로 살아야 한다. 우리 인간이 긍정적인 존재들이기 때문이다. 우리는 부정적인 '노'와 냉소주의로는 살아갈 수 없다.

사도 바울은 인생의 의미에 대해 '노, 노, 노'를 외쳐대는 시대의 한가운데서, 어쩌면 그가 기록했던 모든 진술 중에서 가장 위대한 것일지도 모를 한 가지 진술을 했다. 그 진술은 바로 고린도후서 1장 19, 20절 말씀 그대로 기나긴 '노, 노, 노'의 시대 끝에 마침내 예수 그리스도 안에서 '하나님의 예스'가 왔다는 것이다.

바울은 인간이 자신의 삶에 대해 외쳐대던 수많은 부정적 '노'에 반대하여 '하나님의 예스'가 말해졌다고 선언하면서 그 이유가 하나님의 모든 약속들이 그리스도 안에서 그대로 이루어지기 때문이라고 진술했다.

예수 그리스도는 하나님의 모든 말씀과 약속이 참이고 진리라는 것을 긍정하는 '하나님의 예스'이다. 인간적인 추측이 아니라 신적인 긍정, 하나님이 말씀하시는 예스이다.

예수 그리스도는 하나님의 모든 약속들이 진리라고 긍정하시는가? 그렇다!

《하나님의 YES》, 스탠리 존스

우리 곧 나와 실루아노와 디모데로 말미암아 너희 가운데 전파된 하나님의 아들 예수 그리스도는 예 하고 아니라 함이 되지 아니하셨으니 그에게는 예만 되었느니라 하나님의 약속은 얼마든지 그리스도 안에서 예가 되니 그런즉 그로 말미암아 우리가 아멘 하여 하나님께 영광을 돌리게 되느니라 고후 1:19,20

 기도

인생의 의미에 대해 '노, 노, 노'를 외쳐대는 시대에 '하나님의 예스'가 되신 예수 그리스도를 통해 긍정적인 존재로 살아갈 수 있도록 인도해주세요.

나의 적용과 결단

하나님을 믿는다고 하면서 왜, 마음에 평안이 없는가?

무엇이 당신을 행복하게 만들어줄 수 있을 것인가

나는 놀위치의 줄리안이 600년 전에 쓴 《하나님의 사랑의 계시》라는 작은 책에 대해 종종 언급하곤 한다.

어느 날 기도할 때 그녀는 작은 체험을 했는데, 이에 대해 그녀는 "개암 (hazelnut) 크기 정도로 아주 작은 물체가 보였다"라고 말했다.

나의 소년 시절에 우리 농장에는 개암이 있었다. 당시 개암은 큰 공깃돌 정도 되었다. 이런 작은 물체를 보았을 때 줄리안은 "이것이 무엇일까?" 라고 물었다. 이런 의문을 품자 그녀의 마음속에서 "이것이 피조세계의 전체이다. 이것이 피조세계의 전체이다"라는 속삭임이 들려왔다.

"개암 크기 정도로 작은 이것이 피조세계의 전체이다"라는 말은 당신과 내가 깊이 묵상해야 할 말이다.

줄리안은 왜 우리가 행복하지 못한가에 대해 깊이 생각해보았다.

그녀는 "우리를 만들고 지키고 사랑하시는 하나님을 믿는다는 우리가 영 혼과 마음에 평안이 없는 이유는 무엇인가"라고 물은 다음, 스스로 이렇 게 대답했다.

"그것은 우리가 아주 작은 것들에서 안식을 구하기 때문이다. 존재하는 모든 것이 응축되어 들어 있는 이 작은 개암! 우리는 저 작은 것들에서 기 쁨을 찾으려고 애쓴다."

무엇이 당신을 행복하게 만들어줄 수 있을까? 당신을 신바람 나게 만들고 당신의 의욕을 북돋워주는 것은 무엇인가? 당신의 직업인가? 당신의 멋진 옷인가? 좋은 남편이나 아내를 만나는 것인가? 높은 지위인가? 무엇이 있 으면 당신은 즐거워하겠는가? 우리의 문제가 여기에 있다.

우리는 다른 모든 것을 개암 크기 정도로 보이게 만들 만큼 하나님이 크신 분이라는 것을 잘 안다. 우리가 행복하지 못한 것은 하나님이 아닌 다른 존재에 마음을 빼앗기기 때문이다. 우리는 사물을 증가시키고 확대하고 완전하게 하고 미화한다. 우리는 사물과 하나님을 믿는다. 우리에게는 우리의 직업과 하나님이 동렬에 있다. 우리에게는 배우자와 하나님이 동렬에 있다. 우리에게는 건강한 신체와 하나님이 동렬에 있다. 우리에게는 가정과 하나님이 동렬에 있다. 우리에게는 미래에 대한 야심과 하나님이 동렬에 있다. 그 결과, 하나님은 다른 어떤 것에 부가되는 입장에 처하신다.

다윗, 바울 그리고 어거스틴부터 시작하여 현대에 이르기까지 역사 속에 등장했던 모든 위대한 신앙인들이 지적한 동일한 사실이 있다. 기독교 사상의 어느 학파에 속하든 간에 정통신앙을 소유한 신령한 신앙인이라면 언제나 동일한 사실을 지적하기 마련이다.

그들은 하나님이 아닌 사물을 신뢰하는 것이 우리가 지닌 문제의 본질이라고 핵심을 짚었다. 그렇기 때문에 줄리안은 "하나님께서는 삼라만상이 개암 정도의 크기임을 내게 보여주셨다. 그러므로 나는 하나님의 보호가 없으면 무너지고 깨어지고 흩어질 수밖에 없는 그토록 작은 사물을 의지할 필요가 없다. 내가 왜 그것들을 의지해야 하는가?"라고 말했다.

우리는 사물을 증가시키고 확대하지만 여전히 불안해하고 만족을 모른다. 왜 그런가? 그 이유는 하나님보다 못한 것이 우리를 만족시킬 수 없기 때문이다.

《GOD》, A. W. 토저

23

내가 여호와께 아뢰되 주는 나의 주시오니 주 밖에는 나의 복이 없다 하였나이다 시 16:2

기도

하나님, 눈앞에 펼쳐지는 작은 일들에 일희일비했던 저의 믿음 없음을 용서해주세요. 결국 그 모든 것들은 개암크기 만한 세상에서 펼쳐지는 일들임을, 크고 높으신 하나님을 의지한다면 불안해 할 필요가 없음을 중심으로 깨닫게 해주소서.

나의 적용과 결단

"기다려", 오늘 당신에게 주는 주님의 음성

'가만히 있는 것' 과 '아무것도 하지 않는 것' 은 다르다

성경적으로 '가만히 있는 것' 과 '아무것도 하지 않는 것'은 많이 다르다. 하나님께서 당신을 '하나님의 대기실'로 안내하셨다면, 하나님께서는 당신이 그곳에서 아무것도 하지 않기를 바라시는 것은 아닐 것이다. 하나님께서는 그때 당신이 가만히 있기를 바라신다. 당신을 위한 계획이 있기 때문이다.

하나님께서 당신을 위해 역사하시려면, 당신이 가만히 있음으로 하나님을 전적으로 믿고 의지하는 것이 꼭 필요하다. 그러나 마귀는 우리 힘으로 조치를 취해야 한다는 거짓말과 하나님을 의지하지 말고 독자적으로 일을 처리해야 한다는 거짓말을 우리 마음에 가득 채워 넣는다.

원수 마귀는 우리에게 속삭인다.

"하나님의 말씀은 믿을 만한 것이 못 돼. 하나님은 믿고 의지할 만한 분이 아니야. 얼른 네 힘으로 무엇인가를 해야 해. 그만하면 충분히 기다린 거야. 하나님은 너를 도우러 오지 않을 거야."

그러나 하나님께서는 잔잔하지만 강한 음성으로 말씀하신다.

"나를 기다려라. 내가 너를 구원할 것이다. 내가 너를 구해줄 것이다. 내가 네 삶의 모든 것을 완벽하게 돌보고 있느니라."

원수 마귀는 당신이 기다림의 장소는 쓸데없는 장소라고 믿기를 바란다. 그러나 믿음은 그것과 다르게 우리에게 말한다.

"하나님을 믿고 의지해. 하나님 안에서 편히 쉬어. 믿음 안에서 기다려."

하나님께서는 당신이 기다림의 장소에서 기도하기를 바라신다. 하나님께 더욱 가까이 가기를 바라신다. 큰 풍랑 가운데서도 하나님께서 필요한 모든 것들을 공급하시리라는 믿음이 주는 평화 안에서 편히 쉬기를 바라

신다.

당신이 기다릴 때, 하나님께서는 당신을 강하게 만드신다. 하나님께서 역사하신다는 것을 깨닫게 해주시기 때문이다.

당신이 기다릴 때, 하나님께서는 당신의 믿음을 성장시키시고, 당신의 마음을 정결하게 해주신다.

믿음은 극도로 어려운 환경이 아닌 다른 어떤 곳에서는 좀처럼 성장하지 못한다. 일반적으로 기다림의 장소가 아닌 다른 어떤 곳에서는 명확히 드러나지도 않는다.

금(金)은 불로 제련해야 한다. 다른 방법은 없다. 그것은 과정의 일부요, 꼭 필요한 것이다.

《"기다려"》, 체리 힐

25

너는 말씀을 전파하라 때를 얻든지 못 얻든지 항상 힘쓰라 범사에 오래 참음과 가르침으로 경책하며 경계하며 권하라 딤후 4:2

주님, 제가 '하나님의 대기실'에 있다면, 내가 하려고 하는 조급함을 버리고 하나님의 일하심을 기대하게 하소서. 기다림의 장소에서 더욱 더 기도하고 하나님께 더 가까이 나아가기를 소망합니다.

나의 적용과 결단

하나님의 뜻을
어떻게 알 수 있을까?

하나님의 뜻에 순종하려는 의지가 더 중요하다

기도 응답을 한 번도 받아본 적이 없다는 말은, 하나님의 약속이나 기도의 능력이 잘못되었음을 고발하는 것이 아니라 우리 자신이 잘못되었음을 고발하는 것이다.

기도야말로 우리의 영성을 평가하기 위한 가장 훌륭한 테스트이다. 우리가 승리의 삶을 살지 못하면 예수님의 이름으로 기도를 드릴 수 없으며, 기도생활이 연약해지고 변덕스러워지고 열매를 맺지 못할 것이다.

예수님의 이름으로 구한다는 것은 예수님의 뜻대로 구한다는 것과 같다. 그러나 그분의 뜻을 알 수 있을까? 분명히 말하지만 알 수 있다.

사도 바울은 "너희 안에 이 마음을 품으라 곧 그리스도 예수의 마음이니"(빌 2:5)라고 말했을 뿐만 아니라 "…우리가 그리스도의 마음을 가졌느니라"(고전 2:16)라고 담대하게 선언했다.

그렇다면 어떻게 해야 그리스도의 마음, 즉 하나님의 뜻을 알 수 있을까? 우리는 다음 말씀을 기억해야 한다.

"여호와의 친밀함이 경외하는 자에게 있음이여…"(시 25:14).

먼저 알아두어야 할 것이 있다. 그것은 바로, 하나님의 뜻을 알기를 갈망하지도 않고 그 뜻대로 행하기로 작정하지 않으면 그분께서 뜻을 계시할 것이라 기대하지도 말아야 한다는 것이다. 하나님의 뜻을 깨닫는 것과 그 뜻을 행하는 것을 병행해야 한다는 말이다.

우리는 하나님의 뜻에 순종할 것인지 말 것인지를 결정하기 위해, 먼저 그 뜻을 알고 싶어 하는 경향이 있다. 그러나 그러한 마음 자세는 끝에 가서는 재난을 몰고 온다.

"사람이 하나님의 뜻을 행하려 하면 이 교훈이 하나님께로서 왔는지 내가 스스로 말함인지 알리라"(요 7:17).

하나님의 뜻은 성경 속에 하나님의 말씀으로 기록되어 있다. 그리고 우리는, 하나님의 약속의 말씀이 곧 하나님의 뜻이라는 것을 알 수 있다. 예를 들면, 우리는 지혜를 구하는 것이 하나님의 뜻임을 확신할 수 있다. 성경은 "너희 중에 누구든지 지혜가 부족하거든 … 하나님께 구하라 그리하면 주시리라"(약 1:5)라고 말한다.

우리를 향한 하나님의 뜻을 발견하기 위해 성경을 공부하지 않는 한, 우리는 능력 있는 기도의 사람이 될 수 없다. 하지만 기도의 가장 큰 조력자는 역시 성령님이시다. 사도 바울이 기록한 감격적인 말씀을 읽어보자.

"이와 같이 성령도 우리 연약함을 도우시나니 우리가 마땅히 빌 바를 알지 못하나 오직 성령이 말할 수 없는 탄식으로 우리를 위하여 친히 간구하시느니라"(롬 8:26).

이 얼마나 위로가 되는 말씀인가? 우리가 기도할 줄도 모르고 연약하여 성령을 의지한다면 우리의 무지와 무력함이야말로 오히려 큰 축복이 아니겠는가? 주 예수 그리스도의 이름을 송축하라.

우리는 변명의 여지가 없다. 우리는 기도해야 한다. 우리는 기도할 수 있다.

《무릎꿇는 그리스도인》, 무명의 그리스도인

너희가 내 안에 거하고 내 말이 너희 안에 거하면 무엇이든지 원하는 대로 구하라 그리하면 이루리라 요 15:7

하나님의 뜻을 알기를 갈망하지도 않고 하나님의 뜻대로 행하기로 결심하지도 않은 채, 막연히 하나님의 뜻을 모르겠다고 했던 저의 어리석음과 게으름을 용서해주세요. 더 열심히 말씀을 읽고 기도하며 성령님의 조력을 구하겠습니다.

나의 적용과 결단

하나님이 왜 가난하게
하시는 줄 아세요?

어려움에 초점을 맞출 것이 아니라 하나님께 방향을 맞춰야 한다

나는 우리 교회에서도 설교 시간에 험한 소리를 서슴없이 잘하는 편이다.
한번은 이렇게 말했다.

"하나님이 여러분에게 왜 돈을 주는지 아십니까? 왜 사업이 잘 되게 해주
는지 아세요? 돈 안 주면 교회 안 나오니까! 사업 망하게 하면 하나님을 원
망하고 안 나올 테니까 주는 거예요. 정신 차려요. 왜 건강을 주는지 아세
요? 아프면 아프다고 하나님을 원망하잖아요. 알아요?"

별안간 분위기가 살벌해졌다.

"그럼 왜 가난하게 하시는 줄 아세요? 돈 주면 세상에 나가서 골프 치고
노니까 아예 돈을 뺏어버린 거죠. 왜 아픈지 아세요? 건강 주면 주일에 등
산 다니니까 그래요."

그럼 대체 뭔가? 어느 한 사람 예외 없이 다 걸고넘어진 셈이다.

이때 나는 목청을 높여서 다시 한번 말한다.

"하나님이 왜 돈을 준 줄 아세요? 멋있게 하나님께 쓰라고, 돈이 내 인생
의 목적이 아니라고, 그래서 돈을 준 거예요. 하나님이 왜 건강을 준 줄 알
아요? 자신만을 위해 살지 말고 한번 멋지게 하나님을 위해 살고 약한 자
를 도와줘 보라고요. 왜 가난하게 하는 줄 알아요? 가난해도 내가 하나님
을 섬기고 하나님을 따르는 데 아무렇지 않다고 고백하도록 가난도 줘보
는 거예요. 왜 아픈지 알아요? 아파도 내가 주님을 찬양하고 주님 앞에 나
와 예배드리는 데 괜찮다고 하는지 그것을 보시려고 주는 거예요."

결국 돈과 건강의 문제가 아니라 마음속에 하나님을 높이는 마음과 방향
이 있느냐가 문제다.

설교할 때만 나를 본 사람은 내가 굉장히 건강한 줄 안다. 하지만 나는 말

씀을 전할 때만 건강하다. 강단에서 내려가면 다시 자리에 드러눕는다. 그렇지만 하나님을 섬기고 살아가는 데 문제가 없다.

우리는 하나님께 방향을 맞춰야 한다.

"주님, 내가 잘 되든 못 되든, 하나님께서 주신 은혜를 기억하며 나는 하나님 쪽을 향해 갑니다."

이 고백을 하면서 하나님께 눈을 맞춰야 나를 향한 하나님의 눈도 볼 수 있다.

"그래! 나에게 방향을 두었느냐? 나의 인도함을 보게 될 것이다."

우리가 하나님 아닌 다른 쪽으로 향해 있다면 하나님께서 우리에게 복을 주신들 그것을 어떻게 알 수 있겠는가?

혹시 어려움 가운데 있는 분이 있다면 당장 그 어려움만 해결해달라고 기도하지 말라. 그런 일은 하나님께 한방이면 끝난다. 어려움에 초점을 맞출 것이 아니라 하나님께 방향을 맞춰야 한다.

"이 어려움을 통해서 하나님을 더 알기 원합니다. 깨끗한 통로가 되기 원합니다."

그래야 하나님이 먼저 쓰신다.

하나님은 하나님 아는 자를 부끄럽게 하지 않으신다.

《넌 내가 책임진다》, 김남국

우리가 살아도 주를 위하여 살고 죽어도 주를 위하여 죽나니 그러므로 사나 죽으나 우리가 주의 것이로다 롬 14:8

 주님, 저는 저를 둘러싼 환경의 변화에 마음의 흔들림을 경험합니다. 환경에 지배를 받지 않고, 마음속에 하나님을 높이는 마음과 방향을 잃지 않고 살아갈 수 있도록 도와주세요.

나의 적용과 결단

....

....

당신이 치유 받을 곳은 바로 여기이다

이리저리 다니지 마라. 오직 이곳 한곳뿐이다

우리 마음이 변화되려면 성령께서 우리에게 오셔서 그 밝은 빛을 우리 위에 가득 드리우셔야 한다. 그럴 때에만 우리 마음이 변화된다. 그전까지는 결코 그런 일은 일어날 수 없다. 하나님의 영께서는 그렇게 우리에게 오실 때 "심령이 가난한 자는 복이 있나니…"(마 5:3)로 시작되는 구세주의 가르침의 진행방향을 따라 역사하신다.

성령께서는 먼저 우리가 영적으로 참으로 가난하고 곤궁하고 비참한 처지에 있다는 것을 깨우쳐주시고, 그럼으로써 우리 영혼을 깨끗하게 하시고 우리 심령을 가난하게 만드신다.

바로 그것, 즉 우리가 영적으로 하나님 앞에서 참으로 곤궁하고 비참한 처지에 있다는 것, 우리가 하나님 앞에서 말 그대로 '아무것도 아니라는 것', 선한 것은 아무것도 받을 자격이 없다는 것, 오히려 나쁜 것들만 받아야 마땅하다는 것, 지옥을 받아야 마땅한 죄인이라는 것을 느끼게 하시는 것이 하나님 은혜의 첫 번째 역사이다.

하나님의 영께서 그 다음으로 행하시는 것은 우리로 하여금 애통하게 하는 것이다.

"애통하는 자는 복이 있나니"(마 5:4).

우리는 우리가 죄를 범하였다는 것에 대해 생각하면서 애통한다. 우리는 하나님을 바라보면서 애통한다. 우리는 용서를 구하면서 애통한다. 그런 다음에 성령께서 행하시는 참으로 중요한 과정, 곧 우리의 마음을 실제로 유효하게, 깨끗하게 하는 과정은 십자가에 달리신 그리스도의 찢어진 옆구리에서 흘러나오는 물과 피를 우리의 영혼에 발라주시는 것이다.

죄인들이여! 당신이 이중의 치유를 받는 곳, 즉 당신의 죄책감으로부터도 치유를 받고 죄의 권세로부터도 치유를 받는 곳이 바로 여기이다. 믿음의 사람은 십자가에서 피를 흘리시는 구세주를 바라볼 때 자신의 과거의 죄가 용서받는 것만 볼 뿐 아니라 현재의 악함이 제거되는 것도 본다.

용서받은 죄인은 외친다.

"주 예수 그리스도시여! 제가 이렇게 구원을 받고 용서를 받았으니 영원히 주님의 종이 되겠나이다. 주님께서 죽이신 죄를 저 또한 죽이겠나이다. 그리고 주님께서 힘을 주신다면, 살아 있는 한 주님을 섬기겠나이다."

그 사람의 영혼의 물길은 악한 것들을 향해 앞서 달려간다. 그러나 예수 그리스도께서 자기를 위해 죽으셨고 자신의 죄가 그리스도의 십자가 희생 덕분에 용서받았다는 것을 깨닫는 순간, 그 사람 영혼의 시내가 방향을 바꾸어 선한 것들을 향하여 흘러간다. 그리고 바로 그날부터 그 사람은(비록 자신의 옛 본성과 여전히 싸워야 하지만) 청결한 마음을 갖게 된다. 그 사람의 마음은 이제 정결함을 사랑하고 거룩함을 추구하고 온전함을 갈망한다.

《내가 너를 축복한다》, C. H. 스펄전

우리가 아직 죄인 되었을 때에 그리스도께서 우리를 위하여 죽으심으로 하나님께서 우리에 대한 자기의 사랑을 확증하셨느니라 롬 5:8

악한 것들로 향했던 제 마음의 눈이 십자가에서 피 흘리시는 구세주를 바라봅니다. 나 때문에 죄 없으신 예수님께서 십자가에 못 박혀 돌아가셨습니다. 주님의 희생이 헛되지 않도록, 정결함을 사랑하고 거룩함을 추구하게 하소서.

나의 적용과 결단

주님의 십자가가 제게
가장 귀한 것이 되게 하소서

제가 죄를 범했지만, 주님이 대신 채찍에 맞으셨습니다

오, 만왕의 왕이신 예수 그리스도, 나의 주인님이시여!

주님을 믿고 진정으로 회개하는 자들에게 자비와 죄 사함의 은총을 허락하시기 위해 주님은 고난을 당하셨습니다. 주여! 겸손한 마음으로 주님의 수난을 피난처로 삼아 도움을 받기를 원합니다.

주님의 거룩한 십자가를 제 눈앞에 밝히 보여주소서. 주님의 십자가가 제가 집에 있을 때는 빛이 되고, 멀리 나갔을 때는 인도자가 되어 저를 전후 좌우에서 지켜주는 산성이 되게 하소서. 주님의 십자가가 제게 가장 즐겁고 기쁜 것이 되게 하소서.

수고 중에는 안식, 고난 중에는 위로, 질병 중에는 양약, 고통 중에는 진통제가 되게 하소서. 주님의 십자가는 세상의 소란스러움, 육신의 정욕, 온갖 음행, 완고한 고집, 신성모독의 영 그리고 절망의 심연에서 우리를 건집니다.

주님! 제가 주님의 십자가를 함께 짊으로 교만한 욕망이 사그라지게 하소서. 주님의 참으심은 지극히 커서 말로 다 표현할 수 없습니다. 주님은 자신의 몸에서 붉은 피가 흐르는 중에 그토록 큰 고통을 당하셨지만 오직 저의 죄를 대속하기 위해 끝까지 다 참으셨습니다!

오, 주님! 저는 죄를 범했지만, 주님이 저를 위해 채찍에 맞으셨습니다. 저는 사악하게 행하고 매 순간 죄를 범하지만, 완전히 무고하신 주님이 경건하지 못한 자들에게 부당하게 정죄를 당하셨습니다.

저는 좋은 옷을 입고 사람들에게 잘 보이려고 애쓰지만, 주님은 벌거벗은 채 두 강도 사이에서 십자가에 달리셨습니다. 저는 때를 따라 맛난 음식을 먹고 마시지만, 주님은 십자가 제단 위에서 신 포도주를 받으셨습니다. 저는 편안한 잠자리에서 잠을 자지만, 주님은 마치 세상에서 버림 받은 자처럼 거친 무덤 안에 장사되셨습니다.

저는 종종 십자가 옆을 지나면서도 눈에 눈물방울이 맺히지 않지만, 막달라 마리아와 경건한 여자들은 죽음에서 살아나신 주님을 보고 주께 경배하며 주님의 발을 끌어안을 때까지 하염없이 눈물을 흘렸습니다.

오, 인자하신 예수님! 제가 주님의 십자가 수난을 깊이 묵상하고 경건한 여자들과 제자들처럼 눈물을 흘리게 하소서. 주께 그토록 깊은 고통을 안겨준 십자가를 제가 묵상하는 동안에는 악한 영들이 사악한 속임수로 저를 흔들지 못할 것입니다.

주님의 십자가가 고독 속에서 저를 지키고, 인파 속에서 저를 붙들고, 어두운 데서 빛을 비추고, 정오에 기쁨을 주게 하소서. 제가 아플 때는 건강이, 죽음의 고통 중에는 굳센 믿음이 되게 하소서. 저의 영혼이 떠날 때는 유일한 소망이, 심판 날에는 저의 지지자가 되게 하소서.

십자가로 인하여 제가 모든 형벌을 면하고 지옥을 벗어나 하늘나라의 영광 가운데 들어가게 하소서.

《주인님, 나를 깨뜨려주소서》, 토마스 아 켐피스

또 자기 십자가를 지고 나를 따르지 않는 자도 내게 합당하지 아니하니라 자기 목숨을 얻는 자는 잃을 것이요 나를 위하여 자기 목숨을 잃는 자는 얻으리라 마10:38,39

오늘 하루 겸손한 마음으로 주님의 수난을 피난처로 삼아 도움을 받기를 원합니다. 제가 주님의 십자가를 함께 짊으로 교만한 욕망이 사그라지게 하소서.

나의 적용과 결단

한 번 불탄 곳은
또 타지 않는다

이미 다 탔기 때문에…

남부 캘리포니아는 무척 건조한 지역입니다. 여름 내내 비 한 방울 내리지 않을 때가 많습니다. 또 늦가을이 되면 갑자기 동쪽 사막에서 거의 시속 100킬로미터에 달하는 속력으로 바람이 불어옵니다. 그때 완전히 메마른 들이나 산에 누가 담배꽁초라도 잘못 버리면 큰불이 납니다.

무서운 속도로 불어오는 광풍과 함께 산불이 걷잡을 수 없이 번질 위험이 무척 높습니다. 제가 살던 지역에서도 산불이 옮겨 붙어 그곳에 살던 사람들이 대피하는 소동이 벌어진 적이 있습니다. 워낙 큰불의 위험을 각오해야 하기 때문인지, 번져오는 불길에 휩싸일 경우 살아남을 수 있는 방법 또한 미리 알려주는데, 특히 들판에 있다가 갑자기 산불이 불어닥쳐서 불이 번지는 속도를 도저히 감당할 수 없을 때는 재빨리 주변을 태우고 그 가운데 웅크리고 있으라고 합니다. 이유는 한 번 불탄 곳에 불이 또 타지 않기 때문이라고 합니다. 그래서 불길이 그곳은 그냥 지나갈 수밖에 없다는 것입니다. 이미 다 탔기 때문입니다.

그 이야기를 들으며 대속제물의 의미가 이런 것이 아닐까 하는 생각을 했습니다. 죄에 대한 하나님의 맹렬한 진노가 있습니다. 그런데 그 진노가 대속제물 위에서 한 번 불타올랐습니다. 다 태웠기 때문에 그 대속제물을 가지고 하나님 앞에 나오는 자들, 대속제물 안에 숨어 있는 자들에게는 하나님의 진노가 또다시 지나가지 않는 것입니다. 그 대속제물을 통해 하나님 앞에 나오라는 것입니다. 그래서 구약성경에 보면 제사에 대한 말씀이 그렇게 많은 것입니다. 레위기를 읽다 보면 때로는 머리가 어지럽습니다. 계속 제사 이야기뿐입니다. 양을 이렇게 하고, 소를 이렇게 하고, 비둘기를 저렇게 하고, 장을 아무리 넘겨도 같은 말씀 같습니다.

그러면 하나님께서 구약성경에서 제사에 대한 말씀을 이토록 강조하시는 까닭이 무엇이겠습니까? 하나님이 열어주신 길이 그곳에 있기 때문입니다. 그 길을 통해 하나님 앞에 직접 나아오라고 말씀하신 것입니다.

지금까지는 양을 잡고 소를 잡아서 그 살을 찢고 그 피를 흘리게 하여 하나님께 번제물로 드렸습니다. 그러나 이것은 어디까지나 상징이요 그림자였습니다. 언젠가 오실 실제를 기다려야 하는데, 하나님께서는 그 실제를 미리 말씀해주셨습니다. 언젠가 우리가 기다리는 그분, 곧 메시아가 오실 것인데, 그분은 우리가 생각하는 것처럼 정치적이거나 카리스마 넘치는 인물이 아닙니다.

그분은 모든 대속제물이 상징했던 그림자의 실제요, 우리를 위해 오시어서 우리를 대신하여 찔리고 상할 것이며 피를 흘리며 죽을 것입니다. 그분 때문에 우리가 평화를 누리고 그분 때문에 나음을 입게 될 것이며 새로운 삶을 받게 될 것입니다. 우리는 다 양 같아서 각기 제 길로 가면서 하나님이 필요 없다고 했지만, 하나님께서는 우리의 모든 죄를 그분에게 담당시키셨고 우리를 대신해서 그분을 대속제물로 죽게 하셨습니다. 이사야의 말씀은 곧 한 분, 예수 그리스도를 가리킵니다!

《하나님 친필 메시지》, 김승욱

그가 찔림은 우리의 허물 때문이요 그가 상함은 우리의 죄악 때문이라 그가 징계를 받으므로 우리는 평화를 누리고 그가 채찍에 맞으므로 우리는 나음을 받았도다 우리는 다 양 같아서 그릇 행하여 각기 제 길로 갔거늘 여호와께서는 우리 모두의 죄악을 그에게 담당시키셨도다 사 53:5,6

나의 죄를 대신해 친히 희생제물 되신 예수님, 그 희생으로 제가 구원을 받았습니다. 독생자를 내어주신 하나님 아버지의 사랑을 늘 기억하고, 아버지께 영광을 돌리는 삶을 살기를 원합니다.

나의 적용과 결단

새 십자가를
주의하라

겉모양은 비슷하나 속은 다른 십자가?

오늘날 사람들이 거의 눈치 채지 못하는 가운데 새로운 십자가가 복음주의 진영에 슬며시 생겨났다. 이 새 십자가는 옛날의 십자가와 비슷하지만, 실상은 다르다. 겉모양은 비슷한데 속은 완전히 다르다.

옛 십자가는 세상과 타협하지 않았다. 그 십자가는 아담의 타락 때문에 생긴 교만한 인류를 끝장냈다. 하지만 새 십자가는 인류에게 적대적 태도를 취하지 않으며 오히려 세상의 친한 친구가 된다. 좀 더 정확히 말하면, 먹고 마시고 즐기자는 철학이 바로 이 새 십자가에서 나왔다.

새 십자가는 아담이 아무런 간섭을 받지 않고 살도록 허가한다. 그의 인생관은 전혀 바뀌지 않는다. 그는 여전히 자기를 기쁘게 하기 위해 살아간다. 자기를 기쁘게 하는 방법이 음탕한 노래를 부르고 독주를 마시는 것에서 찬송가를 부르고 종교 영화를 보는 것으로 바뀌었을 뿐이다.

방법이 조금 고상해졌다고 해서 자기를 기쁘게 하는 삶을 살겠다는 동기가 변한 것은 전혀 아니다.

새 십자가는 과거와는 전혀 다른 전도 방법을 권장한다. 복음전도자는 이제 더 이상 "새 삶을 받아들이기 전에 옛 삶을 버리십시오"라고 말하지 않는다. 그는 새 삶이 과거의 삶과 어느 정도 유사한지는 전하면서 그 차이점을 알리지는 않는다. 대중의 비위를 맞추기 위해 그는 "기독교는 이제 달갑지 않은 요구를 하지 않습니다. 우리는 세상이 주는 것과 똑같은 것을 줍니다. 다만 우리 것이 좀 더 고상하지요"라고 말한다.

새 십자가는 죄인을 죽이지 않고 단지 그를 다른 방향으로 이끌고 간다. 새 십자가는 죄인의 자존심을 살려주면서 그가 품위 있게 즐길 수 있는 길을 마련해준다. 새 십자가는 제 고집대로 사는 사람에게 "와서 그리스도를 위하여 당신의 뜻대로 살아라"라고 말한다. 이기적인 사람에게 "와서 주 안에서 네 자랑을 늘어놓아라"라고 말한다. 짜릿한 것을 추구하는 자에게 "와서 그리스도인들의 교제의 짜릿한 맛을 보라"라고 말한다.

대중이 기독교를 받아들이도록 만들기 위해 현재 복음주의 전도자들은 기독교의 메시지를 왜곡하며 시류에 영합하고 있다. 그들이 복음을 전하겠다는 좋은 동기에서 이렇게 했는지는 모르지만 그 순수한 동기의 결과는 안타깝게도 복음의 왜곡이다. 다시 말해서 그들은 거짓 복음을 전하는 것이다. 그들은 십자가의 진정한 의미가 무엇인지 모른다.

죽어야 생명을 얻는다. 옛 십자가는 죽음의 상징이다. 그것은 한 인간의 완벽한 죽음을 의미했다.

죄의 열매가 인간의 눈에 아무리 결백하고 아름답게 보일지라도 하나님은 그것을 인정하지 않으신다. 따라서 하나님이 우리를 구원하시는 방법은 우리를 완전히 죽인 다음 새 생명으로 다시 살리는 것뿐이었다.

《임재체험》, A. W. 토저

그러므로 우리가 그의 죽으심과 합하여 세례를 받음으로 그와 함께 장사되었나니 이는 아버지의 영광으로 말미암아 그리스도를 죽은 자 가운데서 살리심과 같이 우리로 또한 새 생명 가운데서 행하게 하려 함이라 롬 6:4

혹시 나는 십자가의 진정한 의미를 모른 채 왜곡되고 시류에 영합한 기독교 메시지를 받아들인 것은 아닌지요? 십자가에서 옛 자아가 죽고 새 생명으로 다시 사는 방법으로 참 구원을 얻었는지, 나의 신앙을 점검해보기 원합니다.

나의 적용과 결단

어떻게 하면 자아를 죽일 수 있나요?

죽었던 자아가 불쑥불쑥 살아납니다

많은 사람들이 자신의 자아를 죽여야 한다고 생각합니다. 어떻게 하면 자아를 죽일 수 있는지 궁금해 합니다.

자기 자아를 죽이려고 그것을 위해 평생 노력하는 사람들이 있습니다. 마치 기독교가 도(道)를 닦는 종교인 것처럼 말입니다.

물론 자신의 자아가 문제라는 것을 깨달은 것은 귀하고 놀라운 일입니다. 그렇지만 말씀의 진리 앞에 분명히 서 있지 못하다는 것 또한 인정해야 합니다. 기독교는 도 닦는 종교가 아닙니다. 기독교와 불교의 근본적인 차이가 뭡니까? 우리는 스스로의 노력으로 도를 깨치는 것이 아닙니다. 기독교는 전적인 은혜로 하나님의 구원의 역사를 누리는 종교입니다. 자아의 죽음 역시 은혜로 누리는 것이지 노력해서 성취하는 것이 아닙니다.

저는 처음 갈라디아서 2장 20절 말씀을 읽을 때, 사도 바울이 너무나 훌륭한 사도이기 때문에 이런 경지에까지 이르렀다고 이해했습니다. 나도 성경을 많이 알고 기도도 열심히 하고 신앙의 연륜이 쌓이면, 이런 고백을 드리며 하나님 앞에 나아갈 수 있는 사람이 되지 않을까, 그렇게 생각했습니다. 얼마나 성경을 제대로 알지 못한 이야기입니까?

그러나 이 말씀은 어떤 경지에 이른 사람의 고백이 아니라 정확히 세례 받을 때의 믿음입니다.

"무릇 그리스도 예수와 합하여 세례를 받은 우리는 그의 죽으심과 합하여 세례를 받은 줄을 알지 못하느냐 그러므로 우리가 그의 죽으심과 합하여 세례를 받음으로 그와 함께 장사되었나니 이는 아버지의 영광으로 말미암아 그리스도를 죽은 자 가운데서 살리심과 같이 우리로 또한 새 생명 가운데서 행하게 하려 함이라" (롬 6:3,4).

세례는 그리스도 예수와 합하여, 그의 죽으심과 합하여 받은 것입니다. 세례는 예수님과 함께 죽은 것입니다. 우리가 세례를 받았다는 것은 우리가 이미 장례를 치른 사람이 되었다는 뜻입니다. 바로 예수님이 십자가에 죽으실 때 하나님께서 이루어놓으신 일입니다. 이제부터 누구든지 예수 그리스도 안에 있는 자는 예수와 함께 십자가에 못 박혔다고 말입니다. 우리는 그 사실을 믿는 믿음으로 세례를 받습니다.

세례를 받았다는 말인즉, '나의 죽음'을 받아들인다는 것입니다. 그러니까 죽음의 세례식이 거행되고 자신의 죽음을 받아들일 때, 그가 비로소 예수님의 생명으로 사는 자가 되는 것입니다. 그래서 우리는 예수가 나의 생명이 되신다고 노래하고 고백할 수 있는 것입니다.

예수님이 내 생명이시면 어떻게 내 안에 생명이 있을 수 있겠습니까? 내 생명이 있으면 예수님이 내 생명이 아니시고, 예수님이 내 생명이면 나는 죽은 것이지요. 이것이 바로 세례 받을 때 우리의 믿음입니다. 이제는 이것을 믿으십시오. 내가 죽어야 하는 것이 아니라 내가 예수님과 함께 이미 죽었음을 믿는 것입니다. 우리가 할 일은 믿는 것밖에 없습니다. 나를 죽이는 게 아니라는 것을 믿으십시오.

《네가 나를 사랑하느냐》, 유기성

우리가 알거니와 우리의 옛 사람이 예수와 함께 십자가에 못 박힌 것은 죄의 몸이 죽어 다시는 우리가 죄에게 종 노릇 하지 아니하려 함이니 롬 6:6

 기도 주님, 제가 진심으로 주님을 영접합니다. 내 마음의 왕이 되셔서 내 마음에 언제나 함께하소서. 나는 이미 죽었습니다. 예수님으로 사는 자가 되게 하소서. 우리 마음 안에 하나님의 나라를 이루소서. 예수님의 왕 되심이 이루어지게 하소서.

나의 적용과 결단

넌 누구니?

자기부인의 경험을 모르는 사람들은
그리스도에게 분명코 낯선 사람이다

하나님나라에 들어갈 수 있는 문은 오직 하나이다. 생명의 길로 들어가려면 좁은 문을 통과해야 한다. "생명으로 인도하는 문은 좁고 길이 협착하여 찾는 이가 적음이니라"(마 7:14). 자아가 팽창하여 커진 사람은 좁은 문을 통과할 수 없다. 우리 구주께서는 자신의 요구 사항을 분명히 밝히셨는데, 그것은 바로 자기부인이다. 주님께서는 '십자가를 지라'는 상징적 표현을 통하여 자신의 요구 사항을 한 번 더 강조하셨다. "아무든지 나를 따라오려거든 자기를 부인하고 자기 십자가를 지라"(마 16:24).

자기를 가리켜 그리스도인이라고 말하는 사람들 중에도 십자가를 져본적이 전혀 없는 사람들이 있다. 자기처형, 즉 자기부인의 경험을 모르는 사람들은 그리스도에게 분명코 낯선 사람이다.

만일 당신이 이런 사람들 중 하나라면, 당신이 확신에 이르러 평안을 누릴수 있는 방법은 딱 하나이다. 그것은 바로 당신의 십자가를 지고 주님을 따르는 것이다. 주님의 삶의 특징은 십자가였다. 주님은 우리에게도 십자가를 지는 삶을 살라고 요구하신다.

활기 없이 축 늘어져 있는 오늘날의 사회는 이런 분명한 복음의 요구를 쉽게 잊어버린다. 관습과 매스컴의 광고와 온갖 유혹이 판치는 이 세상은 당신에게 자기탐닉의 삶을 살라고 손짓한다. 하지만 영광의 주님은 자기부인의 삶, 즉 십자가의 삶을 살 것을 요구하신다! 십자가를 벗어날 수 있는 그리스도인은 없다. 예외는 없다. 그리스도를 따르는 사람이라면 누구도이 요구에서 벗어날 수 없다.

십자가를 지라는 우리 주님의 말씀은 모든 사람에게 주시는 말씀이다. 주님을 따르려는 사람이라면 누구든지 십자가를 져야 한다. 이 의무가 면제

되는 특별한 경우는 없다! 우리 주님은 자기의 십자가를 지지 않는 사람은 결코 자신의 제자가 될 수 없다고 반복해서 강조하셨다. "자기 십자가를 지고 나를 좇지 않는 자도 내게 합당치 아니하니라"(마 10:38).

당신은 당신의 십자가를 져야 한다. 자기부인 없이 그리스도인이 되는 것은 절대적으로 불가능하다. 십자가를 피할 수 있는 유일한 길은 세상을 따라 지옥으로 가는 것이다. 십자가를 받아들이지 않으면 그리스도를 따를 수 없다! 그리고 주님을 따르지 않으면 생명이 없다!

주님께서 '날마다' 십자가를 지라고 말씀하신 것에 주목하라. 십자가를 지라는 그리스도의 명령은 언제까지나 유효하다. 자기부인은 가입할 때 한 번만 내면 다시는 낼 필요가 없는 가입비 같은 것이 아니다. 우리의 십자가는 한 번 쓰고 버리는 일회용 물건 같은 것이 아니라 평생 져야 할 짐이다. 진정한 신자는 평생 날마다 어디에서나 십자가를 져야 한다.

십자가를 내려놓을 수 있는 장소가 딱 한 군데 있는데, 그곳은 바로 무덤이다. 주님은 우리가 이 세상을 떠나기 전에 십자가의 고통을 면제받을 가능성을 인정하지 않으셨다. 누구나 날마다 십자가를 져야 한다. 우리는 날마다 자기 자신에게 이렇게 물어야 한다!

"나는 오늘 십자가를 지고 있는가?"

《자기부인》, 월터 J. 챈트리

41

이에 예수께서 제자들에게 이르시되 누구든지 나를 따라오려거든 자기를 부인하고 자기 십자가를 지고 나를 따를 것이니라 마 16:24

 자신을 내려놓고 십자가를 지셨던 예수님의 그 의로우신 뜻을 묵상하며, 오늘도 제 욕망을 따라 움직이는 삶이 아니라, 제 십자가를 지고 예수님을 따르는 하루가 되게 하여 주옵소서.

나의 적용과 결단

당신은 누구를 위해 살고 있는가?

하나님을 경배하는가, 자아를 숭배하는가

이기주의자는 인간의 창조 목적에 정반대되는 삶을 살아가는 사람이다. 우리는 영원한 사랑이신 주님에 의해 창조되고 속량받았다. 예수님이 우리를 속량하신 것은 우리가 사랑으로 살도록 하기 위함이다. 언제나 사랑은 상대방 중심으로 생각한다.

이기주의는 사랑과 반대되는 것이다. 상대방이 원하는 것에는 전혀 관심이 없고 자기중심적으로만 생각하기 때문이다. 사랑은 상대방을 보살피며 후하게 베풀지만, 이기주의는 자신의 만족만을 추구한다.

이기주의자는 자기의 권리를 챙기는 데에는 아주 정확하다. 안락함, 건강, 자유 시간, 권익 또는 존경 같은 문제에서 자기의 필요를 철저히 챙긴다. 오직 자신의 자아를 위해 살면서 자아의 욕구를 충족시키려 끝없이 노력한다.

이기주의자의 가장 큰 문제는 하나님을 위해 살지 않고 자신을 위해 산다는 것이다. 물론 하나님이 그에게 허락하신 주변 사람들을 위해 살지도 않는다. 하나님을 경배하지 않고 자신의 자아를 숭배할 뿐이다. 이기주의자는 제자의 도(道)를 완전히 잘못 이해한 사람이다. 이런 사람에게는 "누구든지 자기 십자가를 지고 나를 따르지 않는 자도 능히 내 제자가 되지 못하리라"(눅 14:27)라는 말씀이 적용된다. 이런 사람에게는 예수님과 그분의 모든 참된 제자들의 삶에서 나타나는 중요한 요소인 희생이 없다. 희생이 있는 곳에만 진정한 사랑이 있다.

사랑에 어긋나는 삶을 사는 사람은 누구나 천국 밖으로 쫓겨나게 될 것이다. 사랑을 실천하는 자들이 모인 곳이 바로 천국이기 때문이다. 자신의 자아를 살리기 위해 희생을 회피하며 사랑에 어긋나는 삶을 사는 이기주의자는 이 세상에서나 저세상에서 천국 밖에 있게 된다.

우리 모두는 이기적 성향을 가지고 있다. 따라서 우리는 어떤 대가를 치르더라도 이기주의에서 벗어나야 한다. 결단을 내려야 한다.

자신의 뜻을 계속 붙들고 자아의 욕구를 관철시킬 것인가, 아니면 자아라는 우상을 미워하고 자아를 숭배하는 일을 중단하며, 자아를 죽이기 위해 모든 노력을 다할 것인가? 우리가 예수님께 "저는 주님의 제자가 되어 주님과 함께 희생의 길을 가기 원합니다"라고 말씀드렸다면, 이제 첫걸음을 내디딘 것이다. 우리가 의식적으로 하나님께 복종할 때, 비로소 예수님은 우리를 죄의 속박에서 풀어주실 수 있다. 이런 복종의 방법을 아주 분명히 제시하는 말씀이 빌립보서에서 발견된다.

"각각 자기 일을 돌볼뿐더러 또한 각각 다른 사람들의 일을 돌보아 나의 기쁨을 충만하게 하라 너희 안에 이 마음을 품으라 곧 그리스도 예수의 마음이니 그는 … 자기를 비워 종의 형체를 가지사"(빌 2:4-7).

우리 주 예수님을 바라보라. 그분이 가신 길을 마음속에 그리라. 우리를 위해 자기를 비우신 그분의 사랑에 감동을 받아라. 그렇게 할 때 우리는 자아와 이기주의를 점점 더 미워하게 될 것이다.

《예수님과 멀어지게 된 45가지 이유》, 바실레아 슐링크

그가 모든 사람을 대신하여 죽으심은 살아 있는 자들로 하여금 다시는 그들 자신을 위하여 살지 않고 오직 그들을 대신하여 죽었다가 다시 살아나신 이를 위하여 살게 하려 함이라 고후 5:15

예수님을 믿는다고 하면서도 여전히 이기심에 이끌려 나의 만족, 유익, 권익만을 추구하려 했던 모습들을 회개합니다. 매일 예수님을 바라보며 십자가의 희생과 사랑을 기억하도록 인도하소서

나의 적용과 결단

솔직히, 당신 마음의
주인은 누구인가?

나 vs 하나님? 지금 어느쪽이든 선택하세요. 결과가 바로 나옵니다

성경에서 말하는 죄의 정의는 세상에서 말하는 죄의 정의와 너무 다르다. 세상에 있는 모든 죄, 그 많은 죄가 어떤 뿌리에서 가지를 내리고 뻗어 나오는가? "마음에 하나님 두기를 싫어하매"(롬 1:28). 이것이 바로 죄다. 마음에 하나님 두기를 싫어하는 데서 모든 죄가 뿌리를 내린다. 마음에 하나님 두기를 싫어하니까 하나님 대신 그 빈자리에 자기 자신을 두는 것이다. "사람들은 '자기를' 사랑하며 돈을 사랑하며 자긍하며 교만하며 훼방하며 부모를 거역하며 감사치 아니하며 거룩하지 아니하며"(딤후 3:2).

마음에 하나님 두기를 싫어하니까 하나님이 계셔야 할 곳을 자아가 차지한다. 그래서 하나님을 사랑하기보다 '나'를 사랑한다.

모든 죄는 하나님을 숭배하는 것이 아니라 자아를 숭배하는 데서 비롯된다. 우리 마음의 주인 자리는 비어 있는 법이 없다. 우리 마음에 하나님이 주인 노릇 못하고 계신다면 나 자신이 주인 노릇 하고 있는 것이다.

하나님이 계셔야 할 자리에서 하나님을 몰아내고 나 자신이 주인 노릇, 왕 노릇 하는 것, 그것이 바로 성경적인 죄의 정의이다.

당신도 자신의 인생 경영에 하나님이 한 군데도 없는 자기 숭배주의자는 아닌가? 자기를 위하여 재물은 쌓아두면서 하나님께 대해서는 부요하지 못한 것이 아닌가? 당신의 인생 포트폴리오를 자아 중심으로 작성하고 있지 않은가? 하나님을 두어야 할 자리에 "나! 나! 나! 나!" 하면서 자신만 위하고 있지는 않은가?

신자라고 하는 우리의 인생 구석구석에 하나님이 없다. 우리는 하나님 없는 자리에 '내가' 왕 노릇 하며 '내' 인생을 경영하고 있다.

보디발의 아내가 몸의 실루엣이 다 드러나는 자태로 유혹하는 그 순간에

도 요셉은 자기 좋을 대로 하지 않고 즉시 하나님을 개입시켰다(창 39:9). 유혹의 순간에 마음에 하나님 두기를 싫어하는 것이 아니라 하나님 두기를 환영했다.

죄의 문제, 자아의 문제를 그리스도의 보혈로 해결해야만 당신에게 요셉과 같은 능력이 생길 것이다. 유혹의 순간에도 하나님을 마음에 두는 능력이 나타날 것이다. 본질적인 죄의 문제, 마음에 하나님 두기를 싫어하는 근원적인 죄를 해결하지 않는다면 우리는 단연코 변화되지 않는다.

"나는 형법상의 죄를 짓지 않았습니다! 내가 무슨 죄인입니까? 왜 죄, 죄 하면서 사람 야코를 죽입니까? 하나님은 사랑이신데 당신이 뭔데 죄로 나를 협박합니까?"

하지만 틀렸다. 우리는 죄의 문제를 해결해야만 기독교에 입문할 수 있고 유혹을 이기는 엄청난 하나님의 능력을 받을 수 있다.

《십자가》, 김웅국

그러므로 땅에 있는 지체를 죽이라 곧 음란과 부정과 사욕과 악한 정욕과 탐심이니 탐심은 우상 숭배니라 이것들을 인하여 하나님의 진노가 임하느니라 골 3:5,6

주님, 내 마음에 하나님 두기를 싫어한 죄, 하나님이 계셔야 할 내 마음에서 하나님을 몰아내고 나 자신이 주인 노릇 한 죄를 회개합니다. 나의 자아는 예수님과 함께 십자가에 못 박히게 하옵소서. 이제 내 마음에 하나님만이 왕 되시옵소서.

나의 적용과 결단

지금 옷차림으론 입장하실 수 없습니다!

어찌하여 예복을 입지 않고 여기 들어왔느냐?

천국에서 살아가려면 어떤 조건이 필요한가? 한마디로 거듭나야 한다. 거듭난다는 것은 겉모습만 약간 바꾸거나 욕망을 다스릴 줄 안다거나 고삐 풀린 정욕을 억제하는 것으로 끝나지 않는다. 우리에게는 훨씬 더 깊고 철저한 변화가 필요하다. 마음에 새로운 본성이 거해야 한다.

그렇지만 현재 우리의 상태는 어떠한가? 거듭나서 천국에 들어가 천국의 삶을 누릴 채비가 되었는가? 성령으로 난 사람으로서 삶 가운데 성령의 열매를 맺으며 살아가는가?

이 나라, 각 교회에서 그리스도인이라는 이름으로 살아가는 당신을 포함한 수많은 사람들을 관찰해보라. 그들과 당신은 어떤 취향을 가지고 있고, 어디에서 즐거움을 찾는가? 그들과 당신은 무엇을 가장 좋아하고, 어느 때에 적극성을 드러내는가? 그들과 당신은 어떤 일을 가장 즐거워하고, 의욕적인가?

그들과 당신이 어떻게 주일을 보내는지 그 방식을 유심히 살펴보라. 성경을 읽고 기도하는 일에 기쁨을 찾는 사람은 거의 없다. 남녀노소, 가난한 자와 부자를 막론하고 거의 모두 세속적인 쾌락과 자기 행복을 추구하는 데만 열중하고 있다. 문제는 이름만 그리스도인인 이 사람들이 진정으로 죄를 뉘우치고 돌이켜야 한다는 것이다.

신약성경이 말하는 기독교와 오늘날의 이름뿐인 신자들이 살아가는 방식을 비교해본 사람이라면 누구도 나의 말을 쉽게 부인하지 못할 것이다.

중생 없이 구원도 없다. 신생 없이 영적 생명도 없다. 새 마음이 없이는 천국도 없다. 기독교의 위대한 원리를 잊어서는 안 된다. 거듭남은 영원한 운명을 결정짓는 중대한 사안이다. 거듭남은 구원받기 원하는 사람이라면 누구든지 스스로 느끼고, 스스로 알고, 스스로 경험해야 할 문제이다. 남녀노소를 불문하고 거듭나지 않으면 천국에 들어갈 수 없다.

천국에 들어가기 원하는가? 생계를 유지하기 위해 일하고 장사하고 수고하며 살아가는 이때야말로 우리에게는 천국의 삶을 준비해야 할 유일한 시간이다. 칭의와 성화와 중생을 경험할 수 있는 기회는 오직 현세뿐이다. 성경이 말하는 대로 칭의와 성화와 중생을 경험하지 못하고 죽는 사람은 마지막 날에 영생을 얻을 수 없다.

사람들이 중요하게 생각하는 것들, 즉 부, 학식, 명예, 세상의 위로, 건강, 집, 토지, 친구는 없어도 얼마든지 구원 받고 천국에 갈 수 있지만, 거듭남을 경험하지 않고서는 구원 받을 수 없다. 가난해도 거듭나면 구원 받고, 멸시를 당해도 거듭나면 구원 받고, 많이 배우지 못했어도 거듭나면 구원 받는다. 단, 거듭나지 않으면 구원 받을 수 없다.

거듭나지 못한 채 사악하고 경건하지 못한 본성을 그대로 가지고 있는 사람은 천국에 들어가지 못하도록 그리스도께서 심판하신다.

당신은 거듭났는가? 거듭나지 않으면 구원도 영생도 없다.

《거듭났는가》, J. C. 라일

예수께서 대답하여 이르시되 진실로 진실로 네게 이르노니 사람이 거듭나지 아니하면 하나님의 나라를 볼 수 없느니라 요 3:3

기도

그리스도인이라고 하면서도 아직도 세상의 일들에서 즐거움을 찾고 있는 저의 모습을 발견합니다. 죽은 것 같은 저의 영혼을 만져주셔서 구원에 이르는 회개를 하게 하옵소서. 진정 성령으로 거듭난 자가 되어 하나님을 뵙기 원합니다.

나의 적용과 결단

나는 세상에서 제일
비참한 사람입니다

세계에서 가장 부유한 부자 가운데 한 사람이 말했다

누가복음 12장에 나오는 부자는 돈을 '자기 가치의 원천'으로 삼고 의지한다. 그는 자기 자신에게 초점을 맞춘다. 얼마나 많이 축적했느냐 하는 것에 초점을 맞춘다. 그는 모으고 축적한 것들에서 자신의 정체성을 발견한다. 우리도 종종 비슷한 행동을 한다. 우리는 우리의 자산(資産) 가치로 우리 자신의 가치를 평가한다. 어떤 사람의 가치가 그 사람의 재산에 의해 결정되는 것은 아닌데도 우리는 "그 사람이 어떤 가치를 지니고 있지?"라고 물을 때 "그 사람의 재정 상태가 어떻지?"라는 의미를 함축한다.

빌리 그레이엄 목사는 자서전 《내 모습 이대로》(Just As I am)에서 세계적인 부호를 만났을 때의 이야기를 전한다.

몇 해 전, 아내와 카리브 해의 어떤 섬에 갔다. 세계에서 가장 부유한 부자 가운데 한 사람이 자신의 호화로운 집에서 점심을 대접하겠다고 우리를 초대했기 때문이었다. 당시 그는 75세였다. 그런데 식사를 하는 내내 그는 거의 울 것 같은 표정을 지었다.

"나는 세상에서 제일 비참한 사람입니다." 마침내 그 사람이 말했다. "저기 내 요트가 있습니다. 나는 자가용 비행기, 헬리콥터도 갖고 있습니다. 나는 원하는 곳은 어디나 갈 수 있고, 내 인생을 행복하게 만들어줄 수 있는 모든 것들을 갖고 있습니다. 그러나 지옥에 있는 것처럼 불행합니다."

우리는 그와 많은 이야기를 함께 나누었고 그와 함께 기도했다. 그리고 우리 인생에 지속적인 의미를 줄 수 있는 유일하신 분, 예수 그리스도께 그를 인도하기 위해 힘썼다. 우리는 식사를 마치고 우리가 머물고 있는 작은 오두막으로 내려왔다. 그날 늦은 오후, 그 지역의 침례교회 목회자 한 사람이 우리를 찾아왔다. 영국인으로 그 부자와 같은 75세였다. 오래전에 혼자가 된 그 목회자는 병약하여 거동이 자유롭지 못한 자매 두 사람을 보살피는 데 거의 모든 시간을 쏟고 있었다. 그는 예수 그리스도와 타인을 향한 사랑과 열정으로 가득 차 있었다.

"내 이름으로 된 재산은 1달러도 없어요." 그 사람은 환하게 미소 지으며 말했다. "하지만 나는 이 섬에서 가장 행복한 사람입니다."

빌리 그레이엄 목사는 그 섬을 떠나며 아내에게 물었다.

"누가 더 부자라고 생각해요?"

그의 아내는 싱긋 미소로 답했다. 대답은 자명했기 때문이다.

돈의 신은 우리가 자신의 가치가 자신이 버는 돈으로 결정된다고 믿기를 원한다. 그러나 우리는 그리스도 안에서 우리의 참된 정체성을 발견한다. 그리스도께서는 우리가 그리스도의 소유라고 표시해주셨다. 그것이 우리를 가치 있는 인간으로 만들어준다. 우리의 가치가 발견되는 곳이 그곳이다.

당신은 무엇을 근거로 한 인간으로서 당신 자신의 가치를 평가하는가? 그리스도의 십자가인가, 아니면 당신이 축적한 돈인가?

《거짓신들의 전쟁》, 카일 아이들먼

…한 부자가 그 밭에 소출이 풍성하매 심중에 생각하여 이르되 내가 곡식 쌓아 둘 곳이 없으니 어찌할까 하고 또 이르되 내가 이렇게 하리라 내 곳간을 헐고 더 크게 짓고 내 모든 곡식과 물건을 거기 쌓아 두리라 또 내가 내 영혼에게 이르되 영혼아 여러 해 쓸 물건을 많이 쌓아 두었으니 평안히 쉬고 먹고 마시고 즐거워하자 하리라 하되 눅 12:16-19

기도

재물과 하나님을 겸하여 섬길 수 없다는 것을 알면서도 자꾸만 내 안에 들어오는 재물에 대한 유혹을 뿌리치지 못하고 섬겼음을 고백합니다. 나의 가치는 오직 예수 그리스도에게만 있는 것을 날마다 묵상하기 원합니다.

나의 적용과 결단

주님을 자꾸
잊어버리게 됩니다

어떻게 매 순간 주님의 임재를 느끼며 살아갈 수 있을까요?

어떻게 우리는 삶의 모든 순간에 하나님의 임재를 느끼며 살아갈 수 있을까요? 결코 쉬운 일은 아닙니다. 그렇다고 불가능한 것은 아닙니다. 하나님은 우리가 그렇게 살기를 간절히 열망하고 계십니다. 우리가 결단할 때 주님이 도와주십니다. 우리의 의도적이고 의식적인 결단과 훈련이 필요합니다.

우리의 혼과 육은 그리스도의 영을 알 수도 없고 인식할 수도 없지만, 우리의 영 안에 계신 하나님의 영이 그 영의 생각을 우리에게 알려주십니다. 그것이 바로 성경의 말씀입니다. 따라서 늘 내 안에 계신 하나님의 영을 의식하며 말씀을 통해 세상을 바라보는 훈련을 해야 합니다. 내가 다른 사람과 만날 때, 혼자 있을 때, 어떤 일을 할 때에도 그분은 내 영 안에 계십니다. 우리가 이 영적 의식을 가지면 우리의 삶에 큰 변화가 일어납니다.

우리는 더 이상 하나님을 위해서 사는 존재가 아니라, 우리 안에 계신 하나님을 나타내기 위해 사는 존재입니다. 어떤 일을 통해서 하나님께 영광 돌리는 것이 아닙니다. 그 일은 우리를 통해 하나님께서 자신을 드러내기 위한 수단일 뿐입니다.

일을 하다가 늘 내 안에 계신 그리스도를 잊어버리기 십상이지만, 생각날 때마다 '아, 내 안에 계신 하나님께서 나를 통해 그리스도를 나타내려고 하시지!'라고 의식적으로 떠올리십시오.

처음부터 쉽게 되지는 않을 것입니다. 훈련하다 혹 성령님을 잊어버리고 어떤 일을 처리했다 하더라도 자신을 정죄하지는 마십시오. 생각나게 하시는 것조차 하나님의 일이 되도록 해야 합니다.

삶의 모든 부분과 영역에 성령의 인도함을 받으려고 의식적으로 자신을 내드리십시오. 그러면 자신의 생각, 감정, 의지가 지금의 상황에 따라 반응하지 않게 됩니다. 내 안에 계신 성령님에 의해 반응하고자 의식적으로 노력하는 것입니다.

"만일 우리가 성령으로 살면 또한 성령으로 행할지니"(Since we are living by the Spirit, let us follow the Spirit's leading in every part of our lives, NLT)(갈 5:25).

그때부터 나의 삶이 아니라 내 안에 계신 그리스도가 사는 삶을 조금씩 경험하게 될 것입니다. 그 결과, 나의 혼과 육의 주인이 내가 아니라는 사실을 점점 더 체험하게 되고, 그리스도의 영이 내 영 안에 계시며 그분 안에 내 영적 본질이 있다는 사실을 점점 더 명확하게 의식하게 될 것입니다. 그렇게 되면 예수님이 단지 나에게 지혜, 의, 거룩함, 구원을 주시는 분이 아니라, 그분이 나의 생명이심을 깨닫게 됩니다. 그러면 나의 육신을 통해 그분의 지혜, 의, 거룩함, 구원이 나타나게 되는 것입니다.

예수님은 처음부터 끝까지 자신의 삶을 사신 것이 아니요, 하나님의 형상을 나타내시는 삶을 사셨습니다. 그분은 지금 약속하신 보혜사 성령님으로 우리에게 임하셔서 우리도 하나님의 형상이 나타나는 삶을 살기를 원하십니다.

《알고 싶어요 성령님》, 손기철

51

너희는 하나님으로부터 나서 그리스도 예수 안에 있고 예수는 하나님으로부터 나와서 우리에게 지혜와 의로움과 거룩함과 구원함이 되셨으니 고전 1:30

제가 어느 곳에 있든지 무엇을 바라보고 듣든지 주님을 생각하게 하소서. 의식적으로 주님께 묻고 동행하며 말씀대로 살기를 원합니다. 저를 단련시켜주시고 주님의 형상이 나타나는 삶이 되게 하소서.

나의 적용과 결단

당신이 하나님과 가깝게 지내지 못하는 이유

하나님의 임재를 온전히 느끼기를 갈망하고 기도하지만…

하나님 안에는 '먼 곳'이 없다. 그런데 왜 우리는 하나님이 멀리 계시다고 느끼는가? 왜냐하면 우리의 본성 안에 하나님을 닮은 것이 없기 때문이다. 즉, 하나님과의 유사성이 없기 때문이다. 하나님께서 우리와 교제하시고 우리를 하나님의 자녀라고 부르시고, 우리는 하나님을 향해 "아바 아버지"라고 부르짖을 수 있을 정도의 유사성이 우리에게 있다. 하지만 이 유사성을 실제적 체험으로 만들려고 할 때 우리는 하나님과 닮지 않았다고 느낀다. 그 결과, 우리는 하나님이 멀리 계시다고 느끼게 된다.

하나님과 하나님의 자녀들 사이에는 유사성이 있기 때문에 하나님은 그들과 교제하실 수 있다(하나님은 자신의 자녀들 중에서 가장 약하고 가련한 사람들과도 교제하신다). 그러나 하나님과 그들 사이에는 서로 닮지 않은 점들도 있기 때문에 그들과 그분 사이의 교제는 더 깊어지지 못하고 약한 단계에 머물러 있기도 한다. 그 결과, 하나님의 임재를 온전히 느끼기를 갈망하고 그것을 위해 기도하고 그것에 대해 찬송하지만, 실제로는 그에 도달하지 못하는 것이다.

우리의 본성이 하나님의 본성을 닮지 않았기 때문에 하나님이 우리에게 자신을 나타내실 수 없다. 우리가 의롭다 함을 얻고 거듭난 것은 사실이지만, 우리는 하나님과의 교제를 완전케 하지 않는다. 우리에게 절대적으로 필요한 것은 하나님과의 교제를 완전케 하는 것이다.

당신은 자신이 하나님을 닮지 않은 것을 애통해하는가? 당신과 하나님 사이에 거리가 없다는 것을 머리로는 알지만 마음으로는 하나님이 멀리 계시다고 느끼는 당신 자신을 보고 눈물이 나지 않는가?

당신은 하나님이 이미 당신의 삶 속에서 이루신 것들을 어떤 면에서도 잃어버리지 않았다. 당신은 의롭다 함을 얻은 것, 당신의 삶에 임한 하나님의 선한 은혜 그리고 하나님의 모든 축복에 대해 감사한다. 그럼에도 당신은 하나님에게서 멀리 떨어져 있다는 느낌을 지울 수 없다. 하나님이 멀리 계시다고 느끼기 때문에 당신의 하루하루는 힘들게 여겨진다. 하나님이 가까이 계시다는 것을 머리로는 알지만 왠지 마음으로는 그렇게 느끼지 못한다.

하나님은 당신에게 자신의 얼굴을 보여주실 수 없다. 왜냐하면 당신의 방종, 가혹함, 복수심, 미지근함, 교만 그리고 세상적인 마음이 구름이 되어 하나님의 얼굴과 당신 사이를 가로막았기 때문이다.

그러므로 이제 회개가 있어야 한다. 우리가 하나님을 닮지 않은 것, 거룩한 분의 존전에서 거룩하지 못한 삶을 사는 것, 이타적인 그리스도의 존전에서 방종의 삶을 사는 것, 온유한 그리스도 앞에서 다른 사람들을 가혹하게 대하는 것, 용서의 주님이 보시는 가운데 다른 사람들을 용서하지 않는 것, 불같이 뜨거운 열정으로 충만하신 그리스도와 달리 미지근한 것, 하늘에 속한 그리스도를 믿으면서도 세상적이고 세속적인 삶을 사는 것, 이런 모든 것들을 회개해야 한다. 정말로 회개해야 한다.

이제 당신은 어떻게 하려는가? 하나님이 당신의 마음을 여셨는가?

《GOD》, A. W. 토저

53

오직 너희를 부르신 거룩한 이처럼 너희도 모든 행실에 거룩한 자가 되라 벧전 1:15

하나님께서 멀리 계시는 것 같은 느낌 때문에 힘들 때가 많았습니다. 이제 하나님의 성품을 닮아감으로 하나님과의 더 깊고 온전한 교제를 나누기 원합니다. 저의 세상적이고 세속적인 모습과 미지근한 믿음과 교만함을 용서해주시옵소서.

나의 적용과 결단

힘든 삶에서 항상 즐거움을 누릴 수 있는 비밀?

어려울 때 어렵고, 좋을 때 좋은 것은 충만한 삶이 아니다

힘든 삶의 여정에서 즐거움을 누리고 자발적인 생산력을 지니기 위한 유일한 방법은 성령충만이다. 성령충만하지 않으면 제자로 훈련되지 않는다. 은사는 받으면 바로 나타나지만 성령의 열매를 맺는 데는 시간이 걸린다. 인격의 변화는 하루아침에 이루어지지 않기 때문이다.

성령으로 충만한 것은 쉽고도 어렵다. 적절한 예인지 모르겠지만 그 충만함은 마치 환경이 오염되지 않은 계곡과 같다. 환경이 오염되지 않은 산골에서 맑은 물과 고기, 이끼는 당연하다. 그러나 환경이 오염되기 시작하면 이것들이 순식간에 사라진다. 생태계가 한번 오염되면 회복은 아주 어려운 일이다. 파괴된 생태계는 새로운 질서로 재편된다. 악조건에서도 살아남을 수 있는 생물들로 대체된다.

충만함을 잃어버리면 나의 마음과 삶은 온갖 잘못된 가치들과 마음의 내용으로 가득하게 된다. 그 마음과 삶에서 나오는 것은 열매가 아니라 잡초이다. 자연스러움이나 즐거움이 아니라 악조건에서 살아남기 위해 지탱해온 마음과 삶의 내용인 것이다. 그것으로는 사람을 변화시킬 수 없다. 변화는 자연스러운 영향력으로 가능하다. 맑은 물과 깨끗한 환경에서 쉬어야 아픈 사람이 회복되듯이 나의 마음과 삶이 성령으로 충만해야 자연스럽게 즐거움이 흘러가고 다른 사람의 회복도 도울 수 있다.

그리스도인은 아무리 어려워도 성령으로 충만하며 작은 일상에서 느끼는 소소한 즐거움으로 자신을 지킬 수 있다.

어려움으로 삶이 파괴된 사람은 즐거움이 없다. 마음의 어려움이 마음과 삶을 붙잡아서 즐거움을 잃어버리게 만드는 것이다. 영혼이 풍성하고 즐거워야 삶이 풍성하고 즐거워진다.

54

"마른 떡 한 조각만 있고도 화목하는 것이 제육이 집에 가득하고도 다투는 것보다 나으니라"(잠 17:1).

마른 떡 한 조각으로도 화목할 수 있는 것은 하나님이 주신 은혜가 충만할 때 가능하다. 사람은 당장 눈에 보이지 않고 입을 만족시켜주지 않으면 불평과 불만을 나타내는 존재다. 그런 사람이 만약 마른 떡 한 조각으로 화목할 수 있다면 성령으로 충만한 것이다. 사람이 낙천적이어서 즐거운 것이 아니다. 상황이 어려워도 즐거워할 수 있는 사람은 아주 드물다.

우리의 관심은 낙천적인 사람이 되는 데 있지 않다. 그것은 신앙 밖에서 이야기할 일이다. 성격이 좋든 나쁘든 예수님을 믿고 성령으로 충만한 사람은 자신의 성품이 아닌 하나님의 성품이 임한다. 그래서 베드로 사도는 우리가 신성한 성품, 신의 성품, 신의 본성에 참여하는 사람들이라고 했다(벧후 1:3,4).

어려울 때 어렵고, 좋을 때 좋은 것은 충만한 삶이 아니다. 상황이 어렵든 좋든 하나님으로 말미암아 즐거울 수 있는 것이 성령으로 충만한 삶이다. 상황이 어려워서 즐거움을 잃어버린 것을 당연하다고 생각하지 마라. 상황이 어려운 것이 문제가 아니라 내 안에 즐거움이 사라진 것이 더 문제다. 마음과 삶에 즐거움이 없는데 어찌 믿음이 있겠는가?

삶이 어려워도 성령으로 충만하여 즐거움을 잃지 않는다면 훈련이 끝난 것이다. 열매가 풍성한 삶이다.

《충만》, 김길

주 여호와는 나의 힘이시라 나의 발을 사슴과 같게 하사 나를 나의 높은 곳으로 다니게 하시리로다 합 3:19

주님이 함께하시면 두려울 것이 하나도 없습니다. 나의 마음과 입술의 고백이 상황에 관계없이 항상 주를 찬송하게 하소서. 매일 말씀과 기도로 깨어 있게 하시고 주님의 거룩한 본성에 참여하는 자가 되도록 인도하여주옵소서.

나의 적용과 결단

하나님 임재연습,

이렇게 하세요

믿음으로 하나님 임재를 연습하는 법

"하나님을 있는 그대로 알려줄 수 있는 분은 오로지 하나님뿐이십니다. 우리는 훌륭한 원본을 제쳐놓고 조잡한 사본인 이성(理性)의 추론과 과학을 탐구합니다. 하나님께서는 우리의 영혼 가장 깊은 곳에 자신의 초상화를 그리십니다. 그러나 우리는 하나님을 보려고 하지 않습니다."

"우리는 하나님을 홀로 내버려둔 채 어리석은 논쟁에 몰두합니다. 우리 안에 늘 계시는 우리의 왕과 대화하는 것을 귀하게 여길 줄 모릅니다. 하나님에 대한 책의 기록, 우리 영혼의 느낌, 날마다 변덕스레 오르락내리락하는 경건한 감정, 개인적인 영적 성찰 같은 것으로만 하나님을 사랑하고 아는 것으로는 충분하지 않습니다. 이 모든 것 대신 우리의 믿음이 더욱 생동하게 해야 합니다."

그는 하나님을 향한 끝없는 사랑과 지속적인 예배 속에서 하나님과 끊임없이 대화했으며, 자기가 맡은 임무를 잘 감당하게 해달라고 계속 도움을 구했습니다. 그리고 일상의 임무를 수행하는 평범한 시간에도 하나님의 임재를 믿음으로 의식하는 이 헌신의 행위를 중단하지 않았습니다.

일상의 임무가 헌신의 행위를 위한 소재를 제공했기 때문에, 일상의 임무를 수행하는 동안 하나님의 임재연습을 훨씬 쉽게 행할 수 있었고, 이 헌신의 행위는 일상의 임무를 등한히 하게 하기는커녕 오히려 신실하게 감당하도록 도왔습니다.

그렇지만 이런 방식의 삶이 쉽지 않아 처음에는 하나님의 임재에 대해 까맣게 잊은 채 몇 시간을 그냥 흘려보내기도 했습니다.

그러나 그는 겸손히 자신의 잘못을 인정한 뒤에 아무 걱정도 하지 않고 다시 시작했습니다. 때로는 자신도 제어하기 어려운 잡다한 생각들이 한꺼번에 몰려와 그가 하나님을 생각할 수 없도록 훼방했지만, 그럴 때마다 그는 그런 생각들을 조용히 옆으로 제쳐놓고 하나님과의 정상적인 대화로 다시 돌아가곤 했습니다. 그가 이렇게 인내하자 마침내 하나님께서 그에게 '하나님을 지속적으로 의식하는 상태'에 도달하는 상급을 허락하셨습니다. 이로써 이전까지 행했던 다양한 행위와 임무조차, 그가 성령의 조명을 받은 사랑으로 단순하게 하나님을 보는 데 아무 방해가 되지 않았고 하나님의 임재를 즐거워하는 데만 마음을 쏟게 되었습니다.

그래서 로렌스 형제는 종종 이렇게 말하곤 했습니다.

"제게는 일상의 임무를 수행하는 시간과 기도 시간이 다르지 않습니다. 저는 부엌의 온갖 번잡함과 달그락거리는 소음 한가운데서도, 심지어 몇 사람이 동시에 여러 가지 다른 일을 시킬 때에도 마치 제단 앞에 무릎을 꿇고 있는 것처럼 조용하고 평온하게 하나님을 온전히 소유합니다. 제게는 이 모든 것이, 마치 어둠의 커튼이 오르고 그저 청명하기만 한 다른 삶의 끝없는 날들이 펼쳐지기 시작하는 것처럼 느껴집니다."

하나님과의 지속적인 대화에 주의를 집중하기 위해 다른 모든 생각들을 거부한 이 사랑스러운 형제의 신실함이 그를 데려간 곳이 바로 그곳입니다. 그에게는 하나님과 대화하는 것이 너무도 일상적인 일이라, 하나님과의 대화를 멈추고 다른 일에 관심을 쏟는 것이 불가능한 것처럼 느껴졌습니다.

57

《하나님 임재연습》, 로렌스 형제

나의 영혼이 잠잠히 하나님만 바람이여 나의 구원이 그에게서 나오는도다 오직 그만이 나의 반석이시요 나의 구원이시요 나의 산성이시니 내가 크게 흔들리지 아니하리로다 시 62:1,2

믿음은 하나님을 의식하는 것이니, 언제 어느 순간에도 하나님을 의식하려는 열심을 중단하지 않기 원합니다. 저에게도 '하나님을 지속적으로 의식하는 상태'에 도달하는 상급을 허락하실 줄 믿습니다.

나의 적용과 결단

FULLNESS of the SPIRIT

성령의 사람은 절대 무례하지 않다

당신은 예수님의 인격을 닮았는가?

성령의 아홉 가지 열매는 아홉 가지 각각의 항목이 아니라 사실은 하나이다. 그것이 무엇인가? 성령의 열매가 추구하는 것은 예수 그리스도의 인격을 닮는 것, 그 하나이다. 예수님의 인격을 닮는 그 하나의 열매에 아홉 가지 양상이 펼쳐지는 것이다. 그렇기 때문에 우리가 기억해야 할 것은, 성령충만한 사람은 이유 여하를 막론하고 주님의 인격을 닮은 사람, 주님의 성품을 닮은 사람이라는 사실이다.

우리가 아무리 능력이 있고 놀라운 은사들을 많이 받았다 해도 그것이 진짜로 성령의 은사인지 분별하는 첫 번째 잣대는 '그 사람이 예수님의 인격을 닮았는가?'이다.

만약 하나님께서 내게 가르치는 은사도 주시고 목회 잘할 수 있는 각종 은사를 주셨더라도 내가 인격적이지 않고 교역자들과 성도들을 함부로 대하며 삶 속에서 거짓말을 밥 먹듯이 한다면 결론적으로 나는 성령의 사람이 아닌 것이다. 우리가 추구해야 할 것은 성령의 아홉 가지 열매 각각의 것 모두가 아니라 오직 한 가지이다.

"너희 안에 이 마음을 품으라 곧 그리스도 예수의 마음이니"(빌 2:5).

바로 이 말씀에서 제시하고 있는 '그리스도 예수의 마음'을 품는 것, 즉 예수님의 인격을 닮는 것이 이 땅의 모든 그리스도인이 추구해야 할 단 하나의 목표이자 맺어야 할 단 하나의 열매이다.

성령의 열매가 이처럼 예수님의 인격을 닮는 것 한 가지로 점철되는 한편, 또 다른 특징은 관계 지향적이라는 것이다. 사도 바울은 갈라디아서 5장에서 성령의 아홉 가지 열매를 열거한 후에 그 말씀의 결론을 이렇게 맺고 있다.

"만일 우리가 성령으로 살면 또한 성령으로 행할지니 헛된 영광을 구하여 서로 노엽게 하거나 서로 투기하지 말지니라"(갈 5:25,26).

이 말씀의 결론이 무엇인가? "성령충만하여 세상과 담을 쌓고 산으로 들어가라"인가? 아니다. 지극히 세속적인 이 세상 속에서 성령충만하여 서로 다투지 말고 질투하지 말라는 것이다. 이것이 성경의 교훈이다. 그런데 우리는 지금까지 이 부분에서 방향을 너무나 잘못 잡아왔다.

성령의 사람은 산 속에 들어가 혼자 사는 사람이 아니다. 성령의 사람은 지극히 상식적인 사람이다. 무례하지 않은 사람이다. 성령의 사람은 다른 사람을 함부로 괴롭히거나 비방하거나 수군거리지 않는다. 성령의 사람은 결코 세상 질서를 거스르는 사람이 아니다.

나는 우리 그리스도인들이 다 성령의 사람이 되기를 바란다. 세상 누구보다 그리스도인들이 인격의 사람, 상식이 통하는 사람, 세상 질서를 잘 지키는 사람, 나보다 남을 더 배려하는 사람, 공동체적인 성장 마인드를 가진 성령의 사람이 되기를 바란다.

《삶으로 증명하라》, 이찬수

오직 성령의 열매는 사랑과 희락과 화평과 오래 참음과 자비와 양선과 충성과 온유와 절제니 이같은 것을 금지할 법이 없느니라 갈 5:22,23

주님, 늘 예수님의 마음을 품으며 생각하고 결단하고 행동하겠습니다. 예수님의 인격을 닮은 성령의 사람으로서, 이 땅에 주의 영광을 드러내는 자로 살게 하소서.

나의 적용과 결단

내 욕심을 하나님의 뜻이라고
포장하고 있지 않은가?

그 편지는 제 자존심을 건드렸습니다!

존 하이드(인도의 선교사. 기도의 사람)는 젊었을 때 선교의 소명을 받아들여 인도로 떠났다.

"저는 젊었을 때 선교사가 되기로 결심했습니다. 그것도 아주 훌륭한 선교사가 되기로 결심했지요. 그래서 다양한 인도어들을 숙달하겠다고 다부지게 마음먹었고, 또 위대한 선교사가 되는 데 장애가 될 만한 것들은 무엇이든 용인하지 않겠다고 단호하게 결심했어요. 그게 제 야망이었던 거예요. 저는 가장 중요한 요소인 하나님을 까맣게 잊고 그 야망만을 불태웠습니다. 그 야망의 맨 밑바닥에는 흉물스러운 제 자아가 도사리고 있던 것입니다."

존은 선교사로 떠날 때, 아버지의 절친한 친구였던 한 목회자로부터 한 통의 편지를 받았다. 편지 내용은 길지 않았다. 그러나 그 짧막한 몇 마디 말 때문에 그는 거의 미치게 되었고, 그의 영혼은 가장 깊은 곳까지 굴착되었으며, 그의 자존심은 잿더미가 되었고, 그의 마음에는 맹렬한 분노의 화염이 일었다. 편지에는 단지 "사랑하는 존, 네가 성령으로 충만해질 때까지 너를 위해 기도를 멈추지 않을 거야!"라고 적혀 있었는데도 말이다.

'성령으로 충만해질 때까지!'

나중 일이지만, 그는 아주 오랫동안 이 말을 되새기고 곱씹은 후에야 비로소 성령으로 충만해질 수 있었고 성령을 강력하게 의식할 수 있었다. 그는 당시의 심정에 대해 이렇게 말했다.

"그 편지는 제 자존심을 건드렸습니다. 순간 너무나 화가 치밀어 편지를 구깃구깃 구겨 선실 바닥에 던져버리고, 분을 주체할 수 없어서 갑판 위로 올라갔어요. 편지 내용이 제가 성령으로 충만하지 못하다는 의미를 함축

60

하고 있었기 때문입니다."

그는 갑판을 거닐면서 혼잣말로 말했다.

'나는 선교사로 인도에 가고 있어. 그런저런 선교사가 아니라 최고의 선교사가 되기 위해 가고 있는 중이라고! 그런 사람이라면 성령으로 충만해지는 것이 기본 아니겠어? 그런데도 내가 성령충만을 받지 못했다고 생각한다니, 정말 어처구니없고 주제넘은 억측이 아니고 뭐겠어!'

"그렇게 한동안 갑판 위를 하염없이 오락가락했어요. 분노가 치밀어 마음이 무척이나 거북했습니다. 그러나 저의 내면에서는 맹렬한 싸움이 벌어지고 있었습니다. 제가 아버지 친구 분을 정말로 사랑했고, 또 그 분이 평생 신령한 삶을 살아왔다는 것을 모르지 않았기 때문이었습니다. 그런 생각을 하면서 뱃전을 거닐다가, 마침내 그 분이 옳다는 것과 제가 선교사의 사명을 감당할 준비가 되어 있지 않다는 것을 자각하게 되었습니다."

그래서 그는 선실로 내려가, 구깃구깃 구겨 던져버렸던 편지를 다시 집어, 편지지를 곧게 펴 읽고 또 읽었다. 그의 마음은 여전히 괴로웠지만, 아버지 친구가 옳았고 자신이 틀렸다는 자각이 점점 마음을 채워나갔다.

"마침내 절망의 구렁텅이에 내려가 저 자신을 성령으로 채워달라고 구하게 되었습니다. 저는 배가 항구에 당도하기 훨씬 전에 무슨 대가를 치르더라도 성령으로 충만해지고 말리라 결심하고 더욱 간절히 매달렸습니다. 그것이 제 영적 몸부림의 첫 번째 정점이었지요."

《기도로 매일 기적을 체험한 사람》, 바실 밀러

술 취하지 말라 이는 방탕한 것이니 오직 성령으로 충만함을 받으라 엡 5:18

 기도의 사람 존 하이드처럼 내 믿음의 바닥까지 점검해보고, 성령충만하지 못하다면 '성령으로 충만해지고 말리라'는 결심으로 간절히 매달리는 영적 몸부림이 있기를 원합니다.

나의 적용과 결단

주님의 **임재는** 어떻게
경험할 수 있을까요?

주님이 함께하심이 정말 느껴지고 믿어지시나요?

주님의 임재는 어떻게 경험할 수 있을까요? 예수님의 심장이 내 속에서 뛰는 것처럼 주님이 나와 함께 계시는 것을 내가 어떻게 경험할 수 있습니까? 많은 분들이 어떤 특별한 성령체험을 하면 주님의 임재를 경험할 수 있을 것이라고 생각합니다. 성령님이 강하게 역사하시는 어떤 시간과 공간에 함께 있으면 주님의 임재를 경험할 것이라고 기대하는 것입니다.

그런데 성경은 의외로 너무나 간단한 대답을 줍니다. 히브리서 12장 2절 말씀입니다.

"믿음의 주요 또 온전하게 하시는 이인 예수를 바라보자 그는 그 앞에 있는 기쁨을 위하여 십자가를 참으사 부끄러움을 개의치 아니하시더니 하나님 보좌 우편에 앉으셨느니라."

예수님을 바라보라는 것입니다. 새번역 성경은 이 말씀을 이렇게 소개하고 있습니다.

"믿음의 창시자요 완성자이신 예수를 바라봅시다. 그는 자기 앞에 놓여 있는 기쁨을 내다보고서, 부끄러움을 마음에 두지 않으시고, 십자가를 참으셨습니다. 그리하여 그는 하나님의 보좌 오른쪽에 앉으셨습니다."

믿음은 예수님을 바라보는 데서 생긴다는 말씀입니다. 이 말씀에서 말하는 믿음이란 예수님이 나와 함께 계시다는 것을 믿는 것입니다. 다시 말해, 예수님을 믿는다는 것은 예수님이 나와 함께 계신 것을 믿는 것입니다. 그러므로 이 말씀에서 믿음이란 올해 안에 결혼하게 될 것을 강하게 확신하는 것이 아닙니다. 내가 원하는 어떤 것이 이루어질 것을 믿는 것이 아니라는 것입니다.

우리에게 믿음이란 예수님을 믿는 것입니다. 예수님이 나와 함께 계신 것을 믿는 겁니다. 이런 믿음은 반드시 응답을 받습니다. 이 믿음이 생기면 아무것도 두렵지 않고 염려도 없습니다. 어떤 사람도 두렵지 않습니다. 어떤 형편에서도 염려가 없습니다. 이 믿음 때문에 모든 문제를 다 이겨나가는 것입니다.

주님이 나와 함께 계시는 것이 진짜로 믿어지면 세상이 모두 달리 보입니다. 주님이 나와 함께 계시기 때문입니다. 그런데 문제는 주님이 나와 함께 계시다고 하는 그 믿음이 어떻게 생겨나는 것일까 하는 것입니다. 내속에 예수님의 심장이 뛰고 있고 주님이 나와 함께 계시다는 것이 어떻게 믿어지냐는 말입니다. 방법은 간단합니다. 예수님을 바라보면 됩니다. 그것이 히브리서 12장 2절 말씀이 말해주는 방법입니다.

그러므로 예수님을 믿는다고 하면서 예수님이 나와 함께 계시는 것이 믿어지지는 않는다면, 당신에게는 무슨 문제가 있는 것입니까? 당신이 예수님을 바라보고 있지 않다는 것입니다. 예수님을 바라보는 데 문제가 있는 것입니다.

예수님이 나와 함께 계시다는 것을 진짜로 믿었다면 주님을 바라보아야 합니다.

《세상을 바꿔라, 예수의 심장으로!》, 유기성

63

여러 조상이 요셉을 시기하여 애굽에 팔았더니 하나님이 그와 함께 계셔 그 모든 환난에서 건져내사 애굽 왕 바로 앞에서 은총과 지혜를 주시매 바로가 그를 애굽과 자기 온 집의 통치자로 세웠느니라 행 7:9,10

기도
언제나 저와 함께하시는 하나님을 믿습니다. 내가 보고 듣고 느끼는 모든 것을 아시고 위로해주시며, 갈 길을 인도하시는 주님을 믿습니다. 숨을 쉬고 내뱉을 때마다 주님의 임재를 느끼게 하시고 동행하는 삶을 살게 하소서.

나의 적용과 결단

FULLNESS of the SPIRIT

기도하는 첫 번째 목표

영적인 삶에 필요한 단 하나의 요소! 과연 무엇일까요?

선하고 지혜로운 이 땅의 아버지가 자녀에게 줄 수 있는 최상의 선물은 자신의 '정신'(spirit)이다. 만일 자녀가 제 아버지의 모든 뜻과 계획을 알아차리기를 원한다면, 제 아버지를 가장 큰 기쁨으로 삼기를 원한다면, 자녀는 제 아버지와 한마음, 한 정신이 되어야 한다. 하나님의 하나님 되심은 하나님의 영을 통한 것이다. 하나님의 영이 바로 하나님의 생명이다. 그렇다면 하나님께서 하나님 자신의 영을 땅에 있는 자녀들에게 주신다는 것이 어떤 의미를 가질지 한번 생각해보라.

예수님이 하나님의 아들로서 이 땅에서 받으신 영광은, 아버지의 영이 예수님 안에 있었다는 것이다. 예수님이 요단강에서 세례를 받으실 때 예수님을 사랑하는 아들이라 선언하시는 아버지의 음성과 아버지에게서 내려오는 성령이 하나로 결합되었다. 이와 같이 사도 바울은 우리에 대하여 "너희가 아들이므로 하나님이 그 아들의 영을 우리 마음 가운데 보내사 아빠 아버지라 부르게 하셨느니라"(갈 4:6)라고 말한다.

이 땅의 왕은 자신의 아들 안에 왕다운 기품과 정신을 불러일으키기 위해 자신의 아들을 총체적으로 교육하는 데 힘쓴다. 하늘에 계신 우리 아버지는 우리가 하나님의 자녀로서 하나님이 살고 계신 거룩한 하늘의 삶을 살아갈 수 있도록 교육하고자 하신다. 하나님께서는 이러한 목적을 이루기 위해 하나님의 마음 가장 깊은 곳으로부터 하나님 자신의 영을 우리에게 주신다. 예수님이 보혈을 통해 속죄 사역을 이루신 후에 가지셨던 전체적인 목표는 하나님의 보좌 앞으로 나아가 우리를 위해 성령을 받으시고, 성령을 우리에게 보내시어 우리 안에 거하도록 하시는 것이었다.

성령은 아버지와 아들의 영이시므로 아버지와 아들의 생명과 사랑의 총체가 성령 안에 있다. 그러므로 성령은 우리 가운데 내려오실 때 우리를 높이 들어 올려 아버지와 아들과 교제하는 데로 데려가신다. 성령은 아버지의 영으로서 우리의 마음을 아버지께서 아들을 사랑하셨던 그 사랑으로 가득 채우시고, 우리가 그 사랑 안에서 살아가도록 가르치신다. 성령은 아들의 영으로서 아들이 이 땅에서 살아가셨던 자유로움과 헌신과 순종을 우리의 심령에 불어넣으신다.

아버지 자신의 거룩한 영! 우리를 양자로 삼아주시는 아버지 자신의 영! 아버지께서 우리에게 주실 수 있는 모든 선물 가운데 그보다 더 높고 경이로운 것은 없다. 당연한 결과로, 하나님의 첫째가는 이 선물을 우리의 모든 기도의 첫째 목표로 삼아야 한다는 암시를 준다. 영적인 삶에 필요한 단 하나의 요소는 성령이다.

예수님 안에는 완전한 충만함이 있다. 예수님의 충만함은 은혜와 진리의 충만함이요, 우리는 그 충만함에서 은혜를 받는다.

성령은 예수님과 예수님 안에 있는 모든 것을 우리에게 나르는 특수임무를 수행하시도록 지정된 매개자이시다. 성령은 그리스도 예수 안에 있는 생명의 영이시다(롬 8:2 참조).

우리가 우리 자신을 성령의 뜻에 전적으로 굴복시킬 때, 그리고 성령께서 자신의 방식대로 우리를 다루시도록 고분고분 순복할 때, 성령은 그리스도의 생명을 우리 안에 나타내신다.

《무릎학교》, 앤드류 머레이

65

사도와 함께 모이사 그들에게 분부하여 이르시되 예루살렘을 떠나지 말고 내게서 들은 바 아버지께서 약속하신 것을 기다리라 요한은 물로 세례를 베풀었으나 너희는 몇 날이 못되어 성령으로 세례를 받으리라 하셨느니라 행 1:4,5

 메마른 마음에 충만한 성령의 은혜를 구합니다. 성령님, 제 안에 생명을 불어넣어주시고 악한 생각들을 물리쳐 주옵소서. 매일 성령충만함으로 주님과 교제하며, 거룩한 하늘의 삶을 살아갈 수 있도록 인도하여 주옵소서.

나의 적용과 결단

주님, 저 사람,
손 좀 봐주세요!

저 사람은 더 혼나야 해요, 아주 많이

저는 새벽예배 시간에 개인기도를 합니다. 아무 생각 없이 그 자리에 앉지만 그날 선포된 말씀을 듣고 기도를 시작하면 마음속에서 지나간 일들 중에 다시 돌이키고 싶은 것들이 떠오릅니다. 다른 사람들의 잘못이라 판단했지만 시간이 지나면서 내 잘못을 발견하고 회개하는 일이 허다합니다. 회개에는 성령님과의 교통이 필수적입니다. 내 의지로 '회개해야 돼' 하는 것과 성령님께서 '회개할 마음을 주시는 일'은 비슷하지만 완전히 다릅니다. '내가 이런 거 잘못했으니깐 하나님한테 잘못했다고 해야지.' 이것은 내 결정입니다.

'너 이거 잘못했잖아. 너 그 사람 용서 못했잖아.' 성령님이 우리 안에서 잘못한 일을 기억나게 하셔서 회개하게 하시는 역사가 있습니다. 처음에는 잘 안 됩니다. 안 해봤기 때문에 무얼 해야 될지 모르는 것이지요. 그럴 때는 잠잠히 기도의 자리에 있기를 권합니다. 그러면 갑자기 떠오르는 무언가가 있을 것입니다. 예를 들어 지난 밤 드라마를 본 것이 생각나면서 하나님 말고 다른 데 마음을 빼앗긴 것을 알게 됩니다.

문제는 우리가 그 시간을 기다리지 못한다는 것입니다. 몇 분 기다리다가 '회개할 게 없나보다' 하고 신속히 자리를 떠나버립니다.

제 남편은 세상에서 죄를 끊고 돌아와 하나님 앞에 생명을 얻는 회개를 했습니다. 스스로 생각해도 하나님 앞에 잘못한 것을 알았기 때문입니다. 그러나 저는 아니었습니다. 남편은 죄인이고 저는 의인이라고 생각했기 때문에 이렇게 기도했습니다. '하나님, 저 인간 야단치신 거 잘하셨습니다. 더 하셔야 돼요. 머리를 그냥 쥐어박으세요.' 그러면서 겉으로는 "여보, 돌아와서 좋아요"라고 했습니다.

그런데 다시 기도만 하면 '하나님, 손 좀 봐주세요'라고 했습니다. 억울했던 지난날이 생각나서 분이 안 풀렸습니다. 남편을 용서하는 데 15년이라는 세월이 걸렸던 것은 모두 저 때문이었습니다. 고집스럽고, 완악하고, 하나님의 뜻에 순종하지 못하고 끊임없이 내 이기심을 충족하고 합리화했던 제 마음 때문이었습니다. 하나님이 보시기에 더 범죄한 사람은 저였습니다. 저는 회개기도도 억지로 했습니다. '하나님, 제가 오늘 이런 거 잘못했어요. 이런 거 고칠게요.'

어느 날 성령님께서 저를 책망하셨습니다.

'나는 그런 회개를 원하는 게 아니다. 네 중심에서 회개했다면 네 삶이 바뀌고, 태도가 바뀌어야 하는데, 너는 여전히 남편을 미워하고 인정하지 않는구나. 네가 교만하구나.'

이것을 인정하고 회개하는 것이 죽을 만큼 힘들었습니다.

'누가 봐도 남편 잘못이야. 내가 무슨 잘못이 있어?'

그것은 진정한 회개가 아니었습니다. 회개는 은혜로 되는 것이며 억지로 하는 것이 아니라는 것을 나중에야 알았습니다. 회개에도 내 공로는 없습니다. 우리에게 구원을 주신 것도 은혜고 성령님을 보내 주신 것은 더 은혜고, 성령님이 우리를 이끌어가시는 것이 은혜임을 기억하며 기도의 자리로 나아가야 합니다.

《기도할 수밖에 없었어요》, 김현미

너희는 그 은혜에 의하여 믿음으로 말미암아 구원을 받았으니 이것은 너희에게서 난 것이 아니요 하나님의 선물이라 행위에서 난 것이 아니니 이는 누구든지 자랑하지 못하게 함이라
엡 2:8,9

기도
주님, 제 이기심을 따라 생각하고 합리화했던 마음을 회개합니다. 성령님의 음성에 더욱 귀 기울여 주님이 원하시는 기도를 드리기를 원합니다. 늘 주님의 은혜를 기억하며, 제 안에 펼치실 주의 역사를 기대합니다.

나의 적용과 결단

내 머리, 내 열심만으론 어림없다

지금은 성공시대가 아닌 성령시대!

《래디컬》의 저자인 데이비드 플랫(David Platt)은 미국 알라바마 주에 위치한 대형교회의 담임목사다. 그는 한때 자신이 목회하는 교회는 자원이 많다고 생각했다. 똑똑한 인텔리 성도들과 돈과 조직과 건물이 있으니 교회가 제대로 헌신되면 세계복음화를 위해 정말 위대한 일을 할 수 있을 거라고 생각했다. 그러나 이것이 얼마나 잘못된 생각인지를 깨달았다고 한다. 교회가 얼마나 많은 자원이 있는지는 상관이 없다. 성령의 임재와 능력이 없다면 아무리 인간적인 자원이 많다고 해도 박물관에 전시된 모형 비행기에 불과하다. 절대 뜨지 못한다. 그는 자기 생각을 거꾸로 뒤집어야 함을 깨달았다. 교회에 아무것도 없다 해도 성령의 능력이 불같이 임한다면 그 교회는 열방을 흔들어놓을 수 있다.

능력이 있어야 사역을 하고, 목회를 한다. 사랑할 수 있고, 용서할 수 있다. 부흥할 수 있고, 세상을 변화시킬 수 있다.

오순절 성령이 우리 위에 임할 때, 우리는 불 같은 능력을 받게 된다.

오순절 성령 강림 사건은 하나님의 역사, 교회의 역사에 있어서 실로 엄청난 사건이다. 이제 성령의 시대가 열린 것이다!

한 일간신문 문화 섹션에 아시아와 미국까지 불고 있는 한류 열풍을 다루면서 헤드라인을 "지금은 소녀시대"라고 잡았다. 나는 그걸 보면서 속으로 '지금은 성령시대인데…' 했다. 또 경제 섹션을 보면 "지금은 스마트폰의 시대"라고도 한다. 모든 것을 스마트폰을 통해서 하고, 없으면 뒤처지고 미안한 느낌마저 들기 때문이란다.

어떤 인기 스타의 시대, 또는 무엇의 시대라고 한다는 것은 사람들이 모두 그것에 대해 이야기하고, 그것에 대해 생각하고, 모든 것이 그것을 통해 이뤄지고, 그것을 모르거나 가지고 있지 않으면 부끄럽게 느끼게 되는 걸 뜻한다. 모든 가치관과 분위기와 습관과 일이 그 거대한 파도의 흐름 안에 다 휩쓸리는 것을 말한다.

오순절 성령 강림은 성령의 시대를 활짝 열었다. 2천 년 전 로마제국을 뒤집어놓았던 그 성령의 시대가 21세기, 이 시대에도 열릴 줄 믿는다. 이 성령의 시대는 성령 받는 크리스천들이 기도하며 거룩한 능력을 받고 나가는 시대다. 노르망디 상륙작전 후에 연합군이 승기(勝機)를 타서 나치 독일을 몰아붙였듯이, 하나님의 백성들이 성령의 바람을 타고 어둠의 권세를 몰아붙일 때다.

기도와 말씀으로 무장한 성령 공동체가 전진할 때, 육체와 정신의 병이 치유되고, 귀신이 쫓겨나가며, 사람들이 앞다투어 예수님을 믿기 시작할 것이다. 폭력과 음란과 도박과 각종 범죄가 사라질 것이다. 예수님을 안 믿는 것이 부끄러워지고, 교회의 영적 권위와 거룩이 회복되어 사람들이 교회를 핍박할지언정 내심 존경하게 될 것이며 정치와 경제, 문화와 교육 등 모든 분야에 하나님의 정의와 지혜가 넘쳐흐르는 시대가 될 것이다.

《지금은 성령시대》, 한홍

오순절 날이 이미 이르매 그들이 다같이 한 곳에 모였더니 홀연히 하늘로부터 급하고 강한 바람 같은 소리가 있어 그들이 앉은 온 집에 가득하며 마치 불의 혀처럼 갈라지는 것들이 그들에게 보여 각 사람 위에 하나씩 임하여 있더니 그들이 다 성령의 충만함을 받고 성령이 말하게 하심을 따라 다른 언어들로 말하기를 시작하니라 행 2:1-4

성령님의 임재가 이 땅 가운데 가득하기를 기도합니다. 갈급한 심령에 마르지 않는 생명수를 부어주시고, 주의 생명력으로 살게 하소서. 이 땅 가운데 하나님의 통치가 온전히 임하도록 하는 도구로 쓰임받게 해주소서.

나의 적용과 결단

저, 상처받았어요

예수님과 함께 죽었다면서 계속 상처 받고 힘들고…
이 말은 아직도 자아가 완전히 죽지 않았다는 말이다

목회를 하다보면 상처 받았다고 말하는 사람들을 자주 만나게 됩니다. 이 말을 다르게 생각해보면, 지금까지 상처받기 쉬운 자아를 붙잡고 살았다는 말이 됩니다.

많은 교인들이 살기 힘들다고 하소연합니다. 이 말 역시 지금까지 자기 힘으로 살아보려고 애썼다는 말입니다. 결국 예수님께 인생의 주도권을 내어드리지 않고 여전히 자기 인생의 주도권을 자기가 잡고 있다는 말입니다. 예수님을 믿는다고 하면서 사실은 자기만 믿고 산 것입니다.

많은 사람들이 예수님이 왜 죽으라고 하시는지 그 진정한 의미를 깨닫지 못하고 있습니다. 그래서 어떻게든지 안 죽으려고 발버둥칩니다. 내가 안 죽을수록 손해라는 사실을 모릅니다. 내가 안 죽었기 때문에 이 모양으로밖에 못 산다는 것도 모르고 기를 쓰고 죽지 않으려고 합니다.

"우리가 알거니와 우리 옛 사람이 예수와 함께 십자가에 못 박힌 것은 죄의 몸이 멸하여 다시는 우리가 죄에게 종노릇하지 아니하려 함이니 이는 죽은 자가 죄에서 벗어나 의롭다 하심을 얻었음이니라"(롬 6:6,7).

왜 예수님과 함께 우리의 옛사람이 못 박혔다고, 죽었다고 말씀하십니까? 우리 생명 안에 죄가 들어왔기 때문입니다. 죄와 나를 분리할 수가 없습니다. 죄가 곧 나요, 내가 곧 죄입니다. 그러므로 우리가 죄를 짓고 사는 것입니다. 죄를 지어서 죄인이 아니라 죄인이기 때문에 죄를 짓는 것입니다.

십자가의 능력은 우리가 죄를 지을 때마다 뒤따라 다니며 죄를 씻어주는 것이 아닙니다. 죄에 종노릇하며 살던 우리가 죄를 이기게 하는 능력입니다. 따라서 내가 죽어야 내 안에 예수님이 사시게 되고, 우리가 죄를 이길 수 있게 되는 것입니다.

만일 우리 가정에 예수님이 함께 계시다고 느껴지지 않는다면 이유는 하나입니다. 남편과 아내가 서로 죽지 않아서입니다. 남편이 죽으면 아내가 예수님을 만납니다. 겉모습은 분명히 옛날 남편 그대로이지만 자아가 죽으면 그는 더 이상 예전의 남편이 아닙니다. 남편을 통해서 예수님을 만나는 것, 아내에게 그보다 큰 행복은 없습니다.

마찬가지로 아내가 죽으면 남편이 예수님을 만납니다. 교회 나와서 "주님, 내 남편 좀 만나주세요!"라고 울부짖으며 기도하는데, 집에 가기만 하면 바가지 긁고 온갖 성질 다 부리면 남편은 성난 아내 모습은 보아도 그 안에 계신 예수님을 볼 도리가 없습니다. 펄펄 살아 있는 아내의 자아에 가려 예수님이 보이지 않기 때문입니다.

부모의 가장 큰 바람은 자식이 잘 되는 것입니다. 특별히 믿음을 가진 부모는 내 자녀가 하나님을 만나고 신앙생활 잘하기를 소원합니다. 아무리 윽박질러도 소용없던 자녀들도 예수님을 만나면 변화됩니다.

그럼 어떻게 해야 자녀가 예수님을 만나도록 할 수 있습니까? 가장 확실한 방법은 부모를 통해 예수님을 만나도록 하는 것입니다. 부모는 죽고 예수님이 살면 됩니다.

《나는 죽고 예수로 사는 사람》, 유기성

이와 같이 너희도 너희 자신을 죄에 대하여는 죽은 자요 그리스도 예수 안에서 하나님께 대하여는 살아 있는 자로 여길지어다 롬 6:11

기도 자아를 여전히 붙들고 있는 저의 모습을 용서해주소서. 이제 정말 저의 자아는 완전히 죽고 오직 예수님만 제 인생의 주인이 되어 주셔서, 저를 통해 부모님과 배우자와 자녀들과 이웃들이 예수님을 만나기를 소원합니다.

나의 적용과 결단

당신은 진짜
회개한 것인가?

자신의 죄에 대한 깨달음을 회개했다고 생각하면 큰 오산이다

경건의 능력이 없으면서도 경건의 모양만을 나타내는 일이 실제로 일어
날 수 있다. 오랜 시간 기도하고 자주 금식하고 기꺼이 듣고 비싼 대가를
치르며 하나님을 섬기지만 사실은 회개하지 않은 사람들이 있다. 이런 사
람들은 교회에 다니고 구제 헌금을 하고 기도하는 것 외에 그 이상을 보여
줘야 자신들이 정말 회개한 사람임을 입증할 수 있다.

그들은 경건의 능력 없이 겉모습만으로 봉사할 수도 있다. 위선자들도 자
신들의 모든 소유를 바쳐 구제하고 자신들의 몸을 불사르게 내어주기까
지 겉으로는 봉사할 수 있다. 그리고 단지 죄책감을 느끼며 죄에 대해 경
각심을 갖는다고 해서 회개의 은혜로 죄를 십자가에 못 박은 것은 아니다.
자신의 죄 때문에 양심의 가책을 느껴본 사람들 중 대다수는 죄의 깨달음
이 회개라고 생각하면서 자신을 위로한다. 그러나 양심의 가책이 곧 회개
라면 아벨을 죽인 가인도 회개한 사람으로 간주되어야 할 것이다. 건축과
세상일에 몰두하여 죄책감을 잊을 때까지는 그도 극도의 죄책감에 시달
리면서 미친 듯이 온 세상을 헤맸기 때문이다.

또 어떤 사람들은 방탕한 삶을 청산하고 악한 친구들을 멀리하고 욕망을
극복하고 근신하면서 예의 바른 생활을 한다고 해서 자신이 회개했다고
착각한다. 그러나 그들은 거룩하게 되는 것과 단지 예의 바른 것의 엄청난
차이를 알지 못한 것이다. 그들은 많은 사람들이 하나님나라에 들어가기
를 원하면서 기독교를 거의 받아들일 뻔했지만 결국에는 들어가지 못한
다는 사실을 알지 못한다. 양심의 채찍이 춤출 때에는 기도하고 설교 듣고
말씀을 읽고 죄를 멀리하지만, 양심의 사자(獅子)가 잠들면 이내 죄에 빠
진다. 물론 납을 녹여서 예쁜 식물이나 동물, 심지어 사람의 모양을 만들

72

수 있다. 하지만 그것은 어디까지나 납일뿐이다.

사람 역시 다양한 변화를 겪을 수 있다. 무지한 사람에서 지식 있는 사람으로, 불경스러운 말을 내뱉는 사람에서 점잖고 경건의 모양이 있는 사람으로 변할 수 있다. 하지만 그가 여전히 중생하지 못해 본성이 변하지 않았다면 계속 육욕적일 수밖에 없다.

당신은 도대체 무엇을 의지하는가? 성직자의 예복을 입고 있다는 것을 의지하는가? 그리스도인이라고 자처하는 것을 의지하는가? 눈에 보이는 교회의 교인임을 의지하는가? 기독교의 핵심 교리를 아는 것, 교양 있고 예의 바른 것, 종교적 의무를 수행하는 것, 깨끗하게 사업하는 것, 죄 때문에 양심의 가책을 느끼는 것을 의지하는가?

주님의 말씀에 근거하여 단언하건대, 이런 것들은 하나님의 심판의 자리에서 결코 통하지 않는다. 선한 것이기는 하지만 당신의 회개를 증명해주지는 못한다. 당신을 구원에 이르게 하지 못한다.

제발 정신 차려라! 철저히, 신속하게 돌이키겠다고 결심하라! 당신의 마음을 깊이 살펴라. 하나님께서 당신을 철저히 다루실 때까지는 쉬지 말라. 지금과는 다른 사람이 되어야 한다. 그렇지 않으면 영원히 잃어버린 사람이 될 것이다.

73

《돌이켜 회개하라》, 조셉 얼라인

나 주 여호와의 말씀이니라 이스라엘 족속아 내가 너희 각 사람이 행한 대로 심판할지라 너희는 돌이켜 회개하고 모든 죄에서 떠날지어다 그리한즉 그것이 너희에게 죄악의 걸림돌이 되지 아니하리라 겔 18:30

기도 양심의 가책을 느끼고 죄책감으로 눈물을 흘리는 것이 회개라고 착각하지 말게 하옵소서. 말씀을 통해 죄의 찔림이 있을 때만 하나님께 나아가는 삶이 아니라, 예수 그리스도의 십자가에 내가 함께 못 박히는 체험을 하게 하옵소서.

나의 적용과 결단

그 일을 하지
말았어야 했는데…

잘못을 인식하는 것이 곧 회개는 아니다!

죄를 깨닫는다는 게 무슨 뜻입니까? 뭔가 잘못된 게 있음을 인식하는 정도로는 부족합니다. 어떤 사람들은 옳고 그름이 있으며, 어떤 것들은 특히 그르다는 사실을 아는 것이 죄를 깨닫는 것이라고 생각합니다. 분명히 말씀드리지만, 죄를 깨닫는다는 것은 이런 게 아닙니다. 세상 사람들 대부분이 이 정도의 차이는 알기 때문입니다.

우리는 모두 양심이 있어서 옳고 그름을 압니다. 사람들은 자신이 잘못된 일을 했으며, 그 일을 하지 말았어야 했다는 것을 이따금 깨닫기만 하면, 죄를 깨달은 것이라고 생각합니다. 이것은 죄를 깨달음의 한 부분이지만, 이것만으로는 부족합니다. 바꾸어 말하면, 이것은 후회(remorse)이지만, 후회는 죄를 깨달음이 아닙니다. 후회와 죄를 깨달음이 어떻게 다릅니까? 단지 후회에 그치는 사람은 일시적으로 슬픔을 느끼며, 자신을 끌어내리는 죄에서 벗어나기를 일시적으로 바라는 사람입니다.

사람들은 잘못을 한 후에 슬퍼합니다. 자신이 바보였으며, 자신을 실망시켰다고 느낍니다. 그 일을 하지 말았어야 했다고 느끼며, 그래서 괴로워합니다. 이런 느낌이 싫기 때문에 "이런 느낌을 떨쳐 버릴 수 있으면 좋겠어!"라고 말합니다. 이 모두는 후회일 뿐입니다.

그렇다면, 죄를 깨달음이란 무엇입니까? 죄를 깨달음의 본질은 우리의 본성 자체가 죄로 가득하다는 사실을 깨닫는 것입니다. 이것이 구체적인 행동과 우리의 상태 사이의 차이입니다. 진정으로 죄를 깨달은 사람은 자신의 본성이 잘못되었고 뒤틀렸으며 오염되었다는 사실을 깨닫습니다. 이것은 깊은 깨달음입니다.

시편 51편을 읽어보십시오. 여기서 다윗은 자신의 문제를 아주 분명하게 깨닫습니다. 다윗은 무서운 죄, 곧 간음죄와 살인죄를 지었으나 하나님이 나단 선지자를 보내 죄를 깨닫게 하실 때까지 여전히 즐겁기만 했습니다. 그러나 다윗을 괴롭힌 것은 간음과 살인 자체가 아니라 그가 이것들을 늘 갈망했었다는 사실입니다. 다윗은 자신의 본성을 보았으며, 이러한 갈망을 낳는 그 무엇이 자신 속에 있음을 깨달았습니다. 그래서 다윗은 고뇌하며 외칩니다.

"하나님이여 내 속에 정한 마음을 창조하시고 내 안에 정직한 영을 새롭게 하소서"(시 51:10).

다윗은 자신의 상태, 자신의 처지, 자신의 온 삶에 대해 행동을 취하는 데서 그치지 않았습니다. 다윗은 자신의 마음 자체가 검고 추하고 더럽고 악하다는 사실을, 자신의 온 영혼이 잘못되었다는 사실을 깨달았습니다. 이것이 죄를 깨달음의 본질이며, 단순히 후회에 지나지 않는 세상 근심과 다른 점입니다. 후회에 그치는 사람들은 이것을 절대로 알지 못합니다. 이들은 자신이 어떠한 행동을 바로잡을 수 있는 한 모든 게 잘되리라고 느낍니다. 이들은 자신의 본성이 문제라는 사실을 깨닫지 못했습니다.

우리는 자신이 하는 행동이 아니라 자신이 어떤 존재인지, 완전히 소망이 없는 자신의 상태를 괴로워할 때 죄를 깨닫습니다.

《생수를 누리라》, 마틴 로이드 존스

세리는 멀리 서서 감히 눈을 들어 하늘을 쳐다보지도 못하고 다만 가슴을 치며 이르되 하나님이여 불쌍히 여기소서 나는 죄인이로소이다 하였느니라 눅 18:13

기도   잘못한 일에 대한 후회와 탄식으로 그쳤던 과거의 고백들을 돌아봅니다. 그 감정에서 더 나아가 저의 참 모습을 보게 하소서. 죽을 수밖에 없는 죄인인 모습을 깨닫게 하여주시고, 다윗과 같이 온 마음과 정성을 다해 회개하기를 원합니다.

나의 적용과 결단

하나님이 인정하시는
진정한 회개란 무엇인가?

당신의 회개를 하나님이 인정하지 않으신다면 어떻게 하겠는가?

아직 회개하지 않은 자여, 회개는 당신이나 대부분의 사람들이 생각하고 있는 것과 전혀 다른 종류의 것이다. 회개는 결코 사소한 문제가 아니다! 회개는 당신이 하나님 앞에서 영원히 죽을 수밖에 없는 죄인이라는 것을 진정으로 자백하고 그리스도의 십자가 공로로 말미암은 용서의 은혜를 받아들이는 것이다. 예수님을 당신의 '주님(주인님)'(Lord)과 '구세주'(Savior)로 영접하고, 죄와 사귀던 심령을 철두철미하게 부수는 것이며, 죄의 본성을 지닌 인간으로서 죄와 맺었던 관계를 단절하는 것이다.

회개는 그리스도께 달려가 그분만을 피난처로 삼고, 그분을 영혼의 생명으로 감사히 영접하는 것이다. 땅을 향했던 마음을 하늘로 돌리고 결코 꺼지지 않는 사랑으로 하나님을 사랑하는 데 전념하는 것이다.

회개는 마음의 경향과 삶의 풍조를 완전히 변화시키고, 이전에 육신의 행복을 위해 취했던 모든 것을 전격적으로 폐기하는 것이며, 한 번도 행한 적 없는 것 속에서 행복을 찾는 것이다. 또한 전과 같은 목적으로 사는 것과 이전에 추진하던 꿍꿍이와 속셈과 계획을 즉시 중단하는 것이다. 한마디로 회개는 이 말씀 그대로 되는 것이다.

"그런즉 누구든지 그리스도 안에 있으면 새로운 피조물이라 이전 것은 지나갔으니 보라 새 것이 되었도다"(고후 5:17).

회개한 사람은 깨달음, 의지, 결단, 슬픔, 소망, 사랑, 기쁨, 생각, 말, 인간관계 모두가 새로워진다. 전에 시시덕거리며 어울렸던 죄를 이제는 밉살스럽고 혐오스럽게 여기며, 영원한 멸망으로부터 도망치듯 죄에서 벗어나려고 안간힘을 쓴다. 전에는 그렇게 아름답다고 생각했던 세상을 헛되고 괴로운 골칫거리로 여긴다. 전에는 육신의 욕심을 하나님 앞에 놓았지만, 이제 하나님을 귀히 여기며 가장 앞자리에 세운다. 전에는 무시했던 하나님을 자신의 유일한 행복으로 여기며, 그분을 섬기고 말씀을 준행하는 데 전념한다.

하나님께서 얼굴을 감추실 때 슬퍼하며, 하나님 없이는 제대로 되는 게 하나도 없다고 생각한다. 전에는 조금도 생각하지 않던 그리스도를 유일한 소망과 피난처로 삼는다. 날마다 밥을 먹고 살듯 그리스도를 힘입어 산다. 주님 없이는 기도하지도 기뻐하지도 생각하지도 말하지도 살지도 못한다. 지옥보다는 나은 정도로 생각했던 천국이 이제는 자신의 고향이자 유일한 소망과 안식처가 되고, 열렬히 사모하는 하나님을 뵙고 사랑하고 찬양할 곳이 된다.

간단하게 말하자면, 회개한 사람은 새로운 마음으로 새로운 삶을 살며 새로운 목표를 가지고 새로운 삶의 방식을 추구한다. 육신의 욕구를 충족시키는 것을 목표로 삼았던 사람이 회개하고 나면 하나님과 영원한 영광을 삶의 목표로 삼는다. 육신의 즐거움과 세속적인 이득과 명예를 얻는 것이 삶의 방식이었으나 그리스도와 성령과 말씀과 하나님 앞에서의 성결함과 의로움과 사람들을 향한 사랑이 삶의 방식이 된다.

《회개했는가》, 리처드 백스터

그러므로 너희가 회개하고 돌이켜 너희 죄 없이 함을 받으라 이같이 하면 새롭게 되는 날이 주 앞으로부터 이를 것이요 행 3:19

십자가의 공로로 부으시는 용서의 은혜를 받아 누리기 원합니다. 죄와 사귀던 옛 삶과 단절하고, 오직 예수님만을 나의 피난처로 삼고 하나님 앞에서 나의 모든 것을 굴복시키기를 원합니다.

나의 적용과 결단

구원받았다고 착각할 수 있는가?

이 세상에서 가장 무서운 건 회심하지 않았는데
회심했다고 착각하는 것이다

회심했다면서 기도하고 싶은 생각, 성경에 대한 관심, 예수님과 그분의 십자가에 대한 사랑이 나타나지 않는다면 애당초 회심한 것이 아니다. 거짓 회심한 것이다. "당신은 그리스도인입니까?"라는 질문에 어떤 사람은 "네, 나는 예수님을 영접하기 위해 기도했습니다"라고 대답할지 모른다. 또는 세례를 받고, 착하고 성실하게 살고, 남들에게 상처를 주지 않고, 교회에 등록했기 때문에 회심했다고 주장할 수도 있다.

하지만 이런 불충분하고 비성경적인 회심의 간증밖에 없는 사람의 이름이 '어린양의 생명책'에 기록되겠는가? 의심스럽다!

영접기도를 했다고 다 된 것인가? 예수님과 그분의 정결케 하는 보혈을 믿는 믿음은 왜 없는가? 그분이 살아 계신 나의 주인님이요 메시아라는 확고한 고백은 왜 없는가? 왜 구원과 죄 사함을 얻기 위해 예수께 나아가지 않는가? 교회들은 예수께 나아가 죄 사함을 받고 구원을 얻으라고 하지 않고 그 대신 교회가 만든 훈련 프로그램이나 의식에 의지하라고 가르쳤다. 하지만 누구도 의지적 행위에 의해 거듭나지는 못한다.

회심은 신비이다. 회심에는 역설이 존재한다. 다시 말해서, 서로 조화되는 것이 불가능할 것 같은 요소들이 공존한다. 예를 들면, 회심은 하나님께서 하시는 일이지만 그러면서도 우리 편에서 "하나님께 대한 회개와 우리 주 예수 그리스도께 대한 믿음"(행 20:21)이 있어야 한다. 그러므로 하나님께서 일하시고 또 우리가 회개하고 믿어야 한다. 이것은 역설, 즉 신비이다. 신비가 존재한다는 것을 인정하는 것은 타협하는 것도 아니고 오류를 용인하는 것도 아니다.

회심의 본질에 대한 성경의 증거를 믿고 따르기를 원하는 우리로서는 이런 신비를 인정하지 않을 수 없다. 문제는, 사람들이 구원을 받아들이기 위한 도구로 만들어 놓은 것(예를 들면, 영접기도)에 집착하다 보니까 이런 신비가 자주 무시당했다는 것이다.

신앙을 고백하고 교회에서 열심히 봉사하다가 신앙을 버리는 사람들이 있다. 그렇다면 그런 사람들은 회심했던 것인가? 그들은 결국 다시 그리스도께로 돌아올 것인가? 이런 사람들을 관찰하고 그들에게 교회에 다녔던 이유와 동기를 물어본 다음, 나는 그들에게 처음부터 진정한 회심이 없었다고 결론을 내렸다.

그들은 어렸을 때 배운 것에 따르거나, 부모의 믿음을 자기 것으로 동일시하거나, 친구들이 지도자들에게 인정받기 위해 교회생활에 순응했을 뿐이다. 선한 사람들, 영적인 일에 관심을 보인 사람들, 교회 일에 열심인 사람들, 사랑이 많은 사람들 등이 스스로 그리스도인이라고 말했지만 결국에는 그렇지 않은 것으로 판명되는 경우를 많이 본다.

이제, 당신이 진실로 회심했는지 의심해보고 당신의 구원을 확증하라! 거짓 회심했다면, 이제라도 당신의 죄의 유일한 해결책이신 예수께 나아가라. 우물쭈물할 시간이 없다. 더 늦기 전에 당신의 회심을 점검하라.

《진실로 회심했는가》, 켄트 필포

너희는 믿음 안에 있는가 너희 자신을 시험하고 너희 자신을 확증하라 예수 그리스도께서 너희 안에 계신 줄을 너희가 스스로 알지 못하느냐 그렇지 않으면 너희는 버림 받은 자니라
고후 13:5

저를 죄에서 구원해주실 수 있는 유일한 분이신 예수 그리스도께로 나아갑니다. 제 심령 가운데 찾아오셔서 제가 진실로 예수님을 주와 구주로 믿고 있는지, 아니면 단지 기독교화된 것일 뿐인지 밝히 깨닫게 해주소서.

나의 적용과 결단

하나님 앞에 서 보았는가?

그분 앞에 서보아야 모든 것이 제대로 보이기 시작한다

하나님의 사랑을 보지 못하는 사람은 하나같이 자신의 죄에 대한 의식도
상실하게 된다.

계시의 하나님을 알지 못하는 사람은 마치 자신이 계시의 빛 가운데 사는
사람인 것처럼 자신의 죄에 대해 말하지 않는다. 그런 사람은 죄를 그저
약점이나 결함 또는 발전을 위한 과정으로 여긴다.

오늘의 이 시대에 높은 지성을 자랑하는 사람들은 자신의 죄에 대해 생각
하거나 말하기를 싫어한다. 이것은 우리 모두가 수긍하는 사실이다. 그러
나 엄연한 사실을 고의로 무시하는 것이 고도로 발전한 지성의 표식이 될
수는 없다.

80

다시 말하지만, 하나님을 보지 못하는 사람은 자신의 죄도 보지 못한다.
만일 어떤 사람이 하나님을 생각할 때 궁극적인 지성에 반응하여 작용하
는 영속적인 에너지만을 연상한다면, 그는 자신의 약함이나 어리석음은
의식할지 몰라도 자신의 죄는 결코 의식하지 못할 것이다. 하나님의 앞에
설 때, 우리는 죄가 무엇인지 깨닫기 시작한다.

나는 믿는 가정에서 태어나 믿는 부모에게 양육을 받았다. 그리고 나는 이
런 감사하고 온화한 환경 덕택에 상스러운 말을 입에 담거나 추악한 행동
을 저지르지 않고 젊은 시절을 보낼 수 있었다.

나는 고막이 터질 듯한 시내산의 천둥소리에 덜덜 떤 적도 없고, 그 소리
에 마음속 깊이 죄를 자각한 적도 없었다.

나는 십계명의 마지막 여섯 가지 계명에 대해 자신감을 보인 젊은 관원과
같은 마음을 가지고 늘 살았던지라 정결함 그 자체이신 주님의 얼굴을 빤
히 쳐다보면서 "선생님이여 이것은 내가 어려서부터 다 지켰나이다"(막

10:20)라고 말할 수 있었다.

그러나 내가 하나님 앞에 섰을 때, 가까이 접근하기 어려운 시내산 자락이 아니라 성 밖의 황폐한 골고다 언덕에 의식적으로 섰을 때, 그래서 십자가의 수욕과 고통의 비밀 속에서 하나님의 마음을 보았을 때, 자신을 희생하시는 하나님의 마음, 자신을 부정하시는 하나님의 마음을 보았을 때, 내 자신이 얼마나 추악한 죄인인지 알 수 있었다.

나는 사랑이신 하나님의 면전에 나아가 그 사랑 안에서 한 줄기 빛을 보았고, 그 빛을 보는 순간 말할 수 없는 부끄러움에 티끌처럼 작아졌다. 나의 슬픈 마음은 기도하기를 갈망했지만, 감히 하나님의 이름을 입에 올릴 수 없었다. 주님이 나를 살리기 위하여 자신을 버리신, 형언하기 어려운 사랑으로 느껴졌기 때문이다.

그리고 나는 나의 죄가 지난날의 우발적인 비행에 내재한 것이 아니라, '자아 중심'이라는 나의 본질적인 태도에 내재하고 있다는 것을 그 사랑의 빛 안에서 깨달았다.

그렇다. 내가 손을 입술에 대고 "나는 부정한 죄인입니다! 나는 부정한 죄인입니다!"라고 흐느낀 것은 예수님이 나를 하나님의 마음으로 데려가셨을 때이다.

《기도 바이블》, 캠벨 몰간

…화로다 나여 망하게 되었도다 나는 입술이 부정한 사람이요 나는 입술이 부정한 백성 중에 거주하면서 만군의 여호와이신 왕을 뵈었음이로다 하였더라 그때에 그 스랍 중의 하나가 부젓가락으로 제단에서 집은 바 핀 숯을 손에 가지고 내게로 날아와서 그것을 내 입술에 대며 이르되 보라 이것이 네 입에 닿았으니 네 악이 제하여졌고 네 죄가 사하여졌느니라 하더라 사 6:5-7

십자가 앞에서 저는 죄인입니다. 어떤 것도 이 죄를 없앨 수 없으며 해결할 수 없음을 다시금 고백합니다. 오늘도 십자가 앞에서 회개하는 심정으로 기도하게 하시고, 새 힘과 새 생명을 주시는 주님께 온전히 의지하기 원합니다.

나의 적용과 결단

이것 때문에 그곳에서 쫓겨날 수 있다!

이 죄를 더 이상 우리의 생활 속에 용납하지 말아야 한다

사람의 마음에는 긴장관계에서 조그만 불씨가 생겼을 때 거기에 부채질을 하려는 성향이 깊이 뿌리박혀 있다. 우리가 대화중에 던진 작은 불화의 말이 교회와 공동체, 가정에 싸움의 불길을 일으키는 불씨가 될 수 있다. 하지만 장차 하나님의 심판대 앞에 섰을 때는 그로 인한 싸움과 분열이 그분의 나라에 끼친 온갖 해악에 대해 심판을 받게 될 것이다.

성경은 불화의 죄 때문에 하나님의 나라에서 쫓겨날 수 있다고 경고한다. 그러므로 우리는 이 죄를 아주 심각하게 여겨 더 이상 우리의 생활 속에 용납하지 말아야 한다. 성경이 분명히 지적하는 불화를 죄로 인정하고 온 힘을 다해 이 죄에 맞서 싸워야 한다. "가정생활에서 불화는 피할 수 없는 문제이다"라고 말하면서 이 죄를 합리화해서는 안 된다.

대개의 경우 진리와 공의를 지키겠다는 우리의 동기는 순수하지 못하다. 심지어 신학의 영역에서도 그렇다. 고린도교회의 교인들이 "나는 바울에게라 하고 다른 이는 나는 아볼로에게라"(고전 3:4) 하면서 분열되어 있을 때 바울은 "너희 가운데 시기와 분쟁이 있으니 어찌 육신에 속하여 사람을 따라 행함이 아니리요"(고전 3:3)라고 그들을 책망했다.

싸움과 불화는 언제나 우리의 육신과 관련되어 있다. 이 죄의 뿌리는 교만과 시기와 질투 같은 죄들이다. 교만한 자는 자기의 견해만이 옳다고 생각한다. 겸손한 자는 다른 사람들의 장점을 헤아리고 그들의 견해를 높이 평가하지만 교만한 자는 그렇지 못하다.

가정이나 교회에 다툼과 불화가 생겼을 때 성경은 어느 편이 옳은가에 관심을 갖지 않는다. 다툼과 불화가 있는 상황에 대해 성경이 주는 교훈은 분명하다. 이런 상황에서 우리가 반대편 사람들에게 화해의 손길을 내밀

지 않으면, 그들이 우리에게 행한 잘못에 대해 용서와 오래 참음의 사랑을 보이지 않으면 우리가 하나님의 나라를 유업으로 받지 못한다는 것이다 (마 5:23-48).

이처럼 하나님의 요구는 지극히 단호하며, 완전히 정당하다. 우리가 그분의 원수였을 때 그분이 예수 그리스도 안에서 우리의 모든 것을 용서하셨기 때문이다. 다른 사람들의 죄가 우리에게 준 고통보다 우리의 죄가 하나님께 드린 고통이 훨씬 더 크다.

그분은 우리의 죄 때문에 끊임없이 힘들어 하시면서도 지금까지 계속 우리를 참아주고 계신다. 우리 때문에 슬픔을 당하시지만 그래도 우리를 사랑하사 좋은 선물을 풍성히 부어주신다.

그러므로 다른 이들과 다툼이 있을 때 우리가 그들에게 관용을 보이며 그들의 실수를 덮어주지 않으면 하나님의 진노는 극에 달할 수밖에 없다. 그분은 우리의 잘못을 용서하시고 사랑을 보이셨기 때문이다.

그분의 진노는 우리에게 무서운 심판으로 임할 것이다. 다시 말해서, 우리가 그리스도의 용서를 통해 하나님나라에 참여할 수 있게 되었음에도 불구하고 그분은 우리를 그분의 나라 밖으로 쫓아내실 것이다.

그러므로 우리는 우리의 다툼과 분쟁이 어떤 씨앗을 뿌리고 있는지를 분명히 깨달아야 한다.

《예수님과 멀어지게 된 45가지 이유》, 바실레아 슐링크

곧 우리가 원수 되었을 때에 그의 아들의 죽으심으로 말미암아 하나님과 화목하게 되었은즉 화목하게 된 자로서는 더욱 그의 살아나심으로 말미암아 구원을 받을 것이니라 롬 5:10

기도 주님, 싸움과 다툼과 불화의 은밀한 죄가 제게 있다면 보여주소서. 제가 죄인 되었을 때에 구속하여 주신 그 은혜를 기억하며 내 이웃에게도 그런 사랑을 베푸는 사람이 되기를 원합니다.

나의 적용과 결단

날마다 반복해서 짓는 죄,
내 노력으로 해결할 수 없다

죄의 새로운 공격을 물리치는 능력까지 우리에게 약속되었다

그리스도 안에서 죄 사함이 확실히 약속되었듯이 날마다 반복되는 죄의 새로운 공격을 물리치는 능력도 오직 예수를 믿는 믿음 안에서 우리에게 약속되어 있다는 것을 알아야 한다. 그리스도께서 즉시 죄를 용서하실 수 있다고 믿을 수 있는 것처럼 하나님께서 자녀들에게 원하시는 모든 것을 능히 성취할 수 있다는 약속이 그리스도 안에 있다는 것도 믿을 수 있다. 믿음을 통해 우리가 온전한 죄 사함을 얻었듯이, 믿음의 새로운 행위를 통해 얽매이기 쉬운 죄의 지배에서 구원받을 수 있다. 이렇게 되면, 그리스도의 능력을 유지하는 지속적인 복이 우리 것이 된다. 이 믿음은 우리가 전에는 깨닫지 못한 약속의 의미를 새롭게 깨닫게 해준다.

"평강의 하나님이 모든 선한 일에 너희를 온전케 하사 자기 뜻을 행하게 하시고 그 앞에 즐거운 것을 예수 그리스도로 말미암아 우리 속에 이루시기를 원하노라"(히 13:20,21).

이 약속을 포함한 다른 모든 약속들이 그리스도 안에서 성취될 수 있다. 그리스도 안에서 죄 사함이 확실히 약속되었듯이 죄의 새로운 공격을 물리치는 능력까지 우리에게 약속되어 있다는 것을 알아야 한다. 그런 후에야 우리는 확신 가운데 온전히 그리스도를 의지하고 그리스도의 끊임없는 보호를 받을 수 있다고 믿을 수 있다.

이런 믿음은 순종의 삶에 완전히 새로운 빛을 비춘다. 내가 믿기만 하면 그리스도께서는 매순간 내 안에서 그렇게 하신다. 이제 바울이 로마서의 시작과 끝에서 사용한 "믿어 순종케"(롬 1:5; 16:26)라는 말의 의미를 깨닫게 될 것이다.

믿음이 있는 사람은 주 예수께 나아간다. 단지 죄 사함만을 얻기 위해서가

아니라 능력을 얻기 위함이다. 능력을 얻을 때 비로소 우리는 하나님의 자녀로서 그분 안에 거할 수 있고 그분의 순종하는 자녀가 될 수 있다.

성경은 우리에게 "오직 너희를 부르신 거룩한 자처럼 너희도 모든 행실에 거룩한 자가 되라"(벧전 1:15)라고 가르친다. 이 모든 것은 내가 그리스도를 온전히 믿느냐 믿지 않느냐에 따라 좌우된다. 때때로가 아니라 매순간 그리스도께서 충만한 은혜 가운데 내 삶의 능력이 되심을 믿느냐 믿지 않느냐에 따라 좌우되는 것이다.

이런 믿음이 있는 사람은 순종할 것이고, 순종하는 사람은 "주께 합당히 행하여 범사에 기쁘시게 하고 모든 선한 일에 열매를 맺게 하시며… 그 영광의 힘을 좇아 모든 능력으로 능하게"(골 1:10,11) 될 수 있다. 이 약속을 붙들고 살아가는 사람들은 '자기노력'이라는 불순종에 빠지지 않고, 오히려 믿음의 순종이 어떤 것인지를 맛보게 될 것이다.

이 모든 약속의 충만함과 확실성과 능력은 살아 계신 예수 그리스도께 그 뿌리를 두고 있다.

《내 앞에 엎드려라》, 앤드류 머레이

이르되 주 예수를 믿으라 그리하면 너와 네 집이 구원을 받으리라 하고 행 16:31

나를 죄악에서 구원하여 주신 예수님께서, 지금 나의 어려운 환경과, 상한 마음, 육체적 질병, 반복되는 죄 문제 또한 해결해주실 수 있는 분임을 온전히 깨닫게 하옵소서.

나의 적용과 결단

빨리 선택하라!

이쪽인가 저쪽인가, 어느 쪽으로 갈 것인가?

"하나님은 왕이다", "하나님의 기쁨"이라는 고백을 가진 엘리멜렉과 나오미가 하나님을 떠나 모압으로 가서 모든 것을 상실하고 말았다. 이때 나오미가 하나님이 자기 백성을 돌보셔서 고향 땅에 풍년이 들었다는 소식을 듣고 두 며느리와 함께 모압 지방에서 돌아오기 시작한다. 신앙은 방향성이다.

세례 요한의 일성(一聲)은 "회개하라 천국이 가까이 왔느니라"(마 3:2)였다. '회개'라는 헬라어의 정확한 뜻은 180도 방향을 바꾼다는 것이다.

회개와 후회의 차이가 무엇인가? 프랜시스 쉐퍼는 눈물 한 방울 없이도 할 수 있는 것이 회개라고 했다. 한 사람이 길을 간다. 가다가 잘못해서 운다. "내가 미친놈이지, 내가 잘못했지" 그러면서 대성통곡한다. 그러다가 일어나서 다시 그 길을 계속 간다. 이것을 '후회'라고 한다.

하지만 회개는 다르다. 회개란, 자기 잘못을 깨닫고 방향을 바꾸는 것이다. 어제 도둑질 한 사람이 회개했다면 오늘 도둑질을 안 하는 것이다. 삶을 바꾸는 것이다. "내가 미친놈이지, 도둑질하는 이 손목을 잘라야 해" 그런 다음에도 그 손으로 도둑질을 또 하면 그것은 후회를 했을 뿐이다. 가룟 유다는 후회를 했고, 베드로는 회개를 했다. 방향성이 문제다.

죄는 성향과 방향성을 가진다. 하나님을 향한 방향성을 갖지 않는다면 어떤 일이 벌어질 것 같은가? 우리가 이 땅에서 먹고 자면서 똑같이 살아가는 것 같아도 우리는 분명히 알아야 한다.

우리의 방향성은 하나님께 향해 있어야 한다. 하나님을 떠나 하나님께 향하지 않는 우리의 방향이란 결국 바벨탑을 쌓고 자기 이름을 내는 것일 뿐이다. 신앙의 방향은 하나님께 맞춰져 있어야 한다.

"그 여인이 모압 지방에서 여호와께서 자기 백성을 돌보시사(권고하사, 개역한글 성경) 그들에게 양식을 주셨다 함을 듣고"(룻1:6). 이때 나오미는 하나님이 자신에게 베푸셨던 은혜를 떠올렸다.

나는 이 점이 우리 신앙의 회복에서도 매우 중요하다고 생각한다. 우리가 모압으로 가는 것은 우리의 체질이자 기질이다. 하나님이 이것을 아신다. 그러면 어떤 사람이 회복되기 시작할까? 바로 하나님이 자신에게 베푸신 은혜를 기억하는 사람이다. 성령은 생각나게 하는 영이시다. 그렇지만 성령이 기억나게 하려고 해도 우리에게 기억나게 할 것이 있어야 기억나게 하실 수 있다.

평소 우리가 말씀을 공부하고 기도하고 예배드리며 신앙생활 했던 것이 우리의 신앙이 약화되었을 때 성령께서 주님의 은혜를 생각나게 하시는 전환점으로 사용될 수도 있다.

'아, 하나님이 자신의 백성을 버리지 않고 위로해주셨구나!' 나오미가 이 소식을 듣고 자신이 이전에 입었던 하나님의 사랑과 은혜를 다시 생각했다. 나오미가 비록 하나님을 떠나 있었지만 하나님께 받은 은혜를 다시 기억하고 방향성을 바꾼 것이 나오미가 복을 받는 이유다.

이렇게 방향을 바꾼 데서부터 역사가 시작된다. 우리 삶의 방향성을 바꾸어야 한다. 하나님 쪽으로 방향성을 바꿀 때, 하나님께서 우리에게 복 주실 수 있는 이유가 생기는 것이다.

《넌 내가 책임진다》, 김남국

베드로가 이르되 너희가 회개하여 각각 예수 그리스도의 이름으로 세례를 받고 죄 사함을 받으라 그리하면 성령의 선물을 받으리니 행 2:38

주님, 저는 주님을 제 마음에 두기 싫어하는 죄인입니다. 그 죄를 고백합니다. 하지만 후회만 하는 삶은 아닌지 두렵습니다. 죄의 방향에서 돌아서서 주님께 내 삶의 방향을 돌리는 삶을 살기 원합니다.

나의 적용과 결단

그분이 싫어하시면
하지 말아야 한다

하나님이 기뻐하시는 일은 뭘까?

청년들에게 말씀을 전할 때 하나님께 차마 말 못한 죄가 있느냐고 물어본 적이 있다. 대다수 청년들이 없다고 대답했다. 청년들의 말을 듣고 모두 하나님 앞에서 자신의 죄를 잘 다스리고 있는 것 같다고 동의를 표현했지만, 불편함은 가시지 않았다. 그래서 내가 말했다.

"만약 우리가 정말로 하나님과 친밀한 관계 안에서 우리 죄를 용서받고, 자유를 경험하고 있다면 우리는 우리 죄에 대해서 방어적이지 않을 것입니다."

그들은 모두 진심으로 내 말에 동의해주었다. 그날 밤, 청년들은 하나님 앞에서 죄에 대해 방어하지 않고 깊은 기도로 나아갔다. 죄를 다 해결했다던 그들이 자신의 죄를 얼마나 진지하게 다루던지….

하나님의 자녀가 되어 하나님과 의로운 관계를 맺은 사람은 항상 그런 관계 안에서 살고자 해야 한다. 죄를 짓지 않는 것이 가장 좋지만 죄가 있다면 반드시 다루어야 한다.

사람은 스스로 죄를 다스릴 수 없다. 그러므로 좋으신 아버지 앞에서 자녀로서 자신의 죄를 다루어가는 친밀한 관계를 항상 추구해야 한다.

혹 과거에는 자신의 죄를 아버지와의 친밀한 관계 안에서 은혜롭게 다루었는데 지금은 그렇지 않다면 관계에도 문제가 생겼고, 죄도 더욱 심해졌을 것이다. 나의 회개의 내용도 달라졌다. 전에는 실제로 짓는 죄를 회개했는데 지금은 하나님 아버지의 마음을 갖지 못한 죄송함을 회개하는 경우가 많다.

예수님을 믿고 하나님의 자녀가 되었으면 죄에 대한 태도와 죄의 내용이 달라져야 한다. 10년을 믿으나 20년을 믿으나 똑같은 죄를 짓고, 나중에는 회개도 하지 않는다면 살아있는 믿음이 아니다. 심각한 죄를 짓던 사람이 돌이켜 하나님의 마음을 조금이라도 아프시게 했다면 자신의 완악함을 깊게 회개하는 단계에 이르러야 한다.

죄는 하나님과의 관계 안에서 명확해진다. 율법이 말하는 죄만 죄가 아니다. 하나님을 근심하게 하고, 슬프게 하면 자녀로서 마땅히 회개해야 한다. 그래서 성경은 이렇게 말한다. "그러므로 사람이 선을 행할 줄 알고도 행하지 아니하면 죄니라"(약 4:17).

선하신 하나님께서 선한 부담감을 주실 때 순종하지 못한 것들이 하나님을 슬프게 한다. 우리는 죄를 짓지 않기 위해 산다기보다 하나님을 기쁘시게 하기 위해 살아야 한다. 하나님께서 우리를 기뻐하실 때의 즐거움과 놀라움을 경험한 사람은 알 것이다. 그때는 세상의 모든 것이 즐겁고, 행복하며, 고난도 넉넉히 이길 수 있다.

예수님을 인격적으로 만나고 나서는 줄곧 하나님께서 나를 기뻐하시지 않는 불순종을 제거하는 삶을 살았다. 그렇게 20년 이상을 살았더니 '하나님께서 이것을 좋아하실까?' 하는 질문이 몸에 배어 있다. 그리고 조금이라도 하나님이 싫어하시면 즉각 정리한다. 당장 죽을 것 같아도 하나님이 기뻐하시면 해야 하고, 누가 뭐라고 해도 하나님이 싫어하시면 하지 말아야 한다. 그것이 관계를 지키고, 나를 지키는 길이다.

《마음아, 이겨라》, 김길

이제는 왜 주저하느냐 일어나 주의 이름을 불러 세례를 받고 너의 죄를 씻으라 하더라 행 22:16

내 마음대로 살아가는 삶이 아니라 하나님이 기뻐하시는 일이 무엇인지 분별해서 살아가는 제가 될 수 있기를 기도합니다. 오늘 하루도 매순간 이것이 하나님이 원하시고 기뻐하시는 일인지 먼저 묻게 하소서.

나의 적용과 결단

✝

여호와를 의뢰하고 선을 행하라 땅에 머무는 동안
그의 성실을 먹을 거리로 삼을지어다 또 여호와를 기뻐하라
그가 네 마음의 소원을 네게 이루어 주시리로다
네 길을 여호와께 맡기라 그를 의지하면 그가 이루시고
네 의를 빛 같이 나타내시며 네 공의를 정오의 빛 같이
하시리로다

시편 37장 3-6절

나와 동행하기 원하시는
하나님 음성

✚

나는 모든 모욕을
참을 수밖에 없었다

교회에 간다고 하면 미움을 받을 텐데

졸업반인 우리는 중국 베이징으로 수학여행을 가게 되었다. 수학여행을
보다 의미있게 보내자고 해서 친구들과 콘서트를 준비했다. 만리장성, 천
안문 광장, 자금성 같은 곳에서 합창 공연을 하는 것이다.

담당이었던 아마토 선생님은 뉴욕대학교(NYU) 출신에다 능력이 있으신
분이어서 중국 정부에 연락해서 정식으로 공연 허락을 받았다. 그렇게 졸
업반이 합창단으로 구성이 돼서 중국에 가서 공연을 했다.

월요일부터 토요일까지 모든 공연을 성공적으로 마치고 토요일 저녁에
'하드락카페 베이징' 이라는 프랜차이즈 음식점에 갔다. 음식도 맛있었
고, 이보다 더 행복할 수 있을까 싶을 정도로 분위기는 최고였다. 친구들과
신나게 즐기고 있는데 아마토 선생님이 일어나서서 우리를 주목시켰다.

"여러분, 내일 두 번의 앙코르 공연을 하게 되었습니다!"

그때부터 갈등이 시작됐다. '내일은 주일이고 교회에 가야 한다. 만약 앙
코르 공연에 못 가게 된다면….' 아마토 선생님은 나와 여동생을 가장 아
끼고 사랑해주시는 분이었다. 우리도 그 선생님을 굉장히 좋아했다.

'내일 교회에 간다고 하면 선생님한테 미움을 받을 텐데… 하나님의 영광
을 위해서 지금까지 달려왔는데 여기까지 와서 미움 받고, 욕만 듣고 끝나
면 어떡하지?'

두려움이 일어났다. 그러나 잠시 후 내 안에 이미 굳건히 자리한 가치가
생각났다.

'하나님께 좋게 하랴, 사람에게 좋게 하랴? 그래, 인정을 못 받아도 좋다.
내가 사람에게 좋게 하려 한다면 하나님의 종이 아니다. 지킬 것을 지키
자.'

나는 일어나서 선생님께 가서 말했다. "선생님, 저는 내일 교회에 가야 합니다." 선생님은 내 말을 농담으로 아시고는 웃으며 말씀하셨다. "하하하! 여기는 중국이야. 교회는 없어. 예배는 네 방에서 드려. 하나님은 방에도 계셔." "선생님, 처음부터 주일은 아무것도 안 한다고 말씀하셔서 여기까지 오지 않았습니까? 내일 제가 예배드리도록 허락해주십시오."

선생님은 내가 심각하다는 사실을 깨닫고 화를 내셨다. 친구들이 나를 카페 밖으로 끌고 나갔다. 그리고 마구 욕하며 비난하기 시작했다. "이래서 내가 크리스천을 싫어해. 꼭 분위기를 망쳐놓는다니까." "모든 전쟁의 원인이 크리스천 때문이야." "너만 아니면 네 하나님은 오늘 칭찬받았어. 너 같은 배타적인 기독교 신자 때문에 내가 하나님을 싫어하는 거야."

나는 모든 모욕을 참고 그들의 말을 가만히 듣고 있을 수밖에 없었다. 30분쯤 후에 선생님이 밖으로 나오시더니 내게 한 마디를 하고 가셨다. "네 마음대로 해."

다음 날 교회에 갔다가 오후 3시에 호텔로 돌아왔더니 아마토 선생님은 나와 눈도 마주치지 않으려 했다. 누구보다 친했던 선생님이었는데 그날 이후 한 마디도 나눌 수 없게 되었다. 그 수학여행 이후로 우리 학교에서 주일에 하는 모든 행사가 없어졌다. 이를 통해 나는 깨달았다. 세상은 오히려 과격하게 하나님을 사랑하고, 과격하게 하나님을 두려워하고, 과격하게 세상을 섬기는 기독교 과격분자들을 기다리고 있다는 것을….

《철인》, 다니엘 김

93

좁은 문으로 들어가라 멸망으로 인도하는 문은 크고 그 길이 넓어 그리로 들어가는 자가 많고 생명으로 인도하는 문은 좁고 길이 협착하여 찾는 자가 적음이라 마 7:13,14

기도

주님이 가신 십자가의 길을 사모하며, 세상 소리, 자아의 소리에 미혹되지 않고 주님만 따르겠습니다. 세상과 타협하지 않는 좁은 길이 생명의 길이요 시온의 대로임을 고백합니다.

나의 적용과 결단

SPIRITUAL GROWTH

흔들리지 마!

그분이 두려움을 이겨내도록 당신 옆에 계실 것이다

우리의 힘으로는 도저히 어떻게 해볼 수 없는 가혹한 상황을 만나곤 한다. 그때 하나님께 부르짖지만 아무리 불러도 묵묵부답이시다. 가끔 우리를 찾아오기도 하시지만, 잠시 들를 뿐 오래 머물지는 않으시는 것 같다. 절망은 자기가 불청객이면서 오히려 믿음에게 "네가 불청객이야!"라는 느낌을 준다. 그래서 믿음이 우리를 방문하는 횟수가 점차 줄어든다. 곧 절망이 믿음의 자리를 차지하고는 인생이라는 안방에 편안하게 누워버린다. 그러면 우리는 하나님 앞에서 의아해한다.

'제게 무슨 일이 일어난 걸까요?'

우리의 심령은 말로 다 표현할 수 없을 만큼 고통스럽게 필사적으로 부르짖기 시작한다. 절망은 그야말로 순식간에 다가와 우리 마음의 문을 열심히 두드린다. 그런데 그 문을 열어준 것은 누구일까? 하나님은 우주만물을 주권적으로 다스리는 분이신데 왜 개입하지 않으신 것일까? 우리가 하나님의 자녀라면 책임져주셔야 하는 게 아닌가? 왜 이런 일들이 일어나도록 허락하신 것일까? 우리의 질문은 끝없이 계속된다. 하나님의 침묵도 끝없이 계속되는 것처럼 보인다. 우리는 의아해한다.

'왜 사랑의 하나님께서 이런 상상도 못할 모진 환경을 내게 주시는 걸까?'

때로 하나님께서 당신을 절망적인 상황으로 '내쫓으셨다'고 느낄 수도 있다. 그러나 그보다는 하나님께서 당신을 절망적인 상황에 '가두신' 것이다. 완전한 절망에 빠지게 되면 괴로운 상황들은 믿음을 파괴하겠다며 우리를 위협한다.

그러나 우리가 상상도 못할 방식으로 믿음이 강해지는 곳은 바로 완벽한 절망의 골짜기들이다. 그곳은 하나님의 가장 큰 역사들이 행해지는 곳이다. 우리의 믿음을 시험하시는 것처럼 보이지만 실은 그분의 계획을 실행하고 계신 것이다. 우리의 의심을 녹이고 걱정을 베어내면서 우리 안에서 역사하시며, 우리가 위를 올려다볼 때까지 그런 상황에 두신 것이다.

우리는 삶의 다양한 영역에서 하나님의 사랑을 확인하고 테스트한다. 그러나 하나님은 절망적인 상황에 우리를 가두시는 것으로 믿음을 테스트하고 단련하신다. 그리고 그곳에서 벗어나려고 하는 우리의 노력으로 연속적인 믿음의 단계를 밟아나가게 하시고, 그 믿음에 이를 때까지 말씀 이외에 그 무엇도 허락하지 않으신다. 또한 어린 자녀에게 걸음마를 가르치는 부모처럼 우리를 받쳐주는 모든 지지대를 치우신다. 하나님이 계시다는 증거도, 돌봐주신다는 물증도, 보상도 없다. 넘어져도 개입하지 않으신다. 다만 우리가 두려움을 극복하고 계속 걸을 수 있으며, 무슨 일이 일어나든지 하나님을 믿고 의지할 수 있도록 준비시켜주신다.

이제는 당신의 믿음을 성숙시킬 때가 되었다. 믿음 안에서 살아가는 법을 배울 때가 되었다. 수없이 넘어져서 흉하게 무릎이 까질지도 모르지만 하나님께서는 그때마다 상처를 치유하시고, 일으키셔서 결국 당신의 두 다리로 걷게 하실 것이다. 두려움을 이겨내도록 격려해주시고, 의심과 싸우도록 허락하면서 당신 옆에 계실 것이다.

《 "흔들리지 마"》, 체리 힐

너희는 강하고 담대하라 두려워하지 말라 그들 앞에서 떨지 말라 이는 네 하나님 여호와 그가 너와 함께 가시며 결코 너를 떠나지 아니하시며 버리지 아니하실 것임이라 하고 신 31:6

기도 우리 힘으로 어쩔 수 없는 가혹한 상황 속에서도 하나님을 바라보게 하소서! 하나님의 침묵이 끝이 없이 계속되는 것처럼 보일지라도 하나님을 붙잡게 하소서! 항상 우리 옆에 계신 하나님을 믿고 의지하며 나아갑니다.

나의 적용과 결단

네 믿은 대로 될지어다!

손바닥만한 작은 구름을 붙잡아라!

우리는 놀랍게도, 기도한 다음에 돌아서서 다시 염려합니다. 도대체 무엇이 문제일까요? 구원 받은 자라면 믿음과 그에 따른 행동으로 인한 의의 열매가 나타나야 할 텐데, 그렇지 못한 이유는 무엇 때문일까요? 주님을 전적으로 신뢰(믿음)하지 못하기 때문입니다. 믿음은 '우리가 스스로 만드는 것'이 아니라 '하나님의 은혜'입니다. 우리의 자아가 십자가에서 진정으로 못 박힐 때 비로소 '하나님의 믿음'이 임합니다. 이 믿음은 성령님의 임재가 아니고서는 결코 생길 수 없는 것입니다.

"너희가 그 은혜를 인하여 믿음으로 말미암아 구원을 얻었나니 이것이 너희에게서 난 것이 아니요 하나님의 선물이라"(엡 2:8).

그리스도와 함께한 후사로서(롬 8:17), 하나님나라에서 이미 이루어진 하나님의 뜻을 이 땅에 이루어지게 하는 하나님나라 백성으로서 살아가기 위해서는 '참된 믿음'이 필요합니다. 그런데 사람마다 이 믿음에 대해 생각하는 바가 너무 다른 것을 보게 됩니다.

많은 사람들은 믿음을, 자신이 주도적으로 창조해내는 의식적이고 의지적인 정신력과 같은 것이라고 생각하는 것 같습니다. 즉, 긍정적인 생각을 끊임없이 하면 어떤 일이 이루어질 것이라고 생각한다는 것입니다.

그러나 성경에서 말하는 믿음은 결코 그렇지 않습니다. 구원 받았다면 당신의 자아는 이미 십자가에서 죽고 없습니다(갈 2:20). 이제는 당신 안에 오직 당신을 위해 죽으시고 다시 살아나신 그리스도만이 계실 뿐이며, 그분을 믿는 믿음으로 살아가는 것입니다.

엘리야는 믿음으로 비가 올 것을 선포하고 나서 오직 사람의 손바닥만 한 구름만을 보았습니다(왕상 18:41-46). 그는 자신의 마음에서 생긴 것을 말한 것이 아니라 하나님이 보여주신 아주 작은 구름을 본 것입니다. 엘리야가 가졌던 이 믿음이 바로 우리가 가져야 할 믿음입니다.

믿음의 주체는 내가 아니라 예수 그리스도이십니다. 오직 그분만을 바라보는 것이 믿음입니다. 이 땅의 관점에서 여전히 병들고 상처받은 자신을 부여잡고 하늘을 바라보며 사정하는 것은 죄인의 믿음이요 죄인의 기도일 뿐입니다. 하나님의 아들로서 의인의 신분으로 하늘에서 이 땅을 바라보며, 하나님의 뜻에 따라 하나님나라와 그 의를 위해, 문제와 필요와 질병을 향해 선포하는 것이 의인의 믿음이요 의인의 기도입니다. 이 믿음이 기적을 일으킵니다.

당신이 죽고 예수 그리스도를 믿는 믿음으로 산다면 당신에게 필요한 것은 하나님의 말씀에 사로잡힌 믿음뿐입니다. 성령님의 임재 안에서 손바닥만 한 구름이라도 당신에게 믿음으로 다가온다면, 이미 뜻이 하늘에서 이룬 것처럼 이 땅에서도 이루어진 것으로 믿으며 이 땅에 나타날 것을 선포해야 합니다. 어쩌다 기도 한번 해놓고 당장에 이루어지는 것이 없다고 당신의 마음판을 염려와 근심과 걱정으로 사탄에게 내어줄 것이 아니라, 영광의 하나님이 당신을 통해 이 세상에 역사하시도록, 당신의 오래되어 굳어진 마음의 문을 열어야 합니다. 진정한 그리스도인들은 인간이 할 수 없는, 오직 하나님만이 하실 수 있는 일을 행하는 자들입니다(행 11:26).

《기적을 일으키는 믿음》, 손기철

그의 사환에게 이르되 올라가 바다쪽을 바라보라 그가 올라가 바라보고 말하되 아무것도 없나이다 이르되 일곱 번까지 다시 가라 일곱 번째 이르러서는 그가 말하되 바다에서 사람의 손만 한 작은 구름이 일어나나이다 이르되 올라가 아합에게 말하기를 비에 막히지 아니하도록 마차를 갖추고 내려가소서 하라 하니라 왕상 18:43,44

기도 하나님을 믿는다고 하면서도 세상살이의 염려와 걱정에 매여 살았던 것을 회개합니다. 의지적으로 믿고자 애쓰는 어리석은 믿음이 아니라 오직 믿음의 주체이신 예수 그리스도만을 바라보는 믿음으로 선포하며 나아가기로 결단합니다.

나의 적용과 결단

아낌없이! 후하게! 무모하게!

나는 이런 유형의 사람이 되고 싶다!

나는 목회자가 되고 처음으로 캘리포니아에서 사역을 했다. 그리고 몇 년이 흘러 하나님의 부르심을 따라 미시간 주의 바이런센터라는 작은 마을의 한 교회를 섬겼다. 그러던 어느 날, 마을에 퍼레이드 축제가 열렸다.

마을 축제에는 말 그대로 그 마을의 모든 사람들이 참석했다. 마을의 주요 도로에는 서너 명씩 선 줄이 길게 이어졌고, 좋은 자리를 맡기 위해 담요와 간이의자를 갖고 온 가족들도 눈에 띄었다. 퍼레이드가 시작될 무렵, 사람들의 웅성거리는 소리가 대기를 가득 메웠다.

나는 두 아들이 화려한 색의 테이프로 장식된 자전거를 타고 지나가는 모습을 보기 위해 그곳에 갔다. 그러나 사람들이 왜 그렇게 들떠 있는지, 수많은 아이들이 왜 저마다 작은 봉지를 양손에 들고 줄 서있는지는 알 수 없었다. '저 봉지 안에는 대체 무엇이 들어 있을까?' 이런 생각을 할 때쯤 퍼레이드가 시작되었고, 마침내 그 이유를 알 수 있었다. 그 봉지에는 사탕이 가득 담겨 있었다. 모든 트럭과 자동차에 타고 있던 사람들은 사탕이 가득 든 바구니나 봉지를 들고 있었다. 그들은 퍼레이드를 구경하고 있는 사람들을 향해 사탕을 던져주고 있었다. 사탕을 던지는 사람들, 받는 사람들, 공중에 떠다니는 사탕들, 이 모든 것들이 나를 사로잡았다.

그렇게 한참 그 모습을 지켜보다가 문득 사탕을 던지는 아이들의 모습이 정확히 두 가지의 유형으로 대비되어 나뉜다는 생각이 들었다.

첫 번째 유형은 사탕을 매우 아껴가며 조심스럽게 던지는 아이들이다. 그 아이들은 사탕 봉지를 들여다보면서 신중하게 사탕을 고른다. 그런 다음 고른 사탕을 꺼내어 잡은 상태에서 "던져! 던져!" 연신 외쳐대는 아이들을 바라본다. 아이들의 얼굴을 하나하나 살피면서 사탕 받을 임자를 찾는다.

98

마침내 그 아이는 누군가와 눈을 맞추더니 '받을 준비 됐지?' 하고 말하는 것처럼 고개를 끄덕인다. 이 유형의 아이들은 자신이 택한 사람에게 사탕을 던질 기회를 기다린다. 그러다 때로는 던질 찰나에 퍼레이드 행렬이 그 사람을 지나쳐버려서 하는 수 없이 받을 사람을 다시 물색하기도 한다. 이런 유형의 아이들은 모든 수레와 트럭에 몇 명씩은 있는 것 같다. 사탕을 던지기에 너무나 신중한 나머지 퍼레이드 행렬이 길을 따라 한참 나가는데도 사탕을 던져보지도 못하는 아이들이 적지 않다.

이와 극적으로 대비되는 두 번째 유형은 퍼레이드가 시작되자마자 두 주먹 가득 사탕을 움켜쥐고 사람들에게 바로 뿌리기 시작하는 아이들이다. 이런 아이들은 자기 무릎 위에 놓인 사탕 봉지에 두 손을 넣어 가능한 한 많은 사탕을 움켜쥐고 허공을 향해 사탕을 뿌린다. 그 아이들은 자신이 던지는 사탕을 받기 위해 팔짝팔짝 뛰면서 손을 뻗는 사람들을 보면서 기쁨을 만끽한다. 그래서 멈추지 못하고 사탕을 던지는 기계처럼 사탕을 뿌린다. 그들은 무모했다! 그때 나는 생각했다. '아마 이 아이들은 50미터도 못 가 사탕이 바닥날 거야!' 그들은 열정적으로, 아낌없이, 무모하게 사탕을 나눠줬다.

이 경험은 내 믿음에 엄청난 영향을 줬다. 그 작은 마을의 몇몇 아이들의 어디에도 속박되지 않는 열정적인 무모함이 내 영혼에 결코 잊혀지지 않는 그림으로 그려졌다.

《무모한 믿음》, 케빈 하니

99

너는 네 떡을 물 위에 던져라 여러 날 후에 도로 찾으리라 전 11:1

 하나님 나라의 풍성한 보화들을 끌어안고 아까워하는 사람이 아니라, 하나님의 사랑이 필요한 사람들에게 아낌없이 던져주는 사람이 되게 하소서!

나의 적용과 결단

당신의 믿음이
'멘붕'될 때…

나의 믿음이 '멘탈 붕괴' 될 때 내 수준을 알 수 있다.

인생길에는 우리가 완전히 파악할 수 없는 것들이 있다. 우리가 하나님의 모든 길을 다 이해할 수 있는 것이 아니다. 그러나 믿음은 이것을 믿어야 한다고 우리에게 요구한다.

사람들은 하나님이 정말 사랑이라면 자신들이 고통으로 일그러진 삶을 살아야 하는 까닭이 무엇이냐고 질문한다.

그들은 자신들의 삶의 고통의 이유를 꼭 알아야만 '사랑'이라 단언하시는 하나님을 확실히 믿을 수 있을 것이라고 생각한다. 그들은 그 이유를 꼭 알아야만 자신들의 삶과 고통을 조화시킬 수 있을 것이라 생각한다.

그러나 그런 의문은 좀처럼 풀리지 않는다. 그런 의문이 좀처럼 풀리지 않음으로 인해 그들은 하나님의 사랑을 의심하는 자리에 놓인다.

하지만 하나님께서는 그러한 우리의 의문에 대답하지 않기로 결정하셨다. 그리고 그 결정은 우리를, 그러한 의문에 만족할 만한 답변을 얻지 못한 채로 하나님을 믿고 의지할 것인가 아니면 믿지도 않고 의지하지도 않을 것인가 결단해야 하는 어려운 상황에 남겨놓는다.

기독교 심리학자 래리 크랩은 이러한 우리의 의문에 대해 다음과 같이 설명한다.

"우리 신앙의 목적이 그저 편한 삶을 사는 것으로서 영혼의 기쁨이 영혼의 고통을 크게 웃돌도록 하기 위한 것인 한, 하나님은 단지 우리의 목적을 위한 수단으로서 객체가 될 뿐 우리에게 반응을 적법하게 요구하는 주체, 우리가 마음껏 누릴 수 있는 사랑이 결코 되지 못할 것이다!"

하나님께서는 언제나 하나님에 대한 신뢰와 확신의 핵심 요소로서 우리에게 '믿음'을 요구하신다.

하나님께서는 종종 믿을 수 있는 충분한 증거들을 우리에게 공급하시지만 또한 의심할 수 있는 충분한 증거들도 제공하신다.

우리는 우리의 믿음을 온통 흔들어놓을 만한 상황을 마주했을 때에 비로소 과연 우리의 믿음이 흔들릴 수 있는 믿음인지 아닌지 배울 수 있다.

당신의 삶에서 어떤 불행한 사건이 일어나든지 당신은 "하나님은 사랑이시다"라는 확신을 견고히 유지할 수 있겠는가?

만일 그렇게 하지 못할 것 같다면, 하나님의 사랑에 더 깊이 뿌리를 내림으로써 불안정한 반석 위에 건축되었던 당신의 믿음의 집을 견고한 반석 위에 세워야 할 것이며, 당신을 향한 하늘 아버지의 사랑을 더욱 확신해야 할 것이다.

《하나님의 터치》, 오스 힐먼

오직 그만이 나의 반석이시요 나의 구원이시요 나의 요새이시니 내가 흔들리지 아니하리로다 나의 구원과 영광이 하나님께 있음이여 내 힘의 반석과 피난처도 하나님께 있도다 시 62:6,7

기도

주님, 어떤 상황이 제게 닥쳐와도 주의 사랑을 의심하지 않게 하소서. 견고한 반석과도 같은 믿음, 넘어져도 결코 쓰러지지 않는 믿음, 그 믿음을 능력으로 삼고 주의 길을 따르게 하소서.

나의 적용과 결단

모험 전에 반드시
확인해야 할 것이 있다

후회 없는 선택을 하기 위해서

마태복음 14장은 베드로의 모험 사건을 기록하고 있습니다. 파도가 이는 갈릴리 바다 위를 걷는, 어떻게 보면 무모해 보이는 모험 이야기입니다. 베드로가 물 위를 걷다가 바람을 보고 두려워하여 물속에 빠진 이 사건을, 우리는 보통 실패에 해당하는 모험으로 생각할지 모릅니다.

그러나 존 오트버그(John Ortberg) 목사님은 그의 저서《물 위를 걸으려면 단순하게 믿으라》는 도전적인 책을 통해, 베드로가 배 안에서 배 밖으로 나오는 모험을 선택하지 않았더라면 비록 잠시라도 그가 물 위를 걸어가는 기적을 체험할 수 있었겠느냐고 묻습니다.

모험의 선택은 결국 베드로의 몫이자 우리의 몫입니다. 실패가 두려워 배 안에서 평생 머무는 인생을 선택할 것인지, 아니면 "물 위로는 아무도 걸을 수 없다"는 고정관념을 깨트리고 역사상 처음으로 배 밖으로 나와 물 위로 걸어가는 모험에 도전할 것인지는 우리의 선택입니다.

우리의 선택이 후회 없는 선택이 되기 위해서는 모험 전에 반드시 확인해야 할 것이 있습니다. 이 모험에 주님의 명령이 있었는가 하는 것입니다. 우리의 모험은 만용의 모험이 아닌 순종의 모험이어야 합니다. 그리고 철저하게 주님을 신뢰하는 믿음에서 시작되어야 합니다.

히브리서 11장은 '믿음 장'입니다. 그러나 이 장은 다르게 보면 '모험 장'이라고 할 수 있습니다. 산 위에 배를 짓는 일에 도전한 노아, 가본 적도 아무 정보도 없는 미지의 땅을 향해 떠난 아브라함, 하나님의 음성을 듣고 변변한 무기도 없이 이스라엘 백성을 거느리고 애굽을 떠나 광야로 가는 모세 등 한결같이 모험 이야기입니다. 그러나 히브리서 기자는 "믿음으로… 노아는", "믿음으로… 아브라함은", "믿음으로… 모세는"이라고 증언하지 않습니까? 무엇을 믿었다는 의미일까요? 그들은 하나님을 믿고 하나님의 말씀을 믿었습니다.

베드로도 마찬가지입니다. "오라" 하시는 주님의 말씀을 듣고 물 위를 걸어 주님께로 간 것입니다. 주님만 믿고 간 것입니다. 이런 베드로의 믿음은 부분적으로 성공하고 부분적으로 실패를 경험합니다. 믿고 행했기 때문에 잠시라도 물 위를 걸을 수 있었습니다. 그렇지만 다음 순간 바람을 보고 무서움을 느낍니다. 그리고 그 순간 물속으로 빠져듭니다.

"바람을 보고 무서워 빠져 가는지라 소리 질러 이르되 주여 나를 구원하소서"(마 14:30).

순간 믿음을 상실한 것입니다. 그는 실패를 경험합니다. 그러나 그것은 완전한 실패는 아니었습니다. 어떤 의미에서 믿음의 중요성을 더 깨닫는 계기가 되었을 것입니다. 31절에 베드로를 건지시며 주님이 하신 말씀이 흥미롭습니다. 주님은 베드로를 꾸중하시며 그에게 믿음이 없는 자라고 하지 않으십니다. 주님이 무엇이라고 했습니까?

"믿음이 작은 자여 왜 의심하였느냐?"

신앙인도 때로 의심할 수 있습니다. 이것을 우리는 '신앙인의 불신앙'이라고 합니다. 어떤 순간, 어떤 장소에서는 믿음이 없는 사람처럼 행동하는 우리의 모습입니다. 그러나 이런 실패의 경험을 통해 우리의 믿음은 더 자랄 수 있습니다.

《블레싱》, 이동원

믿음은 바라는 것들의 실상이요 보이지 않는 것들의 증거니 선진들이 이로써 증거를 얻었느니라 히 11:1,2

주님, 말씀하시는 음성에 귀 기울이며 믿음으로 하루하루 살기를 원합니다. 실패의 두려움을 이겨내고 순종의 발걸음으로 주님과 함께 걷겠습니다. 저의 길을 한 걸음 한 걸음 인도해주소서.

나의 적용과 결단

감정에 따라 살지 않고
믿음에 따라 산다

성숙한 그리스도인은 외적인 것에 좌우되지 않는다

우리는 하나님께 "제가 감정과 느낌에 좌우되지 않는 삶을 살도록 저를 이끌어주소서!"라고 기도해야 한다. 사실 이것은 그리스도인의 삶에서 어려운 훈련이다.

시카고 지역에 있는 한 기독교 단체에 속한 세 명의 젊은이가 나를 만나러 내 서재로 왔다. 그들은 나름대로 어려움을 겪고 있었다. 그들 중 한 사람은 기도하려고 무릎을 꿇어도 기도하고 싶은 마음이 생기지 않아 고민이라고 털어놓았다. 나머지 두 명도 그와 비슷한 문제로 고민하고 있었다. 그들은 내가 자신들보다 나이가 더 많기 때문에 그들과 같은 어려움이 없을 것이라고 생각하고 있었다. 나는 그들에게 "때때로 나도 억지로 기도하기 위해 발버둥을 칩니다. 사실 이럴 때에는 마음에 평안이 없습니다"라고 말했다. 내가 이렇게 말하자, 그들의 얼굴이 밝아졌다. 그들 중 한 사람은 "그렇게 말씀하시니 무척 안심이 됩니다! 나는 기도가 잘 안 되기 때문에 신앙의 침체에 빠진 것이 아닌가 하고 걱정했습니다"라고 말했다.

당신 자신이 신령하지 못하다고 느낄 때가 종종 있을 것이다. 이럴 때에는 기도로써 극복해야 한다. 우리는 영적 싸움을 할 때, 자신의 감정에 얽매이지 않는 법을 배워야 한다.

어떤 때에는 아침에 눈을 떠서 '계속 누워 있으면 좋겠다!'라고 느낄 때가 있을 것이다. 밤에는 '오늘은 그냥 집에 있었으면 좋았을 텐데!'라고 느낄 때가 있을 것이다. 이런 경우들이 찾아올지라도 낙심하지 말라.

아기는 이런 문제가 생기면 안달복달하면서 엄마에게 소리를 지르지만, 성숙한 그리스도인은 "오늘은 내 뜻대로 잘 되지 않는구나!"라고 말하며 넘어간다. 사도 바울도 자신의 뜻대로 되지 않은 날들이 있었다. 그러므로 우리는 하나님께 맡기고 "내 감정이 어떻든 간에 내게는 문제가 없다"라고 말해야 한다. 신령한 그리스도인은 외적인 것에 의존하지 않는다. 우리는 감정에 따라 살지 않고 믿음에 따라 살아야 한다. 우리가 차갑든 뜨겁든 관계없이 말이다.

물론 뜨거운 것이 좋은 것이다. 하지만 시편에서 볼 수 있듯이, 다윗 같은 사람도 차가워진 적이 많이 있었다. 이사야 선지자는 "화로다 나여 망하게 되었도다 나는 입술이 부정한 사람이요"(사 6:5)라고 말했다.

갑자기 슬프고 불안해져서 기쁨이 싹 달아나는 경우가 우리에게 종종 생긴다. 우리가 아무 기쁨 없이 살아갈 수도 있다는 것을 나는 알게 되었다. 하나님의 마음속에 있으면서도 잠깐 동안 아무 기쁨 없이 살아갈 수도 있다는 것을 나는 알게 되었다.

우리는 하나님께서 우리를 성령으로 충만하게 하시고 우리의 영혼과 함께 일하시어 우리로 하여금 자기중심적인 삶을 극복하도록 훈련하고 성숙하게 하심을 믿어야 한다.

《세상에 무릎 꿇지 말라》, A. W. 토저

너희는 유혹의 욕심을 따라 썩어져 가는 구습을 따르는 옛 사람을 벗어 버리고 오직 너희의 심령이 새롭게 되어 하나님을 따라 의와 진리의 거룩함으로 지으심을 받은 새 사람을 입으라
엡 4:22-24

 주님, 감정에 따라 사는 옛 습관에서 벗어나 믿음을 따라 사는 새 사람이 되겠습니다. 언제나 성령으로 충만하게 해주시고 낙심치 않게 인도하여주옵소서. 성령으로 충만하여 성숙하게 하옵소서.

나의 적용과 결단

지금 당신은 '하나님의 대기실'에 있는 것이다

대기시간이 점점 길어져, 불안한가?

기다림의 장소에 있을 때에는 시간이 정말 중요하다.

우리는 시계를 연신 들여다본다. 그러나 하나님께서는 전혀 관심이 없는 것처럼 보인다.

우리가 하나님의 대기실에서 한 시간, 또 한 시간 시간이 흐를 때마다 고뇌하면서 깨닫게 되는 것은, 하나님께서 결코 서두르지 않으신다는 것이다.

우리는 기다림의 장소에 있을 때, 베드로후서의 말씀을 떠올리게 된다.

"사랑하는 자들아 주께는 하루가 천 년 같고 천 년이 하루 같다는 이 한 가지를 잊지 말라"(벧후 3:8).

우리는 하나님께서 우리를 돕기 위해 우리의 상황에 들어오시는 데 천 년의 시간이 걸릴지도 모른다고 생각하지만, 하나님께서는 단 하루밖에 걸리지 않는다는 것을 알고 계신다.

우리는 오늘이 바로 그날이 되기를 소망하지만, 하나님께서는 하나님의 계획 전체를 다 알고 계신다.

하나님의 안내를 기다리지 않고, 하나님의 타이밍을 기대하지 않으면 하나님께서 우리를 위해 준비한 가장 좋은 것들을 놓치게 된다.

하나님보다 앞서 가려고 서두르거나 하나님 뒤에 처져 머뭇거리면 하나님의 귀하고도 큰 축복을 받지 못하게 된다.

그러므로 우리는 자신에게 질문해야 한다.

"나의 믿음은 어떤 면에서 부족한가?"

지금 어떤 상황에 처해 있는가?

하나님을 믿고 또 하나님의 경이로운 능력도 믿지만, 어쩌면 하나님께서 제때에 당신을 도우러 오지 않을지도 모른다는 의심이 여전히 남아 있는 상황에 처해 있는가?

그러나 하나님을 온전히 믿고 의지하고, 하나님의 말씀을 굳게 붙잡는다면 하나님께서는 결코 늦지도 그렇다고 일찍 오시지도 않으신다는 것을 깨달을 것이다. 하나님께서는 언제나 제때에 오신다는 것을 알게 될 것이다.

지금 기다림의 장소에 있는가? 하지만 아무 일도 일어나지 않아 의심이 드는가?

그렇다면 당신의 믿음을 굳게 붙잡아 모든 걱정과 두려움을 날려버려라. 하나님께서 완벽한 때에 맞춰 당연히 오실 것을 기대하라.

《"기다려"》, 체리 힐

주께서 심지가 견고한 자를 평강하고 평강하도록 지키시리니 이는 그가 주를 신뢰함이니이다
사 26:3,4

주님, 저희의 의지대로 행하지 않고 하나님의 타이밍을 기대할 수 있도록 도와주세요. 기다림의 시간에 아무 일도 일어나지 않아 생기는 걱정과 두려움을 날려버리고 믿음을 굳게 붙잡을 수 있도록 도와주세요.

나의 적용과 결단

지금, 당신 머릿속을 가득 채우고 있는 것은?

문제보다 더 크신 하나님을 바라보라!

다윗은 전쟁터에 있는 형들에게 곡식과 떡과 치즈를 전해주고 오라는 아버지의 말씀에 순종하여 전쟁터로 갔습니다. 다윗이 전쟁터에 와보니 이스라엘의 모든 군사들이 블레셋 군사 골리앗을 보고 두려워 떨고 있는 모습이 그의 눈에 들어왔습니다. 골리앗은 타고난 싸움꾼이었습니다. 어쩌면 태어나면서부터 싸움을 배우는 집안에서 자랐을지도 모릅니다.

하지만 아무리 거대한 골리앗 앞이라 해도 온 이스라엘 군대가 그 앞에서 두려워 떠는 모습이 다윗에게는 이상하게 보였습니다. 한 나라의 군대가 적군 한 사람 앞에서 모두 덜덜 떨고 있는 모습을 상상해보십시오. 그 모습이 얼마나 초라하고 우스워 보였겠습니까?

그렇다면 온 이스라엘 군사들이 골리앗 앞에서 그토록 두려워 떨었던 이유는 무엇일까요? 그것은 '골리앗'이라는 문제 앞에 그들의 시선이 고정되어 있었기 때문입니다. 다시 말하면, 눈앞의 문제에 그들의 모든 생각을 빼앗긴 것입니다.

사람은 언제 절망합니까? 자기의 생각을 어려운 상황에 온통 빼앗겼을 때 절망합니다. 사실 어려움 자체는 그리 큰 문제가 아닐지도 모릅니다. 진짜 문제는 어려움을 향한 우리의 태도입니다. 눈앞에 보이는 어려운 상황에 우리의 생각을 빼앗기고 나면 그때부터는 절망의 어둠 속에 갇혀버리게 되는 것입니다. 소망도 꿈도 비전도 다 빼앗겨버리게 되는 것이지요.

지금 이스라엘 군사들의 진짜 문제는 하나님은 안 보이고 골리앗만 보인다는 데 있습니다. 골리앗은 지금 그들 눈앞에 닥친 현실의 문제입니다. 골리앗은 자신들의 능력에 비해 너무 크고 두려운 존재입니다. 반면에 하나님에 대한 믿음을 잃어버린 그들에게 지금 하나님은 눈에 보이지 않는 존재, 내 문제를 해결해줄 수 없는 존재일 뿐입니다.

믿음의 눈으로 하나님을 바라보면 어쩌면 골리앗은 별 것 아닐 수도 있습니다. 그러나 믿음을 잃어버리고 골리앗만 바라보기 때문에 하나님의 능력은 전혀 보이지 않고 골리앗이라는 문제만 커 보이는 것입니다.

우리도 살아 계신 하나님에 대한 믿음이 충만할 때는 어떤 문제가 닥쳐와도 의연하게 대처하고 이겨냅니다. 그러나 믿음을 놓치고 나면 문제 앞에 압도당하여 어쩔 줄 몰라 헤매게 됩니다. 그러니 우리 앞에 다가오는 문제의 골리앗에 우리의 생각을 빼앗기지 않도록 조심해야 합니다. 문제에만 집중하지 말아야 합니다. 그러기 위해서는 우리 인생에는 언제나 문제가 있다는 사실을 인정해야 합니다.

릭 워렌 목사님은 이런 말을 했습니다.

"이 세상은 무너지고 잘못되었기 때문에 항상 죄악된 것이 함께한다."

그렇기 때문에 우리의 인생은 문제의 연속일 수 있습니다. 이때 중요한 것은 문제인 골리앗만 바라보지 않는 것입니다. 우리는 골리앗이 딛고 서 있는 땅을 지으신 하나님, 골리앗의 머리 위에 하늘을 펼치신 하나님을 기억해야 합니다.

《하나님의 에이스》, 홍민기

너희는 마음에 근심하지 말라 하나님을 믿으니 또 나를 믿으라 평안을 너희에게 끼치노니 곧 나의 평안을 너희에게 주노라 내가 너희에게 주는 것은 세상이 주는 것과 같지 아니하니라 너희는 마음에 근심하지도 말고 두려워하지도 말라 요 14:1,27

문제의 연속인 인생에서 주님만을 바라보며 살아가는 지혜를 깨닫게 하시니 감사합니다. 걱정과 근심을 붙잡지 않고, 주님이 주시는 말씀과 소망으로 마음을 채워가겠습니다. 살아계신 하나님을 신뢰하고, 문제를 돌파하며 살아가겠습니다.

나의 적용과 결단

두려움이 밀려온다

두려움은 우리가 자신을 보호해야 한다고 생각할 때 밀려온다

예수님은 우리에게 "두려워하지 말라!"고 거듭거듭 말씀하신다.

왜 예수님은 우리에게 두려워하지 말라고 계속해서 말씀하시는가? 우리는 그분의 말씀을 믿음으로 보호를 받기 때문이다.

보호를 받으려면 믿음이 필수이다. 그러나 두려움은 믿음의 반대이기에, 두려워하면 믿음으로 행하지 못한다. 주님은 이것을 아셨다. 따라서 하나님이 두려움의 공포를 가장 먼저 다루신 것은 전혀 이상하지 않다.

두려워하지 않으려면 어떻게 해야 하는가? 무척 간단하다! 시편 91편에서, 하나님은 우리 마음에서 일어나는 두려움을 잠재우라고 말씀하신다.

"너는 밤에 찾아오는 공포와 낮에 날아드는 화살과 어두울 때 퍼지는 전염병과 밝을 때 닥쳐오는 재앙을 두려워하지 아니하리로다"(시 91:5,6).

두려움은 우리가 자신을 보호해야 한다고 생각할 때 밀려온다.

우리는 이런 생각을 자주 한다.

'내 믿음이 무척 강하다면, 내가 하나님께 보호를 받을 텐데!'

그러나 이것은 잘못된 생각이다! 보호는 이미 마련되어 있다. 우리가 받아들이든 받아들이지 않든 간에 보호는 이미 제시되었다. 믿음은 예수님이 이미 행하신 일을 받아들이겠다는 선택일 뿐이다.

우리가 밤에 찾아드는 공포를 두려워한다면, 지존자의 은밀한 곳에서 주님과 가까이 거하지 않을뿐더러 주님의 약속을 믿지도 못하고 있다는 표시다.

두려움은 하나님의 말씀 외에 다른 것을 고백할 때 온다. 우리의 눈이 하나님께 고정되지 않을 때, 두려움이 온다. 이 두려움을 회개하라는 신호로 받아들여라.

"이는 우리가 믿음으로 행하고 보는 것으로 행하지 아니함이로라"(고후 5:7).
우리는 눈에 보이는 대상을 믿기보다 하나님의 말씀을 믿겠다고 선택해야 한다. 그렇다고 공격의 존재를 부정하라는 것은 아니다. 공격은 매우 실제적이기 때문이다. 그러나 하나님은 우리의 믿음을 원하신다.

하나님은 하나님의 말씀을 믿는 우리의 믿음이 우리가 눈으로 보는 대상보다 우리에게 더 생생하기를 원하신다. 믿음은 공포의 존재를 부정하지 않는다. 성경은 이것을 이기는 더 높은 법이 있다고 말한다.

다윗은 골리앗의 존재를 부정하지 않았다. 두려움은 우리가 골리앗과 우리 자신을 비교하게 한다. 반대로, 믿음은 다윗에게 골리앗과 자신의 하나님을 비교하게 했다.

우리는 인간이 우리를 해하려고 일으키는 공포를 두려워하지 않아도 된다. 더 높은 법을 주신 하나님을 찬양하라! 하나님의 법이 사람의 법을 이긴다.

《보호 기도》, 페기 조이스 루스

그러므로 우리가 담대히 말하되 주는 나를 돕는 이시니 내가 무서워하지 아니하겠노라 사람이 내게 어찌하리요 하노라 히 13:6

주님, 어떠한 상황에서도 제 눈이 늘 주님을 바라보기를 원합니다. 늘 보호하시는 주님의 임재 가운데 거하겠습니다. 자기신뢰가 아닌 오직 주님만을 의지하며 나아가게 하소서.

나의 적용과 결단

기도에 네 인생이 달렸다

기도하지 않아도 될 하찮은 문제란 하나도 없다

우리는 구할 것을 하나님께 아뢰어야 한다.

너무 큰 문제라 기도로 처리할 수 없는 것, 너무 중대한 문제라 기도로 해결할 수 없는 것은 아무것도 없다.

너무 하찮은 문제라 골방의 회의에서 고려할 가치가 없는 것, 너무 작은 문제라 기도의 골방에서 최종판결을 내릴 가치가 없는 것은 아무것도 없다.

우리 삶의 가장 작은 것들이 기도의 제목이 되는 것처럼 하나님께서는 우리 삶의 가장 작은 것들에 관심을 가지신다.

우리의 머리카락까지 다 세시는 하나님, 지극히 높고 장대하시지만 작은 참새가 땅에 떨어지는 것조차 주목하시는 하나님은 또한 자녀들의 행복과 안위와 필요에 관계된 모든 것들을 주목하신다.

기도는 하나님을 인생의 사소한 문제들 안으로 모시고 온다. 우리의 삶은 이런 작은 문제들로 이루어져 있다. 그러나 작은 시작에서 놀라운 결과들이 나오는 경우가 얼마나 많은가?

따라서 우리는 우리에게 닥치는 모든 것들, 우리에게 관계된 모든 것들, 우리에게 일어나기를 바라는 모든 것들, 우리에게 일어나지 않기를 바라는 모든 것들, 곧 우리의 인생을 위해 기도해야 마땅하다.

기도가 모든 것들을 축복하며, 모든 것들을 가져오며, 모든 것들을 제거하며, 모든 것들을 막아주기 때문이다.

우리는 모든 장소, 모든 시간, 모든 것들을 기도로 정돈하고 관리해야 한다. 기도는 우리에게 영향을 끼치는 모든 것들에 영향을 끼치는 힘을 갖고 있다. 바로 여기에 기도의 광대한 가능성이 있는 것이다.

우리 인생의 얼마나 많은 쓴맛들이 기도에 의해 단맛으로 변하는지! 얼마나 많은 나약한 사람들이 기도에 의해 강인해지는지!

기도의 가능성 밖에 있는 것은 아무것도 없다. 기도는 우리 주 예수 그리스도께서 공급하시는 모든 것들을 얻을 수 있는 힘을 갖고 있다.

"모든 일에 기도로!"

이 말씀은 인간의 관심사와 상황, 인간에게 일어나는 모든 일들의 모든 부분과 전체 영역을 포괄한다.

《기도에 네 인생이 달렸다》, E. M. 바운즈

여호와께서는 자기에게 간구하는 모든 자 곧 진실하게 간구하는 모든 자에게 가까이 하시는도다 그는 자기를 경외하는 자들의 소원을 이루시며 또 그들의 부르짖음을 들으사 구원하시리로다 시 145:18,19

게으름으로 마땅히 기도하지 못했던 지난 날을 회개합니다. 제 삶의 크고 작은 모든 문제를 간섭하여 주시고, 주님의 방법으로 해결되게 하소서. 기도의 가능성 밖에 있는 것은 아무것도 없음을 믿으며, 주님을 신뢰하며 의지하게 하소서.

나의 적용과 결단

사용할수록

커지는 것은 무엇일까요?

아끼지 마라, 많이 사용하라!

믿음과 기도는 동전의 양면과 같다. 믿음과 기도는 서로 분리될 수 없다.
믿음 있는 사람이 기도하지 않는다는 것은 있을 수 없는 일이다.

야고보서 5장 15절에는 '믿음의 기도'(the prayer of faith)라는 표현이 등장
한다. '~의'(of)라는 작은 전치사가 믿음과 기도를 하나로 묶어주는데, 하
나님께서 묶으신 것을 인간이 풀어버리면 안 된다. 결국 기도라는 행동으
로 이어지지 않는 믿음은 참된 믿음이 아니다.

하나님이 이 우주 안에서 어떤 일을 행하실 때마다 그것이 우리의 기도 때
문인지 아닌지를 확인하는 일은 불가능할 것이다. 하지만 하나님이 이 땅
에서 살아가는 '우리를 위해' 이루시는 모든 것이 기도 때문이라고 말해
도 틀린 말이 아니다. 이것은 성경에 기록된 기도의 사건들을 조금만 읽어
보아도 쉽게 알 수 있는 사실이다.

기도의 유익이 무엇인가? 범사에 많다! 하나님께서 하실 수 있는 것을 믿
음이 다 할 수 있고, 믿음이 할 수 있는 것을 기도가 다 할 수 있다. 물론 그
렇게 되려면 기도가 믿음으로 드려져야 한다.

기도로의 초대는 전능으로의 초대인데, 그것은 전능하신 하나님께서 기
도를 통해 우리의 일에 개입하시기 때문이다. 하나님께 불가능한 것이 없
듯이, 믿음으로 기도하는 사람에게는 불가능한 것이 없다.

조지 뮬러(1805-1898)는 "믿음은 사용할수록 성장한다"라는 유명한 말을
남겼다. 큰 믿음을 갖길 원하는가? 그렇다면 현재 가지고 있는 작은 믿음
을 자꾸 사용하라.

경건한 마음으로 기도하면서 믿음을 사용하면 그 믿음은 날마다 자랄 것
이다. 현재의 사소하고 일상적인 일에서부터 하나님을 믿고 의지하라. 시

간이 쌓이면 거의 기적에 가까운 일을 그분께 얻어낼 수 있을 것이다.

조지 뮬러는 "성도라면 누구에게나 어느 정도의 믿음이 있다"라고 말했다. 그렇다! 성도들 사이에서 차이는 믿음의 분량의 차이일 뿐이다. 믿음이 적은 사람은 믿음을 사용하지 않았기 때문에 늘 적은 믿음에 머물러 있는 것이다.

성경의 교훈에 따르면, 하나님께 구하여 좋은 것을 얻든지 아니면 구하지 않아서 좋은 것을 얻지 못하든지 둘 중의 하나가 있을 뿐이다. 그러므로 이제부터 우리가 어떻게 해야 할지가 아주 분명해졌다.

우리의 선택은 기도하는 것밖에 없다! 응답을 받을 때까지 구하고 또 구하는 것이다!

하나님께서는 믿음으로 구하는 하나님의 자녀들을 위해 능력을 베풀기 위해 기다리신다. 이 세상은 하나님이 개입하지 않으시면 문제가 해결될 수 없을 만큼 절망적 상태에 빠져 있다. 우리가 기도하지 않으면 하나님께서 실망하시고 세상도 실망한다. 기도하지 않는 어리석음을 범하지 말자.

《예수 방향으로 가라》, A. W. 토저

115

구하라 그리하면 너희에게 주실 것이요 찾으라 그리하면 찾아낼 것이요 문을 두드리라 그리하면 너희에게 열릴 것이니 구하는 이마다 받을 것이요 찾는 이는 찾아낼 것이요 두드리는 이에게는 열릴 것이니라 마 7:7,8

주님, 세상적인 방법으로 문제를 해결하려고 했던 모습들을 회개합니다. 나의 상황을 아시고 나의 기도를 들으시는 주님을 온전히 신뢰하며, 오늘도 신실하신 주님 앞에 나아가도록 인도해주소서.

나의 적용과 결단

잠 잘 것 **다** 자고서는 하나님을 위해 어떠한 일도 이룰 수 없다

'잠의 유혹' 이기기 힘드시죠?

하나님을 위하여 이 땅에서 큰일을 이룬 사람들 대부분은 아침 일찍 일어나 무릎을 꿇었다. 이른 아침의 귀한 시간과 좋은 기회를 기도에 투자하지 않고 다른 일에 사용한 사람은 그 날 하나님을 찾는 일에서 별로 발전이 없을 것이다. 우리의 아침의 활동과 생각 속에 하나님이 계시지 않으면, 그 날 잘 때까지 하루 종일 그분은 맨 마지막 자리에 계실 것이다.

아침에 일찍 일어나 기도를 하려면 하나님을 만나겠다는 간절한 열망에 불타야 가능하다. 아침에 일어나서 하나님을 찾을 마음이 없다는 것은 그 사람의 마음에 그분을 향한 갈망이 없다는 것을 의미한다.

아침에 일어났는데 하나님을 찾을 마음이 생기지 않는 사람은 하나님을 향한 사랑을 잃은 것이다.

다윗은 그분을 향한 마음이 불타는 듯 했다. 다윗은 늘 하나님을 향해 목마르고 굶주렸기 때문에 날이 밝기도 전에 그분을 찾았다. 그분을 만나고 싶은 열망에 불타는 다윗의 마음은 침대와 잠에 묶여있을 수 없었다.

그리스도께서는 하나님과 교제하기를 갈망하셨기 때문에 새벽 오히려 미명에 일어나 산으로 가서 기도하셨다.

제자들은 뒤늦게 잠에서 깨어나 자기들의 늦잠을 부끄러워하면서 주님이 어디로 가셨는지 궁금해 했을 것이다.

하나님을 위해 세상에서 큰일을 이룬 사람들을 살펴보라. 그러면, 그들이 일찍 일어나 하나님을 찾았다는 사실을 알게 될 것이다.

하나님을 향한 갈망이 잠의 유혹을 이기지 못할 정도로 약한 사람이 있는가? 잠 잘 것 다 자고서는 하나님을 위해 어떠한 일도 이룰 수 없다. 아침에 일어나 보니 마귀와 세상이 저 앞에서 뛰어가고 있다면, 하루 종일 마귀와 세상을 따라 잡을 수 없을 것이다.

아침에 일찍 일어난다고 해서 자동적으로 전쟁터에 나가 하나님의 군대의 총사령관이 되는 것은 아니다. 안락에 빠지려는 유혹의 사슬을 모두 깨버릴 정도로 강한 열정이 있어야 그분의 군사로 설 수 있다.

그렇지만 일찍 일어나는 것이 하나님을 향한 열정을 증가시키고 그것의 적절한 배출구를 찾는 계기가 될 수는 있다.

우리에게 신앙의 위인으로 기억되는 사람들이 아침에 일어나지도 않고 계속 잠에 빠져있었다면, 그나마 있는 그들의 열정마저 꺼져버렸을 것이다.

그들은 자기들에게 있는 열정 때문에 잠의 유혹을 이기고 일어나 하나님을 찾았다. 그들은 열정의 부름에 주의를 기울이고 행동했기 때문에 하나님을 붙든 신앙으로 충만하여 하나님의 지극히 아름답고 온전한 뜻을 깨달을 수 있었다. 이런 신앙과 깨달음 때문에 그들은 위대한 신앙인이 되었으며, 우리에게 훌륭한 신앙의 귀감이 되었고, 우리는 그들이 남긴 열매를 즐길 수 있게 된 것이다.

《기도의 강력》, E. M. 바운즈

여호와여 아침에 주께서 나의 소리를 들으시리니 아침에 내가 주께 기도하고 바라리이다 시 5:3

 늘 주님의 임재 안에 거하기를 원합니다. 육신을 따르지 않고 주님이 주신 새 영을 따라 행하는 제가 되게 하소서. 아침마다 새롭고 성실하신 주님의 은혜를 사모하며 예수님처럼 기도하겠습니다. 하나님을 향한 열정을 회복시켜주옵소서.

나의 적용과 결단

오늘 아침에
'무엇을' 구했습니까?

간절함이 빠진 기도는 시간낭비이며 불경죄다!

하나님께서 듣고 응답하시는 기도는 강렬하고 간절한 기도이다. 신약성
경은 이것을 거듭 가르친다. 구약도 마찬가지이다. "너희가 온 마음으로
나를 구하면 나를 찾을 것이요"(렘 29:13).

따라서 우리는 우리의 많은 기도가 왜 응답 받지 못하는지를 알 수 있다.
우리가 어떤 것을 구하면서도 사실은 그것을 간절히 원하지 않기 때문이
다. 그것을 구할 때 간절한 마음이 없기 때문에 하나님께서는 우리의 기도
를 듣지 않으시는 것이다.

내가 사람들에게 "여러분은 오늘 아침에 기도했습니까?"라고 물으면 거
의 모든 사람이 "기도했다"고 대답할 것이다. 내가 다시 "오늘 아침에 무
엇을 구했습니까?"라고 물으면 그들 중 일부는 머뭇거리며 잠시 생각하
다가 "글쎄요, 무엇을 구했는지 생각이 나지 않습니다"라고 대답할 것이
다. 그렇다면, 하나님께서도 생각이 나지 않으셔서 응답하지 않으실 것이
다.

또 그들 중 일부는 "무엇을 구했습니까?"라는 질문에 즉시 대답한다. 그
들이 이렇게 말할 수 있는 것은 늘 동일한 것을 구하기 때문이다. 그들은
매일 기계적으로 약간의 기도를 할 뿐이다. 무릎을 꿇고 판에 박은 기도를
되풀이하지만, 사실 자기가 무엇을 구하는지에 대해서는 거의 생각하지
않는 것이다. 입술로는 기도를 반복하지만 머리로는 자기가 구하는 것을
생각하지 않고 대신 온갖 다른 것들을 생각한다. 이런 기도는 하나님의 이
름을 헛되이 부르는 불경스러운 기도이다.

나와 아내가 인도를 방문했을 때의 일이다. 아내는 티베트와의 접경지대
로서 히말라야 산맥에 위치한 다르질링에 다녀왔는데 그곳에서 돌아온

아내는 티베트 사람들이 사용하는 기도용 컵을 가져왔다. 그것은 막대기의 한쪽 끝에 작고 둥근 놋쇠 컵을 달아놓은 것이었다. 막대기를 빙글빙글 돌리면 컵도 따라서 돌았다. 티베트 사람들은 아무 생각 없이 기도문을 써서 컵 속에 그 기도문을 집어넣고 막대기를 돌린다. 이렇게 하는 것이 그들에게는 기도이다.

그런데 이런 식으로 기도하는 사람들이 티베트 사람들뿐만이 아니다. 수많은 미국인들도 이런 식으로 기도한다. 차이가 있다면 그들의 컵이 막대기 끝에 달려 있지 않고 그들의 머릿속에 있다는 것이다.

그들은 날마다 무릎을 꿇고 기도하지만, 자기들이 구하는 것에 대해서는 거의 생각하지 않으면서 동일한 기도를 기계적으로 반복한다. 이런 기도는 하나님의 이름을 헛되이 부르는 불경건한 기도이다. 하나님의 능력이 나타날 수 없는 기도이다.

일부의 사람들은 "오늘 아침에 무엇을 구했습니까?"라는 질문을 받았을 때 분명하게 대답하는데, 그렇게 대답할 수 있는 것은 하나님의 영이 임한 상태에서 기도했기 때문이다. 그들은 반드시 응답을 받겠다는 간절한 마음으로 가슴을 찢으며 하나님께 부르짖은 것이다. 하나님은 이런 사람들의 기도를 듣고 반드시 응답하실 것이다. 능력의 기도를 드리려면, 온 영혼을 기도에 쏟아 부어 강렬하고 간절히 구해야 한다.

《기도의 권능을 받는 법》, R. A. 토레이

119

형제들아 내가 우리 주 예수 그리스도와 성령의 사랑으로 말미암아 너희를 권하노니 너희 기도에 나와 힘을 같이하여 나를 위하여 하나님께 빌어 롬 15:30

기도

의미 없는 주문처럼 동일한 기도를 반복하는 헛된 기도를 드릴 때가 많았음을 고백합니다. 이 기도를 주님은 얼마나 안타까워 하셨을까요? 응답을 받겠다는 간절한 마음으로 가슴을 찢는 기도를 올려드리기를 원합니다.

나의 적용과 결단

기도는 하나님을 설득하는 것이 아니다

기도로 하나님의 뜻을 변경시킬 수는 없다

기도는 무엇을 의미하는가?

아마 대다수의 그리스도인이 "기도는 하나님께 무엇을 구하는 것이다"라고 대답할 것이다. 어떤 사람은 기도가 오직 위급한 상황을 위한 것이라고 생각한다. 그런 사람은 위험이 닥치거나 질병이 엄습하거나 무엇이 부족해지거나 난관에 봉착하면 그때서야 기도한다.

하지만 기도는 하나님을 설득하여 우리가 원하는 일을 하시도록 만드는 것이 결코 아니다. 기도는 하나님의 능력을 방출할 수 있을지는 몰라도 하나님의 뜻을 변경시킬 수는 없다.

트렌치(Trench, 1807-1886. 영국 성공회 신학자)는 "기도를 하나님을 억지로 설득하는 것으로 오해하면 안 된다. 오히려 하나님의 가장 높으신 자발적인 뜻을 붙잡는 것으로 생각해야 한다"라고 말했다. 그러한 까닭은, 하나님께서 언제나 우리에게 가장 좋은 것을 주기를 원하시기 때문이다. 따라서 우리는 우리를 향한 하나님의 뜻이 무엇인지 잘 분별해야 한다.

그렇지만 우리가 무지함 가운데 기도를 드린다고 할지라도 하나님은 절대로 축복의 자리에서 이탈하지 않으신다. 비록 우리를 향한 하나님의 뜻과는 달리, 어떤 해로운 것을 악착같이 구하여 고집스럽게 응답을 받아 그것으로 인해 오히려 고통을 당하는 경우는 있을 수 있겠지만 말이다.

이와 관련해서 시편 기자는 광야의 이스라엘 백성을 빗대어 "여호와께서 저희의 요구한 것을 주셨을지라도 그 영혼을 파리하게 하셨도다"(시 106:15)라고 했다. 하나님의 뜻이 아닌 기도를 드리는 사람은 이 '파리함'을 자초한다. 그는 자기 뜻에 합한 대로 기도를 드려 응답받고 그 괴로움으로 저주를 받는다.

기도는 단지 "하나님께 무엇을 구하는 것" 이상의 그 무엇이다. 물론 '구한다' 라는 것이, 우리가 하나님께 전적으로 의존되어 있음을 상기시킨다는 점에서 기도가 갖는 매우 귀한 면이기도 하다.

하지만 또한 기도는 하나님과 교제하는 것이다. 기도는 하나님과 의사소통하는 것이며, 하나님과 함께하는 것이다.

우리는 상대방과 이야기를 함으로써 그 사람을 파악하게 된다. 우리는 이와 같은 방법으로 하나님을 알게 된다. 기도가 가져오는 가장 귀한 결과는, 악에서 건짐을 받거나 몹시도 열망하던 것을 확보하는 게 아니라 하나님을 온전히 알게 되는 것이다.

주께서는 "영생은 곧 유일하신 참 하나님과 그의 보내신 자 예수 그리스도를 아는 것이니이다"(요 17:3)라고 말씀하셨다.

그렇다.

기도는 하나님의 더 많은 것을 발견하는 것이며, 그것이야말로 우리 영혼의 가장 위대한 발견이다.

가장 높은 수준에 도달한 최선의 참된 기도는 하나님께 목말라 있는 영혼, 오직 하나님만을 갈구하는 영혼을 드러낸다.

《무릎꿇는 그리스도인》, 무명의 그리스도인

하나님이여 사슴이 시냇물을 찾기에 갈급함 같이 내 영혼이 주를 찾기에 갈급하니이다 시 42:1

하나님과 교제하며 하나님을 아는 것이 복된 영생의 삶인 것을 깨닫지 못하고, 어려움이 닥칠 때만 하나님께 나갔던 것을 회개합니다. 날마다 하나님의 더 많은 것을 발견하고 저를 향하신 아버지의 마음을 깨달아가게 해주소서.

나의 적용과 결단

좋은 일 때문에,

가장 좋은 것을 포기하지 말라

결국에는 '좋은 것'과 '가장 좋은 것'을 모두 잃는다

기도는 하나님의 도우심이 필요하다고 느끼고 그분의 채워주심을 간절히 구하는 것이다. 기도가 귀하고 막강한 것은 하나님께서 귀하고 막강하시기 때문이다. 그러므로 우리는 기도를 이 세상에서 두 번째 자리로 강등시켜서는 안 된다.

기도를 두 번째 자리로 강등시키는 것은 하나님이 이 세상의 일에서 손을 떼시도록 만들려는 시도가 된다. 또한 하나님 자신을 두 번째 자리로 끌어내리는 것과 다를 바 없다.

기도하지 않고 대신 다른 방법들을 사용하려는 것은 하나님을 이 세상에서 물러나시게 하고, 인간의 힘으로 문제를 해결하려는 것이다.

기도 없이는 어떤 일도 제대로 이루어질 수 없다. 왜냐하면 기도가 없는 일에는 하나님께서 함께하시지 않기 때문이다. 기도를 얼마나 세게 하느냐에 따라 일의 가치가 결정된다.

기도의 골방에서 멀어지는 일은 누구에게나 쉽게 일어날 수 있다!

교회 일을 해야 한다는 핑계로 기도를 포기하거나 기도 시간을 줄이는 일이 비일비재하다. 이렇게 되면 갖가지 악한 결과들이 벌어진다.

일 때문에 바쁘다는 핑계로 기도하지 않으면 신앙이 침체에 빠질 뿐만 아니라, 일 자체도 망쳐버린다. 일을 위해 기도를 포기하는 것보다는 기도를 위해 일을 포기하는 것이 낫다.

지금 사람들은 '정당한' 것들에 시간을 빼앗겨 기도에 전념할 수 없다. 기도가 아닌 다른 것에 우선권이 주어져 기도는 자꾸 밀려나고 부차적인 것이 되었다.

합법적이고 정당한 것들이라 할지라도 그것들이 기도를 밀어내고 대신

그 자리를 차지한다면, 그 순간부터 그것들은 잘못된 것이 된다.

아무리 정당한 것들이라 할지라도 우리로 하여금 기도를 밀어내고 기도의 골방을 멀리한 채 "너무 바빠서 기도할 수 없다"라는 자기 합리화에 빠지게 한다면 반드시 경계해야 한다.

'좋은 것'이 내미는 유혹의 손길을 뿌리치지 못해 '가장 좋은 것'을 포기한다면, 결국에는 '좋은 것'과 '가장 좋은 것'을 모두 잃게 된다.

사탄의 교활한 간계에 넘어가 기도 시간을 줄이고 일하는 시간을 늘린 사람들이 얼마나 많은가!

무엇보다 기도에 우선권이 주어져야 한다!

《기도의 불병거》, E. M. 바운즈

여호사밧이 두려워하여 여호와께로 낯을 향하여 간구하고 온 유다 백성에게 금식하라 공포하매 유다 사람이 여호와께 도우심을 구하려 하여 유다 모든 성읍에서 모여와서 여호와께 간구하더라 대하 20:3,4

 사역과 봉사, 회의, 모임과 교제, 공부 등이 하나님의 일을 하는 데에 필요하고 정당한 것들이지만, 그것을 하느라 정작 중요한 기도를 소홀히 했던 것을 회개합니다. 바쁠수록 더욱 의지적으로 기도의 자리로 나아가도록 인도해주소서.

나의 적용과 결단

기도하지 않는 사람은 교만한 사람이다

당신은 어디 믿는 구석이 있기에 기도의 수고를 면하려고 하는가?

만일 어떤 가난한 사람이 우리의 도움을 절실히 필요로 하면서도 구하지 않아 가난을 면치 못한다면, 우리는 그 사람의 태만을 책망할 것이다. 마찬가지로 하나님께서 구하면 주시겠다고 말씀하시는데, 우리가 구하지 않아 가난을 면치 못한다면 그 책임이 누구에게 있는가? 우리가 쓰라린 책망을 받지 않겠는가?

우리가 하나님 앞에서 우리 자신을 교만하게 높이고 있는 게 아니라면, 우리 자신을 낮추면서까지 하나님께 은혜를 구할 필요가 있느냐고 생각하는 게 아니라면 하나님께서 구하라고 명하시는데도 구하지 않는 까닭이 무엇이란 말인가?

우리 마음에 하나님을 대적하는 원수가 잠복해 있는 것이 확실하다. 그렇지 않고서야 하나님을 믿는다고 공언하는 사람들이 '구하는 것'을 크나큰 기쁨으로 삼는 대신 달갑지 않은 명령으로 여기는 이 슬픈 사태를 어찌 설명하겠는가?

명심하라. 좋든 싫든 '기도해야 하는 것'이 하나님나라의 법칙이다!

"구하라 그러면 너희에게 주실 것이요 찾으라 그러면 찾을 것이요 문을 두드리라 그러면 너희에게 열릴 것이니"(마 7:7).

이것은 누구에게나 예외 없이 적용되는 불변의 법칙이다. 우리 주 예수 그리스도께서는 하나님을 믿는 자녀들로 이루어진 가족의 맏형이시지만, 하나님께서는 예수님에게도 이 명령을 완화시켜주지 않으셨다. 하나님께서 자신의 아들에게 무엇이라 말씀하셨는지 주목하라.

"내게 구하라 내가 열방을 유업으로 주리니 네 소유가 땅 끝까지 이르리로다"(시 2:8).

왕이신 하나님의 아들조차 '얻으려면 구해야 한다'는 이 법칙에서 면제되지 않았다면, 하나님께서 당신이나 나 같은 사람을 특별히 배려하여 이 법칙에서 제외시켜주실 것이라 기대하는 것은 얼토당토않은 일이다.

하나님께서는 엘리야 선지자를 축복하여 이스라엘 땅에 비를 내려주실 것이었지만, 그전에 엘리야는 그 일을 위해 기도해야 했다. 하나님의 선민은 번영할 것이었지만, 그전에 사무엘은 그 일을 위해 기도해야 했다. 유대인들은 이방 민족에게서 해방될 것이었지만, 그전에 다니엘은 그 일을 위해 기도해야 했다. 그리고 하나님께서 바울을 축복하여 수많은 이방 민족들을 구원으로 이끄는 도구로 쓰실 것이었지만, 그전에 바울은 그 일을 위해 기도해야 했다. 바울은 정말로 쉬지 않고 기도했다. 그는 기도를 통해서가 아니면 무엇을 얻을 것이라 기대하지 않았다.

오직 기도만이 영적인 축복으로 향하는 유일한 문이다. 그러므로 그 문을 닫으면 하나님의 축복을 차단하게 될 것이다. 하나님께서 "구하라!"라고 요구하시는 것 자체가 우리에게 크나큰 특권임을 기억하라. 우리의 마음을 토로할 수 있는 길을 마련해주신 주님의 이름을 찬양하라!

당신 마음에 명령하여 그 안에 있는 모든 것을 주님께 아뢰도록 하라!

《기도의 황금열쇠》, C. H. 스펄전

기도를 계속 하고 기도에 감사함으로 깨어 있으라 골 4:2
쉬지 말고 기도하라…이것이 그리스도 예수 안에서 너희를 향하신 하나님의 뜻이니라 살전 5:17,18

기도

하나님의 은혜 없이는 한 순간도 살 수 없음에도 불구하고 '구하라'는 하나님의 명령에 순종하지 않고 하나님께 구하지도 않았던 것을 회개합니다. 예수님조차도 기도의 명령에 순종하신 것처럼 기도의 명령에 순종하며 부르짖겠습니다.

나의 적용과 결단

기도하지 않으면 죽는다

기도를 면제 받은 사람은 없다

경건을 죽이는 가장 확실한 방법은 그것을 한꺼번에 죽이는 것이 아니라 하나씩 죽이는 것이다.

경건을 더 확실하게 죽이는 수단은 태만이다.

정해놓은 시간, 즉 거룩한 시간을 경건에 할애하지 않는 것은 경건을 한꺼번에 죽이는 것이다.

경건에 투자할 시간을 다른 일들, 심지어 자선을 베푸는 일들에 투자하는 것은 경건을 천천히 그러나 확실히 죽이는 것이다.

누군가 매우 바쁜 어느 가정주부에게 "기도할 시간을 어떻게 냅니까?"라고 물었을 때, 그녀는 이렇게 대답했다.

"매일 아침, 나는 식구들보다 1시간 일찍 일어나 아무런 방해도 받지 않고 기도합니다."

이것이야말로 은혜 안에서 성장하는 비결이요, 하루의 일과를 감당하는 데 필요한 평안과 힘을 얻는 비결이다!

아무리 바쁘다 할지라도 하루의 일과를 시작하기 전에 하나님과 거룩하고 뜨거운 교제를 나누는 사람은 강한 사람이다.

예수님은 매우 바쁜 분이셨다. 거룩한 일들을 행하시기 위해 그분의 마음과 손은 늘 바빴고, 시간과 체력은 항상 고갈되었다. 그렇지만 주님은 그 어떤 일도, 심지어 하나님의 일조차도 자신의 기도 시간을 빼앗는 것을 허락지 않으셨다.

사람들을 죄와 고통에서 건지기 위한 일이 기도를 대신할 수는 없었다. 사람들을 죄와 고통에서 건지기 위해 노력했으므로 지극히 거룩한 기도의 의무를 면제받을 수 있다는 생각은 결코 주님의 생각이 아니었다.

주님은 낮에 일하셨기 때문에 밤에 기도하지 않을 수 없으셨다. 주님이 밤에 기도하셨기 때문에 그분의 낮의 일이 거룩해지고 열매를 맺었다.

너무 바빠서 기도할 수 없다는 말은 그럴듯한 합리화로 들리지만, 이런 식의 합리화는 결국 우리 영을 죽일 뿐이다.

가장 바쁘게 일하는 그리스도인이 가장 많이 기도하지 않는다면, 그는 영적으로 가장 연약할 것이다. 신앙적 일이 늘어나는데 기도가 늘지 않으면, 영적 힘은 자꾸 줄어든다.

루터는 "나는 할 일이 너무 많기 때문에 하루에 2시간 이상 기도하지 않으면 그 일들을 다 처리할 수 없다"라고 말했다.

영적 능력은 하나님에게서 나오는데, 기도는 하나님을 직접 붙드는 것이다. 기도는 하나님의 능력이 나오는 출구이자, 그분의 능력이 우리에게 들어오는 입구이다.

기도에 힘쓰는 사람은 성공할 수밖에 없다. 기도에 실패하면 모든 것에서 실패할 수밖에 없다.

《기도하지 않으면 죽는다》, E. M. 바운즈

새벽 아직도 밝기 전에 예수께서 일어나 나가 한적한 곳으로 가사 거기서 기도하시더니 막 1:35
사람이 마음으로 자기의 길을 계획할지라도 그의 걸음을 인도하시는 이는 여호와시니라 잠 16:9

기
도
너무 바빠서 기도할 시간이 없다는 어리석은 변명으로 하나님께 나아갔던 것을 회개합니다. 바쁠수록 더 많은 기도를 통해 하나님으로부터 나오는 능력을 받아 하나님의 일을 능히 감당하는 주님의 일꾼이 되기를 소원합니다.

나의 적용과 결단

'영의 기도'를 드리고 계십니까?

'영의 기도'를 드릴 때 당신의 두려움은 평안으로 바뀝니다

기도생활의 모든 측면을 이해하는 데 가장 중요한 것은 성령님이십니다. 이 점을 이해해야만 기도생활의 세세한 면을 환히 들여다볼 수 있고, 우리의 생각을 깨우치는 이론상의 문제는 물론, 기도의 사용과 훈련에 관한 실질적인 문제를 모두 해결할 수 있습니다.

아직 기도의 세계에 익숙하지 않다고 고백할 수밖에 없다면, 어린아이처럼 매일 조금씩 기도의 영이신 성령님을 구하기 바랍니다. 그러면 기도의 세계에서 놀라운 경험을 하게 될 것입니다. 그곳에는 우리를 위해 놀라운 일들이 많이 준비되어 있습니다.

기도의 사역이 무거운 짐으로 변하거나 기도에 싫증이 나거든 어린아이와 같이 단순하게 기도의 영이신 성령님을 구하십시오. 성경은 주님이 기도의 영을 부어주신다고 말씀합니다. 우리가 기도하고 싶은 마음과 태도를 가지려고 홀로 애쓰고 노력할 필요가 없습니다. 하나님과 멀어져 그분과의 교통이 막히고, 기도가 공허한 말로 변하거든 기도의 영이신 성령님을 구하십시오. 그러면 성령님이 기도를 가로막는 죄를 깨달아 고백하게 도와주시고, 그리스도를 보배롭게 여기게 만드시어 하나님과의 관계를 위협하는 죄를 선뜻 포기하게 이끌어주실 것입니다.

자기만족을 위해 기도를 사사로이 오용하려는 욕심이 느껴져 더 이상 기도할 용기가 나지 않을 때도 기도의 영이신 성령님을 구하십시오. 그러면 성령님이 기도의 참 의미와 목적을 가르쳐주시고, 무력한 가운데 있는 우리를 하나님의 마음(heart) 가까이 이끄시어 그분의 사랑으로 다시 뜨거워지게 하실 것입니다. 나아가 하나님의 뜻과 계획과 목적에 일치하는 것만을 구하게 해주실 것입니다.

기도의 문제가 도무지 해결할 수 없을 만큼 어려워 마치 입술이 얼어붙은 것처럼, 한마디도 기도할 수 없을 때도 기도의 영이신 성령님을 구하세요. 성령님은 우리가 무력할수록 기도할 수 있는 자격이 충분하고 기도 응답도 더 많이 체험할 수 있다는 사실을 일깨워, 기도의 가장 깊은 비밀을 알게 하실 것입니다.

기도의 영이신 성령님을 어린아이처럼 구하면 불가능하게만 여겨지던 기도생활에 조금씩 변화가 일어나기 시작합니다. 다시 말해, 우리가 의식하지 못하는 사이 기도가 분주하고 번잡스런 우리의 삶을 하나로 묶어주는 구심점 역할을 하게 됩니다.

하루 동안 이런저런 일을 경험하는 가운데 우리의 생각과 마음이 조용하고 자연스럽게 하나님을 향하고, 모든 일을 하나님께 아뢰고 싶은 마음이 생겨납니다. 기도의 전보를 띄워 도움을 구하는 요청서를 보냅시다. 하늘에 도착한 요청서는 차곡차곡 소중히 간직되어 하나님이 정하신 때에 응답될 것입니다.

기도 응답의 시기에 관심을 적게 기울일수록 우리의 기도생활은 더욱 자유로워질 것입니다. 장차 우리를 놀라게 할 일들이 벌어질 것입니다. 그런 삶을 살수록 더 많은 기도 응답을 체험할 것입니다. 우리의 일생이 기도와 기도 응답의 이야기로 꾸며질 것입니다.

《영의 기도》, 오 할레스비

129

이와 같이 성령도 우리의 연약함을 도우시나니 우리는 마땅히 기도할 바를 알지 못하나 오직 성령이 말할 수 없는 탄식으로 우리를 위하여 친히 간구하시느니라 롬 8:26

 주님, 모든 순간마다 성령님을 구하기를 원합니다. 제 삶의 모든 부분을 간섭하여 주시고 주인이 되어 주세요. 성령님의 도움으로 날마다 주님을 더 알아가며, 더 깊이 기도하는 자녀가 되도록 도와주소서.

나의 적용과 결단

당신은 기도로
거짓말을 하고 있다

기도를 하는데도 인격과 행동에 변화가 없다면?

기도는 인격을 형성하고 행동을 변화시키는 데 기여한다.

기도 없이도 인격과 행동의 도덕적 상태를 어느 정도까지 유지할 수 있다. 하지만 그리스도인 특유의 경건한 인격과 행동을 갖추려면 반드시 기도가 전제되어야 한다. 많이 기도할수록 그만큼 우리는 더 개선되고, 우리의 삶은 깨끗하고 선하게 변한다. 그리스도의 구속 사역의 목적은 그리스도인의 인격과 행동을 경건하게 만드는 것이다.

성경은 다음과 같이 가르친다. "그가 우리를 대신하여 자신을 주심은 모든 불법에서 우리를 구속하시고 우리를 깨끗하게 하사 선한 일에 열심 하는 친백성이 되게 하려 하심이니라"(딛 2:14).

기독교는 악인을 선인으로, 죄인을 의인으로 바꾸기를 원한다. 그런데 이런 목표를 달성하는 데 놀라운 능력을 발휘하는 것이 바로 기도이다. 기도 없이는 이런 초자연적인 변화가 일어날 수 없다.

악인이 선인으로 바뀌는 것은 우리가 행한 의로운 행위를 통해 가능한 것이 아니라, "오직 그분의 긍휼하심을 따라 중생의 씻음과 성령의 새롭게 하심"(딛 3:5)으로써 가능하다. 그리고 이런 감격적인 변화는 뜨겁고 지속적인 기도를 통해 이루어진다. 사람들의 마음속에 이런 변화를 일으키지 못하면서도 스스로 기독교라고 주장하는 것들은 망상이고 속임수이다.

참된 기도는 사람들의 인격과 행동을 변화시킨다. 이런 일은 실제로 무수히 많은 사람들에게서 일어났다. 사람들이 변하는 실제적인 증거를 볼 때, 우리는 기도가 하나님께로부터 왔다는 것을 믿지 않을 수 없다.

기도가 사람들의 인격과 행동을 변화시키는 일을 하듯이, 교회는 악인을 이끌어 선인으로 만드는 일을 한다. 교회는 이 땅에 있는 하나님의 영적 공장이며, 이 공장에서는 의로운 인격을 만들어내고 기른다. 이것이 교회의 일차적 사명이다.

교회가 첫 번째로 맡은 일은 새 교인을 등록시키고 성도의 숫자를 늘리고 헌금을 거두고 자선사업을 벌이는 것이 아니라 의로운 인격과 성결한 삶을 만들어내는 것이다. 무릇 생산품은 그것을 만들어낸 공장의 특징을 반영하고 그것의 성격을 결정한다. 의로운 목적을 가진 의로운 교회는 의로운 사람들을 만들어낸다.

기도는 깨끗한 마음과 순결한 삶을 창조한다. 의롭지 못한 행동은 기도하지 않을 때 생긴다. 의롭지 못한 행동과 기도하지 않는 것은 동전의 양면처럼 뗄 수 없는 관계에 있다. 죄를 짓는 것과 기도하는 것은 서로 양립할 수 없다. 둘 중에 하나는 사라질 수밖에 없다.

사람들로 하여금 기도하게 하라. 그러면 그들은 죄를 짓지 않을 것이다. 왜냐하면 기도하는 사람은 죄가 싫어지기 때문이다. 기도는 사람의 마음을 바꾸어놓기 때문에 기도하는 사람은 악행에 불쾌감을 느끼게 되고 거룩하고 고상한 일에 자꾸 끌리게 된다.

《기도의 심장》, E. M. 바운즈

율법이 육신으로 말미암아 연약하여 할 수 없는 그것을 하나님은 하시나니 곧 죄로 말미암아 자기 아들을 죄 있는 육신의 모양으로 보내어 육신에 죄를 정하사 육신을 따르지 않고 그 영을 따라 행하는 우리에게 율법의 요구가 이루어지게 하려 하심이니라 롬 8:3,4

기도
내가 쉽게 분노하고, 의롭지 못한 행동을 하고, 세상의 기준과 가치관에 따라 행동하고 있다면, 내가 기도하지 않고 있거나 내가 드리는 기도가 참된 기도가 아니라는 증거입니다. 제 마음에 행동에 변화가 있기를 소원합니다.

나의 적용과 결단

당신에겐 '순종학교'
졸업장이 꼭 필요합니다

순종학교는 필수코스입니다

그리스도께서는 땅에 있을 때 순종의 학교에서 배우셨다. 그리고 지금은 하늘에서 여기 이 땅에 있는 제자들에게 순종을 가르치신다.

불순종이 사망을 위해 통치하는 이 세상에서 순종을 회복시키는 것은 그리스도의 손에 달려 있다. 그리스도께서는 자신의 삶에서와 같이 우리 삶에서도, 우리 안에서도 순종을 유지시켜 주겠다고 약속하셨다. 그리스도께서는 우리에게 순종을 가르치시고 우리 안에 순종을 일으키신다.

그리스도께서는 우리 구원의 근원이 되기 위해 죽기까지 순종하셨다. 그리고 그리스도께서는 순종을 통한 구원의 근원으로서 지금 자신에게 순종하는 이들을 구원하신다.

구원의 본질이 그리스도께 순종하는 것이며, 그리스도께서는 '순종하시는 이'로서 자신에게 '순종하는 이들'인 우리를 구원하신다고 가르친다.

그리스도의 마음은 땅에서 고난 받던 과거이든지 하늘의 영광 가운데 있는 지금이든지 순종에 고정되어 있다.

그리스도께서는 순종을 배우셨다. 그리고 아버지에 대한 자신의 순종의 비밀을 설명하심으로써 지금 우리에게 순종을 가르치신다.

순종은 순간순간 이어지는 하나님과의 교제와 하나님의 역사를 지속적으로 의지하는 것이요, 아버지께서 말씀하시고 행하시고 보여주시는 것들을 보고 들은 것에 의지하는 것이다.

우리가 예수님처럼, 그리고 예수님을 통하여 언제나 하나님과 동행하며 그 음성을 들을 때, 하나님께서 우리에게 요구하시고 우리 안에서 일으키겠다고 약속하시는 순종을 하나님께 드리기 위해 애쓸 수 있다.

하늘의 순종이 예수 그리스도 안에서 인간의 순종이 되었다. 순종은 그리스도 안에서 우리의 상속권, 생명의 호흡이 되었다. 그러니 우리 주님께 단단히 매달리자! 그리스도의 지속적인 임재를 믿고 구하자!

우리의 구세주로서 순종을 배우신 그리스도, 우리의 스승으로서 순종을 가르치시는 그리스도와 함께하면 순종의 삶을 살아갈 수 있다. 그러므로 그리스도의 순종의 교훈을 아무리 진지하게 공부해도 결코 지나치지 않을 것이다.

그리스도의 순종이 우리의 구원이다. 우리는 그분, 살아계신 그리스도 안에서 순종을 발견할 수 있으며 삶의 순간순간 그리스도의 순종에 참여할 수 있다. 하나님께 기도하자! 그리스도와 그리스도의 순종이 어떻게 우리 삶의 일부가 될 수 있는지 깨우쳐달라고 뜨겁게 구하자!

우리를 그리스도께 모든 시간과 마음을 드리는 참 제자로 만들어달라고 구하자! 그러면 그리스도께서 아버지의 계명을 지키면서 아버지의 사랑 안에서 살아가셨던 것처럼, 우리도 그리스도의 계명을 지키며 하나님의 사랑 안에서 살아갈 수 있도록 가르쳐주실 것이다.

《순종학교》, 앤드류 머레이

그가 아들이시면서도 받으신 고난으로 순종함을 배워서 온전하게 되셨은즉 자기에게 순종하는 모든 자에게 영원한 구원의 근원이 되시고 히 5:8,9

 인간의 몸으로 이 땅에 오셔서 죽기까지 순종하신 예수님의 순종을 본받기를 원합니다. 날마다 주님과 교제하며 주의 뜻을 따르려는 의지를 가지고 겸손함으로 주님께 나아갑니다. 예수님의 순종이 오늘 나의 순종이 되게 하소서.

나의 적용과 결단

내게 네 마음을 다오,
너는 내 것이라

주인님께만 당신의 마음을 드려라

내 영혼아! 십자가에 못 박히신 주님의 옆구리로 들어가라. 그 거룩한 상처로 들어가 사랑 때문에 관통당하는 것을 허락하신 주님의 사랑의 심장에 이르고, 그 반석의 갈라진 틈새 안에서 이 세상의 풍파를 피하라. 그대, 하나님께 복 받은 자여! 들어가라. 왜 밖에서 주저하느냐?

그 심장 안에서 그대를 기다리는 것은 생수의 강이요 구원의 길이다. 그 안에 있는 하늘의 보고에서는 소생케 하는 향기가 한없이 흘러나온다.

그 안에는 그대를 노리는 원수의 매서운 눈길과 유혹들이 도달하지 못하는 안식처가 있다. 그 안에는 장차 임할 진노의 심판에서 그대를 구할 사랑과 자비가 있다.

주님의 심장 안에는 기름과 은총의 샘이 항상 흐르고 있으니, 진정으로 통회하며 찾아오는 죄인들은 언제나 궁휼을 얻는다.

그 안에는 거룩한 강의 근원이 있으니, 그 근원은 낙원의 중심에서 흘러나와 지면에 물을 주고, 목마른 영혼을 적셔주고, 죄를 씻어주고, 더러운 욕심을 없애주며, 분노를 가라앉혀준다.

그러므로 그 샘에서 흐르는 구주의 사랑을 마시고, 주님의 옆구리에서 흐르는 달콤한 위로의 포도주를 마셔라. 그리하면 그대는 더 이상 자기 안에서 살지 않고 그대를 위해 상처를 입으신 분 안에서 살게 될 것이다. 그대에게 심장을 열어 보이신 주님께 그대의 마음을 바치는 것이 마땅하다.

주님의 거룩한 상처 구멍으로 들어가 주님의 가장 깊은 곳까지 이르라. 주님은 그대에게 들어오라고 초대하시며 주님 안에 머물라고 부탁하신다. 그대가 주님께 마음을 드린다면, 그대는 주님이 가장 기뻐하시는 선물을 드리는 것이다.

오직 주님께만 마음을 드려라. 주님께 드리고 세상에게 주지 말라. 영원한 지혜이신 분께 드리고 무익한 세상 철학에게 주지 말라.

그리스도께서 자신이 창에 깊이 찔려 옆구리에 큰 구멍이 나도록 허락하신 것은, 그대가 사랑의 주님의 심장(마음)에 쉽게 이르도록 하시기 위함이다. 그리고 그대가 하나님의 아들 안으로 깊이 들어가 참된 마음으로 주님과 연합하도록 하시기 위함이며, 그대의 모든 감정이 주님을 향하도록 하시기 위함이다. 또한 그대가 주님의 영광을 구하는 일심으로 모든 일을 행하고, 오직 주님만을 기쁘게 해드리려고 노력하고, 온 힘과 온 뜻을 다해 주님을 사모하도록 하시기 위함이다.

그대가 가장 편하게 안식하고 가장 안전하게 거하고 가장 안락하게 잠잘 수 있는 곳은, 그대를 위해 십자가에 못 박히신 그리스도의 상처 안이다. 그리고 삶의 최고 지혜와 지식을 얻을 수 있는 곳은 그대를 위해 고난당하신 그리스도의 심장이다. 거기로부터 생수의 샘이 흘러나온다.

그대의 사랑이 미지근해질 때 그 사랑의 불을 즉시 켤 수 있는 곳, 이 세상의 시끄러움을 피할 수 있는 곳, 마음의 안정과 힘을 다시 얻을 수 있는 곳, 그곳은 바로 그대를 위한 사랑 때문에 창에 찔리신 그리스도의 심장 속이다.

《주인님, 나를 바칩니다》, 토마스 아 켐피스

너희가 내게 부르짖으며 내게 와서 기도하면 내가 너희들의 기도를 들을 것이요 너희가 온 마음으로 나를 구하면 나를 찾을 것이요 나를 만나리라 렘 29:12,13

기도   주님, 내 마음이 주인 되시는 예수님에게서 멀어지려 했던 것을 용서하옵소서. 더 이상 주님이신 예수님을 버리고 도망가는 삶을 살지 않도록 오늘도 저를 붙들어주소서.

나의 적용과 결단

주님, 그건 제 스타일이 아닌데요

체질과 관점이 다른 것을 만날 때 진정한 순종을 검증받는다

나는 아직 한 번도 가보지 않은 하나님의 나라를 걸고 싶었다. 한 번뿐인 인생을 작은 삶의 울타리 속에서 나 자신의 영적인 문제와 짐에 얽매여 허덕이다가 간다는 것은 주님을 모독하는 일이라고까지 생각했다. 그래서 아침마다 하나님나라의 유업과 주께서 행하시는 그 역사로 인도해달라고 성령님께 구했다.

"천국은 마치 밭에 감추인 보화와 같으니 사람이 이를 발견한 후 숨겨 두고 기뻐하며 돌아가서 자기의 소유를 다 팔아 그 밭을 사느니라"(마 13:44).

나는 이 말씀을 너무나 사랑했다. 하나님의 나라는 감추어져 있다. 그래서 잠언에도 "일을 숨기는 것이 하나님의 영화요 일을 살피는 것은 왕의 영화"(잠 25:2)라고 기록한 것이다. '진정으로 그리스도의 피로 구속된 왕 같은 제사장은 누구인가? 아버지의 감추인 영광을 찾아내는 자다.' 이렇게 생각하며 내 모든 소유를 팔아서라도 그것을 사야겠다는 마음으로 충만했다.

"누가 여호와의 회의에 참여하여 그 말을 알아들었으며 누가 귀를 기울여 그 말을 들었느냐"(렘 23:18). 그날 나는 이 말씀을 깨달았다. 하나님 보좌 앞에서는 그 나라를 경영하기 위한 전략회의가 항상 열리고 있다. 거기서 결정된 보화처럼 놀라운 것들을 땅에서 찾아내고 이루어낼 백성들을 성령님은 늘 찾고 계신다.

스가랴서에서 "여호와께서 땅에 두루 다니라고 보내신 자들"(슥 1:10)이라는 말씀을 읽었다. 그들은 왜 온 땅을 두루 다니는가. 하나님의 나라를 구하는 자들을 찾아다니는 것이다. 나는 그런 자로 성령님께 발견되고 싶

었다. 그래서 여호와의 회의에서 채택된 하늘의 전략을 열어달라고 얼마나 구했는지 모른다. 놀랍게도 그 몇 달 후에 갑자기 《하늘의 언어》라는 책이 열렸다. 그것은 전혀 생각하지 못한 일이었고, 내 체질에 맞지 않는 낯선 지경이었다. 그러나 《가난한 자는 복이 있나니》와 함께 내 생을 송두리째 바꾼 놀라운 책이 되었다.

《하늘의 언어》는 성령의 은사, 그것도 비판거리가 되기도 하는 방언에 대한 것이었다. 그것은 내 스타일과는 전혀 어울리지 않았다. 그때까지 나는 나름 진실한 그리스도의 풍경을 찾아 나서는 지성적인 순례자라고 인식하고 있었다. 그런데 방언의 은사를 나누라니!

처음에는 이 일이 결코 마음에 깊이 들어오지 않았다. 그러나 곧 이것이 내가 날마다 구했던 창조의 영이라는 것을 깨달을 수 있었다. 그렇기에 내 체질과는 너무나 다른 것이지만 순종하기로 마음먹었다.

"순종이 제사보다 낫다"는 그 말씀이 내 안에서 계속 메아리쳤다. 결국 나는 내 자아를 부인하고 말씀에 순종했다. 내 마음이 즐겁지 않고, 내게 유익이 없어 보이고, 내 이성과 체질에 맞지 않아도 주님이 명하신 것에 엎드리기로 작정했다. 자신에게 익숙하지 않은 것, 체질과 관점이 다른 것을 만날 때 우리는 진정한 순종을 검증받는다. 하나님의 나라는 이처럼 내 자아가 완전히 부인되지 않고서는 결코 열리지 않는다.

137

《하나님의 심장》, 김우현

사무엘이 이르되 여호와께서 번제와 다른 제사를 그의 목소리를 청종하는 것을 좋아하심 같이 좋아하시겠나이까 순종이 제사보다 낫고 듣는 것이 숫양의 기름보다 나으니 삼상 15:22

세상 어떤 것보다 주님의 나라를 귀한 보화로 삼고 주의 말씀에 귀 기울이겠습니다. 내 마음이 즐겁지 않고, 내게 유익이 없어 보이고, 내 이성과 체질에 맞지 않아도, 주님이 명령하시면 엎드리기로 작정하겠습니다.

나의 적용과 결단

남김없이! 후퇴없이! 후회없이!

제자의 삶을 살았던 그가 죽고 그의 성경책에서 발견된 세 문장

윌리엄 와이팅 보든은 오늘날로 따지면 수십억 달러 가치에 달하는 낙농 그룹 보든 가(家)에서 태어났다. 하지만 그는 예수님의 제자로만 기억되기를 원했다. 예일대학교와 프린스턴신학대학원을 졸업하고 그 학위도 뒤로 하고 억만장자의 길도 포기했다. 바울이 그랬듯, 그가 가진 모든 것을 배설물처럼 여긴 것이다. 그의 삶의 유일한 자랑거리는 예수님 한 분뿐이었다.

예일대에 들어가기 전, 일 년간의 세계 일주를 통해 복음을 아직 듣지 못한 이들에게 예수 그리스도가 얼마나 필요한지 절실히 깨달았다. 그는 결단한다. 세계 선교로 부르시는 주님의 음성을 듣고 중국 간쑤성에 복음을 전하기로. 그에 앞서 아랍어를 배우고 이슬람 문화를 배우기 위해 갔던 이집트에서 그만 척수막염에 걸리고 말았다. 그리고 한 달 뒤, 스물다섯의 아까운 나이에 세상을 떠났다.

그의 이야기는 미국의 거의 모든 신문에 보도되어 그리스도를 위한 증거가 되었다. 세상 사람들의 눈에 '무의미한 낭비'로 보일 수도 있는 그의 죽음은 영원한 가치를 따라서 살아야 한다는 메시지를 그의 세대에 던졌다. 제자의 삶을 살았던 그가 죽고 그의 성경책에서 발견된 세 문장.

남김없이! 후퇴없이! 후회없이!

보든의 낡은 수첩에는 그의 믿음이 담긴 문구가 이렇게 적혀 있었다.

"언제나 자신에게는 '노'(No)라고 말하고, 예수님께는 '예스'(Yes)라고 말하라."

이것이 힘든가? 힘들게 오르는 가파른 길인가? 그러나 이 길을 가는 모든 사람에게 예수님은 바로 곁에서 동행해주신다. 내가 아무리 많은 것을 포

기했다 할지라도 그분의 임재가 보상해준다.

모든 사람의 마음속에는 보좌와 십자가가 있다. 예수님이 보좌에 앉으시면 나의 자아는 십자가에 달린다. 그러나 나의 자아가 보좌에 앉으면 예수님이 십자가에 달리신다. 예수님이 보좌에 앉으시면 나는 예수님이 인도하시는 곳으로 따라가게 된다. 보좌에 앉으신 예수님은 나의 삶의 모든 부분과 모든 사역을 영화롭게 하신다.

예수님이 보좌에 앉아계신데 네게 갈증이 있다면 마셔라. '마신다'는 지극히 단순한 동작은 '받는다'는 것을 의미한다. 성경에 "예수께서 서서 외쳐 이르시되 … 나를 믿는 자는 성경에 이름과 같이 그 배에서 생수의 강이 흘러나오리라 하시니 이는 그를 믿는 자들이 받을 성령을 가리켜 말씀하신 것이라"(요 7:37-39)라는 말씀이 나온다. 믿으면 알게 된다. 그분의 말씀이 있기 때문이다. 유혹을 이기고 예수님을 증언할 능력이 네게 있다는 것을 어떻게 알 수 있는가? 그분의 말씀을 믿으면 알 수 있다! 믿는 자에게는 그분의 말씀이 온전히 이루어진다.

앞으로는 "주 예수님! 저는 제 삶에서 손을 떼겠습니다. 주님께 제 마음의 보좌를 드립니다. 주님의 뜻대로 저를 변화시키고 깨끗하게 하고 사용하소서. 성령의 능력을 온전히 받아들입니다. 감사합니다"라는 기도를 자주 드려라. 주님의 인도를 알려면 끝까지 기다려야 한다.

《남김없이. 후퇴없이. 후회없이》, 하워드 테일러

또한 모든 것을 해로 여김은 내 주 그리스도 예수를 아는 지식이 가장 고상하기 때문이라 내가 그를 위하여 모든 것을 잃어버리고 배설물로 여김은 그리스도를 얻고 그 안에서 발견되려 함이니 내가 가진 의는 율법에서 난 것이 아니요 오직 그리스도를 믿음으로 말미암은 것이니 곧 믿음으로 하나님께로부터 난 의라 빌 3:8,9

 주 예수님! 저는 제 삶에서 손을 떼겠습니다. 주님께 제 마음의 보좌를 드립니다. 주님의 뜻대로 저를 변화시키고 깨끗하게 하시고 사용하소서. 성령의 능력을 온전히 받아들입니다.

나의 적용과 결단

하나님, 자꾸 이러시면
손해보시는 겁니다

왜 나를 이런 환경 속에 묶어두십니까?

나는 아내가 아이를 낳기 직전과 그 후 3개월 동안 꼬박 집안일에 전념하며 아내와 아이들을 돌봐야 했다. 그 일이 익숙해지면서 주부 습진이 무엇인지, 좋은 고무장갑이 왜 필요한지를 비로소 이해할 정도가 되었다. 아이들과 가까워질 수 있는 이 기간을 오히려 충분히 기쁨으로 누리자고 마음을 다잡기도 했다.

그러면서 한 편으로 느낀 것은 집안일이라는 게 하루 종일 해도 별로 표가 나지 않는다는 사실이었다. 다람쥐 쳇바퀴 도는 듯한 일상이 이어지는 것을 느낄 때면 내가 제대로 시간을 사용하고 있는 것인지 의문이 들기도 했다. 어느덧 몸이 피곤해서 새벽 기도도 못하고 개인 경건의 시간도 놓치고 성경책을 손에 놓은 지도 오래된 느낌이었다. 기껏해야 막내 아이를 재우면서 기도하는 것이 그 날 내 기도의 전부가 되는 날도 있었다. 나 자신을 자책하면서 내 안에 질문이 솟아오르곤 했다.

"하나님, 제가 지금 잘 가고 있는 건가요? 이렇게 시간을 허비해도 좋은 건지요? 내가 꽁꽁 묶인 느낌입니다." 그럴 때면 하나님이 이렇게 대답하시는 것 같이 느껴지곤 했다. "난 네가 그렇게 집안일하고 있는 게 좋단다. 그 일이 네게 의미 있고 중요한 일이란다."

하지만 나는 하나님께서 내게 넷째 아이를 주심으로 내 시간을 너무 낭비하게 하시는 것이 아닌가 하는 의구심이 들었다.

"하나님, 지금 손해 보시는 것 아니세요? 제가 한창 일할 시기에 지금 이대로 썩고 있는 느낌이 듭니다. 글을 쓸 일도 많은데 손 놓고 있고요. 집회와 사역 준비도 못하고 있습니다." 하나님은 묵묵부답이셨다. 마치 이렇게 말씀하시는 것 같았다. "네게 필요한 일이란다. 이 시간을 잘 이기면서 또 누리는 법을 배우려무나."

돌아보니 하나님의 시간 계산법은 나의 계산법과는 크게 달랐다. 어떤 시기에는 하나님께서 분(分) 단위로 중요한 사람들을 만나게 하시며 중요한 일들이 이루어지게 하시는 것을 보았다. 그런가 하면 어떤 때는 벽에 가로 막혀 한 치도 나아가지 못하고 한 자리에 머물러 있게 하실 때가 있다. 그때는 모든 방법이 허사가 되고 옴짝달싹 못하고 갇혀 있는 듯한 상황 속에서 인내하며 기다리고 있어야 한다.

실은 이 두 가지 상황 모두가 하나님 방식에 나를 맞추도록 조율하시는 하나님의 인도하심이다. 하나님이 나를 꽁꽁 묶어놓으신다고 느꼈던 순간이 실은 하나님께서 조용히 일하고 계시는 순간이었다.

현대의 경쟁 사회 속에서 이러한 기다림을 연습한다는 것은 어쩌면 자신을 죽이는 일일지 모른다. 또한 자신이 죽어야 이러한 기다림이 가능할 것이다. 그리고 이 기다림 뒤에는 무한한 하나님에 대한 신뢰가 전제된다. 아무리 힘든 일 가운데 있더라도 하나님 안에서 그것이 가진 의미가 분명해지고 내 안에 그분의 사랑이 부어지는 것을 느낀다면, 우리는 그 환경 전체를 축복의 패키지로 받아들일 수 있게 된다. 우리에게 주어진 그 모든 환경과 상황을 낭비하지 않기를 소망한다.

《떠남》, 이용규

하나님이 모든 것을 지으시되 때를 따라 아름답게 하셨고 또 사람들에게는 영원을 사모하는 마음을 주셨느니라 그러나 하나님이 하시는 일의 시종을 사람으로 측량할 수 없게 하셨도다
전 3:11

 기도

주님이 함께하시면 어떤 시간도 무의미하지 않습니다. 내 마음을 초조하게 하는 것들로부터 벗어나 다시금 주님의 뜻을 구하며 주님의 인도하심을 신뢰하도록 도와주옵소서.

나의 적용과 결단

성령충만을 정말로
원하십니까?

성령충만이 하나님께 완전히 무조건 순종하는 것이라고 해도 구하겠습니까?

많은 성도들이 성령충만을 구합니다. 하지만 성령님께 완전히 복종하는
것을 두려워합니다. 힘든 일이라고 여깁니다. 이것은 거짓으로 성령충만
을 구하는 것입니다. 성령충만이란 성령님께 완전히 순종하는 것을 말합
니다. 그러므로 성령충만이 어려운 것이 아니라 "하나님께 완전히 복종하
리라!"고 하는 결심이 어려운 것입니다.

당신은 성령충만이 성령님께 완전히 복종하는 것이라고 해도, 성령충만
을 구하겠습니까? 하나님께서 명령하시는 것이라면 무조건 순종할 결심
이 섰습니까? 모든 죄를 다 끊고 살겠습니까? 모든 음란한 영화, 잡지, 책
들을 다 멀리하겠습니까? 욕심도, 거짓말도, 싸움도 다 끊겠습니까? 이런
결심을 하려고 할 때, 혹시 마음이 슬프고 무슨 재미로 사나 하는 생각이
들지는 않습니까?

물론, 하나님께 완전히 순종한다는 것은 우리 힘으로 할 수 없는 일입니
다. 하나님께서 그 힘을 주시지 않으면 못합니다. 그러나 하나님께 완전
히 순종하고 싶은 마음과 소원이 없으면 하나님께서 그 힘을 주실 수 없습
니다. 순종하고자 하는 마음을 드리면, 그때 우리는 하나님의 능력으로 하
나님께 완전히 순종하게 되는 것입니다. 예를 들면, 자신의 힘으로는 용서
할 수도 없고 사랑할 수도 없는 사람이 있다고 합시다. 그때, "나는 용서
할 수 없어요. 사랑할 수 없어요"라는 것과 "하나님, 용서하겠으니 힘을
주세요. 사랑하기 원하니 힘을 주세요"라고 하는 것은 다른 문제입니다.

우리는 하나님을 믿는다고 하면서도 진짜 좋으신 하나님이신 것을 믿지
못하고 있습니다. 아니라고 하지만 우리 안의 두려움이, 우리가 하나님을
어떻게 생각하는지 반증해줍니다. 하나님을 내가 좋아하는 것을 빼앗아

가시는 분, 나를 고생스럽게 하시는 분, 하기 싫은 것을 억지로 시키시는 분으로 여기고 있음을 드러냅니다. 그래서 하나님께서 시키시는 것이면 무엇이든지 다 하겠다고 결단했다가는 큰일 난다고 생각하고 진작 할 수 있는 만큼만 하자고 마음먹었는지도 모릅니다. 이런 우리 모습을 보시며 주님의 가슴이 얼마나 아프시겠습니까?

성령충만을 받고 나서 그때 비로소 깨달은 사실이 있습니다.

"내가 머리 굴리고 계산기 두드려보고 요모조모 따지며 살아왔는데 결국은 그게 아무것도 아니었구나. 아버지의 선하심을 믿고 온전히 순종하지 않아 순적한 인생을 살지 못했구나."

그래서 성령충만을 받은 사람은 이렇게 고백할 수밖에 없습니다.

"하나님, 이제는 제가 하나님만 믿습니다! 하나님의 말씀에 순종하겠습니다. 성령님, 제게 말씀해주세요. 온전히 순종하겠습니다. 이제 저는 예수님 한 분이면 충분합니다!"

이때 비로소 하나님께서 그 사람의 삶을 인도하실 수 있습니다. 그 사람의 마음에 마침내 온전한 순종에 대한 결론이 났고 온전한 순종을 바칠 채비가 되었기 때문입니다. 성령충만은 하나님께 온전히 순종하고자 하는 사람에게 부어주시는 하나님의 응답이기 때문에 그렇습니다.

《나는 죽고 예수로 사는 사람》, 유기성

143

그러므로 형제들아 우리가 빚진 자로되 육신에게 져서 육신대로 살 것이 아니니라 너희가 육신대로 살면 반드시 죽을 것이로되 영으로써 몸의 행실을 죽이면 살리니 무릇 하나님의 영으로 인도함을 받는 사람은 곧 하나님의 아들이라 롬 8:12-14

기도

하나님, 제 심령이 온전히 성령님께 굴복하기를 진심으로 소원합니다. 성령님께서 찔림을 주시고 깨우침을 주실 때, 민감하게 반응하며 순종하기로 결단합니다. 성령님, 힘 주시고 도와주세요.

나의 적용과 결단

당신 인생을 향한
하나님의 뜻을 알고 싶나요?

당신을 향한 완전하고 최종적인 뜻을 기대하고 계십니까?

하나님께서는 하나님의 뜻을 인간에게 계시하시고, 인간은 순종과 불순종을 선택하게 된다. 그리고 우리 각자에게 개인적으로 계시되는 하나님의 뜻의 계시의 분량과 명확성은 우리의 이런 순종 행위에 크게 좌우된다. 순종하는 영혼에게는 그 계시의 빛이 언제나 더욱더 분명해진다. 하나님의 뜻을 행하려는 사람은 하나님의 가르침을 알게 될 것이라고 그리스도께서 말씀하시기 때문이다.

"사람이 하나님의 뜻을 행하려 하면 이 교훈이 하나님께로부터 왔는지 내가 스스로 말함인지 알리라"(요 7:17).

반면에 순종하지 않는 이들에게는 그 빛이 점점 희미해진다. 그래서 결국 어두운 산속에서 실족하게 되고, 하나님께서 자기들에게 하나님의 뜻을 계시하지 않으신다고 생각하기에 이르며, 진리가 분명히 있음에도 "빛보다 어둠을 더 사랑하여"(요 3:19) 눈이 멀어버린다.

하지만 하나님께서는 이렇게 불순종의 길을 걷다가 그리스도 안에서 다시 태어난 이들에게 하나님의 뜻을 다시 계시하신다. 이때에 하나님께서는 그런 이들의 인생을 위한 완전하고 최종적인 삶의 프로그램으로서가 아니라 '즉각적인 순종을 요구하는 명령'으로서 하나님의 뜻을 계시하신다.

또한 그런 이들이 순종의 길을 걸은 이후에 비로소 그들의 인생 항로에 관계된 계시들을 베푸신다. 따라서 새 생명의 길로 첫 발걸음을 내딛는 영혼들은 다음과 같이 말하게 된다.

"한 걸음씩만 보입니다. 제가 보아야 하는 것이 그것뿐이기 때문입니다!"

다소의 사울이 그리스도인들을 체포하러 가다가 오히려 예수 그리스도께

체포되었을 때 그리스도께서 그에게 하신 말씀에는 장차 그가 이방인의 사도가 될 것이라는 말, 십자가를 전하는 가장 강력한 종이 될 것이라는 말, 교회의 가장 위대한 신학자가 될 것이라는 말이 들어 있지 않았다.

그때 그리스도께서는 "너는 일어나 시내로 들어가라 네가 행할 것을 네게 이를 자가 있느니라"(행 9:6)고만 말씀하셨다.

그리스도께서는 단지 그의 행동의 다음 단계를 표시해주셨고 그가 그것에 순종했을 때 그를 향한 하나님의 또 다른 뜻을 계시하셨다.

그는 계속하여 순종의 길을 걸었고, 마침내는 나는 선한 싸움을 싸우고 나의 달려갈 길을 마치고 믿음을 지켰으니(딤후 4:7)라고 고백하는 데까지 이르렀다.

그는 순종의 길을 걸으며 완전한 빛이 있는 곳, 완전한 생명이 있는 곳을 향하여 나아갔다. 당신의 인생을 향한 하나님의 뜻을 알고 싶거든 순종의 길을 걸어라!

《하나님의 뜻》, 캠벨 몰간

우리가 당신을 우리 하나님 여호와께 보냄은 그의 목소리가 우리에게 좋든지 좋지 않든지를 막론하고 순종하려 함이라 우리가 우리 하나님 여호와의 목소리를 순종하면 우리에게 복이 있으리이다 하니라 렘 42:6

기도 주님, 자아의 신념과 두려움을 접고, 순종으로 주의 말씀을 따르겠습니다. 순종할 때에 주의 성령이 저와 함께 하심을 믿습니다. 어둠 가운데 빛으로, 의의 길로 인도하여주옵소서.

나의 적용과 결단

하나님이 당신에게
요구하시는 딱 한 가지

우리가 꼭 지켜야 할 믿음은?

어느 날 청년 리더들과 함께 모였을 때 한 청년이 이렇게 기도했다고 합니다. "하나님, 하나님께서 이 문제를 해결해주세요. 그래서 모든 사람들이 하나님이 모든 사건의 해결자이심을 보여주십시오!" 그렇게 열심히 기도했는데 상황은 계속 어려워지고 해결의 기미는 보이지 않는 상황에서 하나님을 원망하는 마음이 점점 더 깊어져가고 있었다고 합니다.

그러다 문득 '하나님의 방법은 내가 생각하는 것과 다르구나. 하나님의 방법이 뭔지 내가 알지는 못하지만 하나님께서는 우리에게 신뢰를 요구하시는구나'라는 것을 깨닫게 되었다고 합니다.

요셉은 형들의 배신으로 애굽에 노예로 팔려갔습니다. 그곳에서의 삶도 그리 평탄하지 않았습니다. 급기야 모함을 받아 감옥에 갇히는 신세가 되고 말았습니다. 오랜 세월 남의 집에서 노예 생활을 하다가 이제 감옥신세까지 지게 된 요셉은 자신의 삶에 일어나는 고통스러운 사건들을 통해 하나님이 이루고자 하시는 것이 무엇인지 도무지 알 수 없었습니다. 그러나 그 시간에 하나님이 요셉에게 요구하셨던 것은 딱 한 가지였습니다. 그것은 하나님에 대한 믿음이었습니다. 모든 것을 선하게 인도하시는 하나님, 우리의 고통과 아픔과 눈물까지도 아름답게 바꾸시는 하나님에 대한 신뢰를 요구하신 것입니다.

베드로의 생애를 통해서도 주님은 동일한 것을 요구하셨습니다. 주님의 뜻을 미처 다 깨닫지 못했던 베드로는 실수도 참 많이 했습니다. 유독 베드로만 성격이 급해서 실수를 많이 한 것이 아닙니다. 다른 제자들도 다 마찬가지였습니다. 성경이 베드로를 예로 삼아 더 자세히 기록했을 뿐입니다.

성격이 차분한 바울은 베드로와 같은 실수를 하지 않았을까요? 아닙니다. 덤벙대는 사람이나 차분한 사람이나 인간은 다 죄인이기 때문에 달라질 것이 아무것도 없습니다.

우리 역시 마찬가지입니다. 우리는 평소 어떤 기도를 하나님께 올려드립니까? "하나님, 우리 가족이 편하게 살 수 있는 아파트 하나 주시고, 우리 아이 대학에 붙게 해주시고, 새로운 차를 살 수 있게 해주시고…."

우리가 날마다 구했던 것들이 이런 것들 아닙니까? 성경은 그런 우리를 향해 "자기가 하는 말을 자기도 알지 못하더라"라고 책망합니다. 순교지에 뿌려진 피를 바라보면서 우리는 무엇을 생각해야 합니까? 그들의 피가 그 땅에 뿌려져야 했던 이유가 도대체 무엇이란 말입니까?

그들이 전하고자 했던 예수 그리스도가 그토록 존귀한 분이 아니라면, 그들의 피와 맞바꾸어도 결코 아깝지 않을 만큼 주께서 존귀한 분이 아니라면, 이 땅에 존재하는 가장 존귀한 보배가 예수 그리스도 그분의 이름이 아니라면 그 사건은 설명할 길이 없습니다. 만약 그렇다면, 예수 그리스도의 이름이 그토록 귀한 것이 아니라면 하나님은 없는 것입니다. 하나님은 무능한 것입니다. 그러나 그렇지 않다는 것을 우리 모두가 알고 있지 않습니까? 그렇다면 우리가 가져야 할 태도는 오직 하나입니다. 하나님은 언제나 변함없이 신실하시다는 사실을 굳게 믿는 믿음입니다!

《십자가 없이 영광은 없다》, 박은조

내가 주는 물을 마시는 자는 영원히 목마르지 아니하리니 내가 주는 물은 그 속에서 영생하도록 솟아나는 샘물이 되리라 요 4:14

우리를 둘러싼 상황은 변하지 않을 때, 하나님이 이루고자 하는 것이 무엇인지 우둔한 우리는 도무지 알 수가 없습니다. 하지만 하나님은 언제나 변함없이 신실하시다는 사실을 굳게 믿는 믿음을 지킬 수 있도록 도와주세요.

나의 적용과 결단

당신의 앞으로 계획과
비전은 무엇입니까?

요즘 만나는 사람마다 내게 이런 질문을 한다

2005년부터 만 8년 동안 쉬지 않고 그분께 순종하며 달려왔다. 어느 곳이든 어떤 상황이든 그분이 원하시면 악기를 들었다. 그렇게 전 세계 80여 개국을 다녔고, 최근 2년 동안은 일본에서 200번 가까운 연주를 했으며, 하루에 아홉 번이나 연주한 적도 있다.

스위스에서 DTS를 하는 기간에 전도 여행 중 천식 때문에 쓰러져서 허름한 병원 응급실에 실려 간 적도 있었다. 지금도 폐의 64퍼센트밖에 쓰지 못해서 연주할 때 힘이 많이 든다. 몇 년째 천식 약을 먹고 있는데 이 약이 우울증과 함께 불면증을 유발해서 연주를 마치고 몸이 극도로 피곤해도 쉽게 잠이 들지 못한다.

맹장 수술과 어렸을 때 맞아서 휜 코를 확장시켜 주는 수술을 동시에 하는 바람에 두 번의 전신마취를 한 후 깨어난 이틀 뒤에 병원에 각서를 쓰고 나와서 연주를 했고, 오른쪽 무릎 십자인대가 끊어진 다음 날도 중국에 가서 연주를 했다. 그리고 신종플루에 걸려 6일 동안 사경을 헤매고 난 다음날, 병원에서 바로 모스크바로 가서 연주를 했고, 천식 치료 중에 50도가 넘는 아프리카 남부 수단에 가서도, 동남아에서 물을 잘못 마셔 급성 장염에 걸렸을 때도 연주를 했다. 한번은 하루에 다섯 번의 연주를 끝낸 뒤 거의 탈진 상태로 있을 때, 누군가 내게 말했다.

"정말 수고하셨어요. 하나님께서 솔나무 집사님을 더욱 크고 높게 해주실 거예요."

내가 대답했다.

"이미 크고 높고 위대하신 하나님을 따라가는 자가 그게 무슨 소용이 있나요?"

그리고 마음으로 고백했다.

'예수님, 저는 천국에 가서 당신을 바라볼 수 있다는 것만으로도 모든 상급을 다 받은 자입니다. 나의 사랑, 예수님!'

요즘 만나는 사람마다 내게 비슷한 질문을 한다.

"솔나무님, 자기관리는 어떻게 하시나요? 앞으로 특별한 계획이나 비전이 있나요?"

나의 대답은 늘 같다.

"하나님의 시각으로 보기 시작하는 것이 비전이고, 그분께 순종하는 게 제 계획이에요. 그리고 최선의 자기관리는 쉬지 않고 복음을 전하는 것입니다."

정말이다. 쉬는 순간 딴생각이 들어온다. 이전에 나는 하나님의 일이 아닌 쓸데없는 것에도 죽을 만큼 열정적이었다. 최소한 아니, 그보다 더 예수님을 사랑해야 내가 천국에 가서 그분의 품에 편히 안길 수 있지 않을까!

나는 죽는 날까지 주님께 순종하는 것이 비전이다. 주님이 필요하실 때 나를 그분의 도구로 내어 드리는 것, 내가 죽고 예수 그리스도만 사시는 것이다. 그 마음을 잃지 않았으면 좋겠다.

149

《하나님의 연주자》, 송솔나무

오직 여분네의 아들 갈렙은 온전히 여호와께 순종하였은즉 그는 그것을 볼 것이요 그가 밟은 땅을 내가 그와 그의 자손에게 주리라 하시고 신 1:36

주님, 나의 계획보다는 주님의 말씀을 먼저 따르고, 나의 생각보다는 주님의 시선으로 바라보고 순종하며 주의 길을 따르겠습니다.

나의 적용과 결단

OBEDIENCE and DEDICATION

이제 '진짜 인생'을
시작해보세요

하나님을 믿고 도전의 발걸음을 떼는 순간, 진짜 인생이 시작된다

일본 최고의 석학 중 하나로 꼽히는 세계적 미래학자 오마에 겐이치(大前研一)는 일본 경제가 쇠락한 핵심 원인으로 도전 의식의 결여를 지적했다. 이는 일본만의 문제는 아니다. 한국 사회에도 그런 조짐들이 보인다. 각종 국가고시나 임용고시, 의대 입시의 경쟁률이 실로 엄청나다. 적성과 비전은 온데간데없고 오직 안정적인 직장이라는 이유에서다.

그런 의미에서 누가 보기에도 안정적인 기반을 인생 전반전에 다져놓고도 하나님의 말씀 한마디에 미지의 땅으로 떠난 아브라함의 도전 정신은 정말 경탄스럽다.

"내가 네게 보여줄 땅으로 가라"라는 명령은 참으로 황당한 것이었다. '보여준 땅'도 아니고 '보여줄 땅'이다. 요즘처럼 내비게이션도 없고 최첨단 지도도 없다. 그야말로 아브람은 "갈 바를 알지 못하고 나갔던 것"(히 11:8)이다.

하나님은 친절하고 장황하게 이유를 설명하거나 지침을 하달하지 않으셨다. 그저 "나를 믿고 가라, 그러면 복을 받을 것이다"라는 약속을 주셨을 뿐이다. 그런데도 아브람은 순종했다. 언제, 어디로, 왜, 어떻게 가야 하는지 아무것도 모르는 상태에서 아브람은 하나님의 명령에 순종했다. 믿음은 모든 것이 불투명한 상태에서도 하나님 말씀만 의지하여 가는 것이다. "믿음은 바라는 것들의 실상이요 보이지 않는 것들의 증거니"(히 11:1).

하나님을 제대로 체험하면 엄청난 헌신도 갈등 없이 한다. 아브람은 지체 없이 하나님 명령대로 자신의 고향 갈대아 우르를 떠나 약속의 땅으로 힘찬 발걸음을 옮겼다. 적어도 처음에는 그랬다. 그러나 아브람이 아버지 데라와 조카 롯까지 데리고 갈대아 우르를 떠나 약속의 땅으로 이동하기

시작하여 1천 킬로미터가 넘는 험난한 길을 여행하다가 하란에 도착하면서부터 문제가 생겼다.

성경은 아브람이 아버지 데라가 죽을 때까지 몇 년이나 거기에 머물렀다고 한다. 비전의 여정에서 우리를 중단시키는 것은 우리가 익숙하던 옛 사람의 기억이다. 그래서 헌신은 하되 적당한 선에서 타협하게 한다.

"갈대아 우르를 떠나 1천 킬로미터나 왔으면 됐지 뭐, 여기 하란이 약속의 땅이라고 생각하면 되지 않나? 이만하면 좋잖아."

하나님의 사람은 이 유혹에 속으면 안 된다. 중간 지점인 하란에 주저앉아 있는 아브람을 하나님은 야단치지 않으시고 다시 찾아오신다. 그리고 처음 갈대아 우르에서 주셨던 말씀을 다시금 들려주시며 떠나라 하신다. 말씀을 듣고 아브람은 정신을 번쩍 차렸다. 약속의 땅으로 가는 사명을 완주해야 함을 깨달은 것이다.

비전의 길은 결코 쉽지 않을 것이다. 새롭고 힘든 도전들이 밀려올 것이다. 그러나 진짜 서글픈 삶은 실패가 두려워서 불안한 현실에 안주하며 아무것도 시도하지 않는 삶일 것이다. 그것은 결코 살아도 사는 것이 아니다. 하나님을 믿어 모든 것을 걸고 약속의 땅으로 떠났던 아브람의 용기와 결단이 우리 모두에게 있어야 한다.

151

《다시 가슴이 뛴다》, 한홍

여호와께서 아브람에게 이르시되 너는 너의 고향과 친척과 아버지의 집을 떠나 내가 네게 보여줄 땅으로 가라 창 12:1

기도

모든 것이 불투명한 상태에서 하나님 말씀만 의지하여 가는 믿음의 순례길에 저도 함께하기를 원합니다. 주님을 신뢰함으로 결단하게 하시고, 모든 순간마다 순종하는 믿음을 허락하여주옵소서.

나의 적용과 결단

어떻게 하는 것이 하나님께서 원하시는 것입니까?

인생의 고비마다 당신은 무엇을 의지하는가?

하나님의 말씀을 듣고 그분과 동행하며 같이 걸어가는 삶에는 자신감이 있다. 어려움이 있어도 정면으로 돌파할 수가 있다. 그리고 그 어려움이 때로는 나의 성장을 위해 주어진 것이라는 확신을 가질 수 있다.

그런데 오랜 믿음 생활을 했다는 교인들조차 진로를 결정할 때 "어떤 길을 가는 것이 남들이 가장 알아주는 길일까? 어떻게 하면 가장 안정적으로 직장생활을 할 수 있을까?" 하는 것들에 일차적인 관심을 두고 사람들에게 묻거나 또는 신문이나 인터넷을 뒤지거나 책을 참고하면서 길을 찾으려고 한다. 정작 가장 중요한 하나님으로부터 오는 음성에는 귀 기울이지 않고 있다. 그리고 문제가 무엇인지를 알지 못한다.

이런 경우 만일 어려움이 닥치면 "내가 선택을 잘못했어. 그때 그 사람 말을 듣지 말았어야 했는데…. 지금이라도 다른 길을 찾아볼까?" 하는 식으로 후회하거나 앞으로 돌진하지 못하고 뱅뱅 돌기만 한다.

한번은 한 직장인 가정에서 식사를 한 적이 있다. 동료 직원들과 상관의 참소로 발령을 받은 기간도 다 채우지 못하고 갑자기 생각지도 않은 본국 귀국 명령을 받게 되었다. 그 분은 한국에 있을 때 교회 훈련 프로그램의 가장 높은 단계까지 마치신 분이었다.

그런 분이 자신의 인생에 갑자기 몰아닥친 위기 상황 앞에서 좌절감과 분노 가운데 어찌해야 할지를 알지 못하고 있었다.

물론 그 일은 누구에게나 힘든 상황일 것이다. 단, 문제의 관건은 그 일을 허락하신 하나님의 뜻을 구하며 그분의 인도하심 가운데 들어갈 수 있느냐에 있다.

그 분의 말이 지금까지 직장의 영역에서 한 번도 하나님의 뜻을 구하며 하나님과 동행하는 경험을 해본 적이 없었다고 한다. 이런 경우 본인의 신앙이 자기 자신의 삶의 영역에서 구체적으로 그 능력을 발휘할 수 없게 된다. 그리고 어려운 상황이 닥칠 때 하나님의 뜻을 찾아가는 것을 어려워하게 된다.

인생의 고비마다 "어떻게 하는 것이 하나님께서 원하시는 것입니까?"라고 묻는 것이 매우 중요하다. 우리가 어려움을 겪거나 위기 상황 가운데 있을 때 하나님께서는 말씀을 통해서 우리를 위로하고 권면하신다. 또 앞으로 이루어질 일들에 대해서 알려주시며 새로운 힘을 얻도록 인도하신다.

하나님께서는 날마다 새로움으로 우리에게 다가오시고 말씀하신다. 우리는 극적인 방식으로 부르심을 받기 원하지만, 하나님은 평범한 일상 속에서 이미 우리에게 말씀하고 계시는 경우가 많다. 우리가 깨닫지 못하는 이유는, 우리가 그분의 세미한 음성을 간과하기 때문일 것이다.

하나님의 음성을 듣는 삶은 늘 흥미진진하다. 그저 상식선에서만 삶을 경험하며 살아가고 싶다면 그동안 살아오던 대로 그냥 그렇게 살아가면 된다. 하지만 내 삶이 하나님의 것으로 가득 채워지고 그분의 신비와 경이로움이 가득해 나의 삶을 주님이 원하시는 도구로 드려 쓰임 받기 원한다면 이렇게 고백해야 한다.

"하나님, 말씀하시옵소서. 주의 종이 듣겠나이다."

《같이 걷기》, 이용규

나의 걸음이 주의 길을 굳게 지키고 실족하지 아니하였나이다 하나님이여 내게 응답하시겠으므로 내가 불렀사오니 내게 귀를 기울여 내 말을 들으소서 시 17:5,6

기도 늘 우리 곁에 계시며 우리에게 힘 주시는 주님, 감사합니다. 나의 세미한 삶까지 관찰하시고 이끄시는 주님이심을 믿습니다. 인생의 고비마다 주님께 더욱 의지하게 하시고, 그 뜻 가운데로 걸어가게 하소서.

나의 적용과 결단

'사명'이 있는가?

생명보다 더 소중한 사명이 나에게 있는가?

무리들은 자신의 '필요'를 따라 예수님을 찾는다. 병 낫기를 위해, 배고픔을 해결하기 위해, 말씀을 듣고 은혜 받기 위해…. 그리고 자신들의 필요가 채워지면 떠난다. 반면 제자들은 부름 받는다. 그 부르심 앞에서 그물을 버려두고 예수님을 따라간다.

제자 훈련 프로그램에서 강의하면서 질문한 적이 있다. "당신은 무리인가, 제자인가?" 답변은 절묘했다. 제자로 부름 받았으나 무리로 살고 있단다. 아마도 무리로 살고 싶은 게 아닐까? 아무래도 제자는 조금 불편하다. 우리는 자기를 부인하고 십자가를 지는 삶을 두려워한다. 하나님과의 관계는 어떤가? 어려울 때 도와주시고, 죄 지으면 따뜻하게 즉각 용서해주시고, 우리 삶에 너무 깊이 개입하시지 않는 정도의 관계를 원한다. 근본적인 변화를 원치 않는다. 부담 없는 관계를 원한다.

사명을 우선적으로 생각하지 않으면 삶은 먹고사는 문제로 가득 차게 되고, 하나님과도 사명 중심으로 관계를 맺는 것이 아니라 먹고사는 것 중심으로 관계를 맺게 된다. 무리들은 예수님을 먹고사는 것을 해결해주는 왕으로 삼고 싶어 했고, 제자들은 예수님 좌우편에 앉는 지위를 갖기 원했다. 그런 사람들에게 예수님은 어떻게 하셨는가. 오직 자신의 사명을 이루실 뿐이었다.

예수님은 십자가상에서 "다 이루었다"라고 하셨다. 자신의 사명을 다 이루었다는 것이다. 우리를 죄에서 구원하시기 위해서 오신 그 일을 이루신 것이다. 예수님의 관심은 사명에 있다. 따라서 예수님의 관심을 따라가야 생명 안에 있을 수 있다. 사명과 멀어지면 생명과 멀어진다. 생명의 관계가 어떻게 가능한가? 사명을 이루고자 할 때 가능하다.

사명을 이루자면 삶을 걸어야 한다. 그냥 되는 것은 없다. 자신의 사명에 자신의 모든 것을 걸고 투자해야 한다. 꿈이 있다고 말만 하지 말고 자신의 삶을 걸어서 열심히 살아야 한다. 다른 사람이 감동할 만큼, 무엇보다 하나님께서 감동하셔서 그 소원을 이루어주시겠다고 결심하실 만큼.

아무것도 안 하고, 적당히 죄 짓는 삶을 살면서 꿈을 이룰 수는 없다.

예수님, 베드로, 바울의 삶이 우리에게 말하는 것이 무엇인가? 목숨보다 사명이 더 소중하다는 것을 보여주는 삶이다. 사명을 이루어가는 삶은 자신의 생명보다 주 예수께 받은 사명이 더 소중하다는 것을 증명하는 과정이다. 사명이 목숨보다 소중하다는 것을 증명해야 죽음의 세력을 잡은 자 곧 마귀를 멸할 수 있다.

사명은 그냥 자연스럽게 이루어지는 꿈이 아니다. 사망의 세력을 잡고 있는 원수를 물리치고 예수님 주신 사명을 이루어가는 전쟁의 과정이다.

감사한 것은 우리 대장 되신 예수님께서 이미 죽으시고 부활하심으로 사망의 세력을 잡은 자를 멸하셨다는 것이다. 우리는 이미 이긴 싸움을 하고 있는 것이다.

모든 인생이 의미 있다. 그러나 모든 인생이 다 열매를 맺고 사명을 이루는 것은 아니다. 반짝인다고 다 금은 아니듯이.

생명보다 더 소중한 사명이 나에게 있는가?

《사명》, 김길

내가 달려갈 길과 주 예수께 받은 사명 곧 하나님의 은혜의 복음을 증언하는 일을 마치려 함에는 나의 생명조차 조금도 귀한 것으로 여기지 아니하노라 행 20:24

 기도

주님, 생명의 이득만 챙기고 제자가 되기를 두려워했던 마음을 용서하여 주옵소서. 이제는 세상 어떤 것에도 미련을 두지 않고 오직 주께 영광 돌리며 사는 사명자의 길로 인도하여 주옵소서.

나의 적용과 결단

주님, 정말 대책이 없습니다

일이 많아서 두려운 게 아닙니다

출애굽기 4장 2절에서 하나님께서 모세에게 말씀하셨다. "네 손에 있는 것이 무엇이냐?" 그러자 모세는 걸을 때 땅을 짚거나 양을 돌볼 때 쓰던 지팡이를 들어보였다. 그것은 오래전 모세가 이집트 왕자였을 때 휘두르던 그런 홀이 아니었다. 황폐한 산에서 아무렇게나 굴러다니던 생명력 없는 작대기에 불과했다.

영화 〈십계〉에 보면 찰톤 헤스톤이 든 지팡이는 배우의 키보다도 큰 장대하고 위엄 있어 보이는 나무다. 그러나 실제 모세가 썼던 지팡이는 당시 중동의 양치기들이 쓰던, 길이 1미터도 안 되는 작은 나무토막에 불과했다. 늙은 모세가 그것을 들고 서면 키 큰 찰톤 헤스톤의 멋있는 포스와는 전혀 다른, 동네 할아버지가 든 지팡이의 가련함만 느껴졌을 것이다. 그것은 늙고 힘없는 모세의 모습과도 같았다.

우리가 하나님께 드릴 수 있는 것은 이처럼 미약하다. 그런데 하나님께서는 그 보잘것없는 지팡이를 하나님의 지팡이로 만드셨다. 훗날 이집트의 바로 왕 앞에서 뱀으로 변하고, 홍해를 가르고, 광야의 바위에서 물이 터져 나오게 하는 엄청난 기적의 지팡이가 된다.

"모세야, 네 손에서 이집트 왕자의 황금홀을 치우고, 대신 상함과 약함과 아픔을 상징하는 작은 지팡이를 쥐어주었다. 그것은 소망이 이뤄지지 않는 황폐한 광야에서 취한 것이다. 그러나 이제는 내가 그것을 나의 지팡이로 바꿀 것이다. 또한 너의 약함도 강함으로 바꾸고, 너의 약한 마음도 나에 대한 확신과 용기로 바꿀 것이다. 40년 전 이스라엘 사람들은 '누가 너를 우리의 관리와 재판장으로 세웠느냐' 하면서 너의 리더십을 거절했다. 그러나 이제 나 만군의 여호와가 너를 그들의 지도자로 세운다. 아무도 너의 권위를 거스르지 못할 것이다. 사람을 두려워하지 말아라."

어떻게 두려워하지 않을 수 있는가? 하나님께서 함께하심을 믿기 때문이다.

"하나님이 이르시되 내가 반드시 너와 함께 있으리라"(출 3:12).

우리에게 주시는 사명은 항상 하나님 사이즈다. 어려운 것이 아니라 아예 불가능한 것일 때도 있다. 그래서 하나님께서는 우리에게 사명을 주실 때 "내가 너와 함께할 것이다"라는 말씀을 같이 주신다.

당신은 일이 많아서 두려운 게 아니고, 하나님께서 함께하신다는 확신이 없어 두려운 것이다. 혼자 그 힘든 짐을 감당해야 한다고 생각하니 두려운 것이다. 두려움은 불신앙의 산물이고, 용기는 믿음의 산물이다.

하나님께는 일이 얼마나 크냐, 얼마나 어렵고 힘드냐가 중요치 않다. 중요한 것은 우리의 마음이다.

'우리의 마음이 겸손하고 진실하여 철저하게 하나님의 마음과 하나가 되어 있는가'가 확실하면 그분은 어떤 역경도 능히 돌파할 수 있는 힘을 우리에게 실어주신다.

하나님은 영이시기 때문에 항상 사람을 통해 일하신다. 우리는 힘든 상황이 벌어지면 "대책이 없다"라고 말한다. 그러나 하나님께서 말씀하신다. "네가 바로 나의 대책이다."

《열리는 능력시대》, 한홍

내가 네게 명령한 것이 아니냐 강하고 담대하라 두려워하지 말며 놀라지 말라 네가 어디로 가든지 네 하나님 여호와가 너와 함께 하느니라 하시니라 수 1:9

주님, 제 안에 실패감과 두려움을 몰아내겠습니다. 나의 나 된 것은 주님의 은혜입니다. 나의 약함까지도 주님께 온전히 맡겨드립니다. 주님이 쓰시기에 합당한 사람이 되도록 인도하여 주옵소서.

나의 적용과 결단

당신은 누구를 위해서 사는가?

주인님이 나를 위해 죽으셨음을 아는 종이라면
다시는 자신을 위해서 살지 않는다

"다시는 저희 자신을 위하여 살지 않고, 오직 저희를 대신하여 죽었다가 다시 사신 자를 위하여 살게 한다"는 고린도후서 5장 15절 말씀에 당신은 한 점 부끄러움이 없는가? 웬 거북한 성경구절인가 하고 놀랐는가?

하지만 이 말씀이 맞는다면 하나님의 말씀과 당신이 믿는 기독교가 얼마나 다른가? 자기를 긍정하며 살고 자기를 위해서 살라는 메시지와 얼마나 다른가?

사람들은 다 자기 자신을 위해서 산다. 자기를 위해 죽어주신 주인님을 위해 살기는커녕 자아실현을 하면서 아직도 자아를 위해 살아간다. 우리는 자신을 지키기 위해 피나는 노력을 한다. 자신에게 상처 줄 소지가 있는 사람은 애써 피하며 살아간다. 아예 다른 사람과 접촉을 끊고 고독을 자초하며 살아가는 사람도 있다. 그만큼 자신을 지키고자 하는 자기 사랑에 매우 민첩하고 예민하다. 어떤 상처를 받을 것이 두려운가? 무엇이 노출되는 것을 꺼려하는가? 우리가 가진 것이 무엇인가?

짐 캐리 주연의 영화 〈마스크〉에 보면 초록 마스크를 쓴 주인공이 자신이 입은 코트 안에서 하나하나 꺼내놓는 것들이 있다. 그런데 그것은 하나같이 자질구레한 것들뿐이다. 우리도 그런 별것 아닌 것들을 지키려고 아등바등 자기를 위해서 살아가는 것이다.

하나님이 우리에게 무엇을 주셨는지 생각해보라! 하나님은 하나밖에 없는 자신의 아들을 주셨다. 우리 하나님은 죄의 늪에 빠져서 죽어가는 우리를 살리기 위해 아들을 십자가에 못 박으셨다. 아들을 주신 하나님은 우리에게 자신의 전부를 주신 것이다. 벌레 같은 나를 위해, 만물의 찌끼만도 못한 우리를 살리기 위해서 만왕의 왕이 죽으셨다. 그 감사가 있는 사람은

'예수님이 나에게 어떤 일을 맡기실까?' '나를 구원해준 생명의 은인이 나에게 무슨 심부름이라도 시켜주실까?' 하고 그것이 영광이라서 주인님에게 충성하게 된다.

십자가에 대한 감사와 감격, 나를 위해 대신 죽으신 분에 대한 감사와 감격이 있어야지 그분을 위해 충성하고 헌신할 수 있다.

주인님이 나를 위해 죽으셨다는 것을 알았는데 종이 어떻게 가만히 있을 수 있는가? 주인님이 나를 위해 죽으셨음을 아는 종이라면 다시는 자신을 위해서 살지 않는다. 나를 위해 대신 죽어주신 분을 위해서 살아간다. 그것이 은인에 대한 도리요 감사하는 삶이다.

예수를 믿는다고 하면서 주인을 위해서 살지 않고 자기 자신을 위해서 봉사하고 자신의 자아실현을 위해 예수의 이름만 가져다 쓰는 것은 배은망덕이다. 잘 믿는 척하지만 자기 자신을 위해 예수 믿는다고 하는 것이다. 십자가의 은혜에 대한 감사 감격이 없으면 매일 자기 자신을 위해서 살아가는 것이다.

그러나 이제 우리는 다시는 자신의 명예와 자기 이름을 위해서 살지 않고, 다시는 상처 받았다고 하면서 자기 자신을 부둥켜안고 자기 연민에 빠져서 살지 않고, 이제 다시는 나를 위해서 살지 않아야 하는 사람들이다.

159

《부활》, 김웅국

그리스도의 사랑이 우리를 강권하시는도다 우리가 생각하건대 한 사람이 모든 사람을 대신하여 죽었은즉 모든 사람이 죽은 것이라 그가 모든 사람을 대신하여 죽으심은 살아 있는 자들로 하여금 다시는 그들 자신을 위하여 살지 않고 오직 그들을 대신하여 죽었다가 다시 살아나신 이를 위하여 살게 하려 함이라 고후 5:14,15

주여, 자아를 주인으로 섬기면서 입으로만 예수님을 부르며 형식적인 신앙생활을 하였던 저를 용서하여 주옵소서. 이제는 나를 위해 대신 죽으신 주님의 십자가에 대한 감사와 감격을 매일 깨달으며 예수님을 주인 삼는 삶을 살겠습니다.

나의 적용과 결단

....

....

사람들에게 계속 인정받을 수 있을까?

당신은 도대체 누구에게 인정받고 싶은가?

앞으로 나아가라는 예수님의 음성을 들었을 때 장사꾼처럼 그분을 자기 뜻대로 설득하려는 사람들은 "그것이 재미있습니까?"라고 묻는다. 영성 (靈性)의 진보라는 중대한 문제가 걸려 있는 마당에 이런 한가한 질문이나 하는 사람들은 평범한 그리스도인의 상태에서 결코 벗어날 수 없다. 이런 사람들은 죽을 때까지 평범할 것이다.

기독교를 장난감으로 만들려는 이런 치욕스러운 성도들이 많기 때문에, 그들을 즐겁게 해주기 위해 여러 단체들이 설립되었다. 이 시대의 젊은 그리스도인들을 위해 종교와 오락을 혼합할 목적으로, 오직 그 목적으로 설립된 단체들이 있다는 것은 참으로 서글픈 일이다.

이런 현실을 볼 때 나는 젊은이들도 나이가 든 사람들과 마찬가지로 하나님 앞에서 책임을 져야 한다고 지적하지 않을 수 없다. 예수님을 만나 회심한 젊은이들은 고생과 희생을 감수할 준비가 되어 있어야 한다.

예수님은 자신의 제자들에게 재미있는 오락을 제공하겠다고 제안하지 않으셨는데, 어찌하여 오늘날의 설교자들은 성도들에게 오락을 제공해야 하는가? 이 모든 것은 평범한 그리스도인들에게 아첨하여 그들을 모으겠다는 잘못된 동기에서 비롯된 것이다. 아, 믿음이 약한 자들이여! 믿음이 약한 자들이여! 이런 사람들은 홀로 서기를 두려워하기 때문에 주변 사람들에게 인정과 지지를 받지 못하고는 못 배긴다.

그들은 주변과 어울려 살기를 좋아한다. 그들은 용기가 약해지는 것을 막기 위해 서로 간의 유대에 힘입어 버티려고 애쓴다. 그들 중 어떤 이들은 도무지 홀로 서지 못한다. 그리하여 "그렇게 해도 사람들에게 인기를 잃지 않을까요?"라고 물으면서 하나님과 단둘이 동행하기를 피한다.

내가 하나님의 은혜로 17세의 나이에 회심하였을 때 우리 집에는 예수님을 믿는 사람이 한 명도 없었다. 당시 나는 애크런(Akron) 시에 살았고, 우리 가족은 하숙을 쳤다. 우리 집에는 늘 사람들이 북적거렸지만, 신앙의 문제에서 나는 완전히 외톨이였다. 물론 사도행전에 나오는 스데반처럼 고결하게 홀로 서기를 한 것은 아니었지만, 아무튼 나는 신앙의 문제에서는 홀로 섰다. 이런 홀로 서기는 쉽지 않은 일이었다.

주변에는 교회에 가기를 원하는 사람이 한 명도 없었다. 식탁에서 기도하고 싶어 하는 사람도 없었다. 성경을 읽고 싶어 하는 사람도 없었다. 그러나 하나님의 은혜에 힘입어 나는 신앙의 문제에서 홀로 설 수 있었고, 이것에 대해 이제까지 늘 감사하며 살고 있다. 누이 두 명과 부모님이 회심하였고, 인척(姻戚)의 형제 한 명이 죽기 전에 회심하였으며, 그 외에도 몇 사람이 구주를 알게 되었다.

만일 내가 당시에 "주님, 신앙을 가지면 따돌림을 당하지 않을까요? 희생을 치러야 하지 않을까요?"라고 이의를 제기했다면 어떻게 되었겠는가? 그랬다면 방금 언급한 내 주변 사람들이 주님을 만나지 못했을 것이다.

하나님께서는 신앙을 가진 사람들에게 은혜와 자비를 베풀어 그들의 홀로 서기를 도우신다.

161

《하나님 편인가, 세상 편인가》, A. W. 토저

이제 내가 사람들에게 좋게 하랴 하나님께 좋게 하랴 사람들에게 기쁨을 구하랴 내가 지금까지 사람들의 기쁨을 구하였다면 그리스도의 종이 아니니라 갈 1:10

기도 하나님을 의식하며 행동하기보다, 사람들의 인정과 지지를 받지 못할까봐 전전긍긍하며 행동했던 것을 회개합니다. 오직 하나님의 기쁨만을 구하며, 하나님만을 경외하며 행동하는 인생이 되기를 소원합니다.

나의 적용과 결단

내 자신이 점점 작아지는 것 같아요

성화는 결국 내가 점점 죽어가는 것이다

《같이 걷기》 책을 탈고하고 몇 달 후, 독일에 집회 차 다녀올 일이 있었다. 그 때 집회를 마치고 하루 시간을 내서 바실레아 슐링크 여사(M. Basilea Schlink)가 일구고 사역한 공동체 마을인 '가나안'을 방문했다. 그 마을 한 가운데는 기도 동산이 있었다. 예수님의 수난을 그린 7개의 장면이 곳곳에 부조(浮彫)로 새겨져 있었는데, 그 사이로 난 길을 따라 걸으면서 그 장면들을 묵상하고 기도할 수 있도록 설계되어 있었다.

나도 기도하는 마음으로 예수님의 수난 장면을 목도하며 그 길을 따라 걷고 있었다. 그런데 문득 내게 다가오는 한 장면이 있었다. 예수님이 십자가에서 내려져 땅에 뉘어진 것을 묘사한 부조였는데, 그곳에서 특히 예수님의 발이 눈에 들어왔다. 예수님의 발에 십자가 못자국이 크고 거칠게 도드라져 있었다. '아, 예수님의 발도 예외가 아니었겠구나!'

그동안 예수님의 고난을 묵상할 때 예수님의 발이 받은 고난에 대해서는 생각해보지 못했다. 그때 예수님께서 내 마음에 대고 말씀하시는 것같이 생생한 음성이 들려왔다.

'내가 너와 함께 걷고 있는 발이 바로 이 발이란다.'

예수님이 그 상처 난 발로 나와 함께 걸어주신 것이다. 그 짧은 순간에 내 삶 전체가 한 덩어리처럼 머리를 스치고 지나갔다.

'아! 당신이 그 발로 고비고비를 나와 함께 걸어주신 것이지요!'

돌아보니 내 삶의 언저리에 나의 희생처럼 보이는 것들이 있었다. 다른 사람들은 그것이 내가 주님을 위해 희생한 흔적이라고 생각한다. 그런데 자세히 들여다보면 그것은 나와 함께 걸어주신 예수님의 발에서부터 시작된 것이었다. 그것은 바로 예수님이 나를 대신해서 흘려주신 피였다.

그분과 같이 걷는 삶에서 나는 나 자신이 점점 작아지는 것을 경험한다. 그래서 그분과 함께한 여정에는 결국 그 발자국만 남게 되는 것이다. 실은 그것이 '성화'(聖化)이다. 사람들은 성화에 대해서 자신이 점점 인격적으로 성숙해지고 멋있어지고 매력적으로 변화되는 것이라고 생각한다. 그러나 내가 경험적으로 고백하는 성화는 결국 내가 점점 죽어가는 것이다. 그곳 가나안 마을의 예배당에 벽화 하나가 있었는데, 어린 양이 목에 칼을 맞고 피를 쏟아내는 장면이었다. 이 장면을 보면서 나는 울컥하고 말았다. 그 그림 앞에서 나는 예수님이 피 흘리신 그 길을 좇아가는 것, 그것이 성화의 핵심임을 고백했다.

성화는 강압적인 훈련으로 되는 것이 아니다. 아브라함 역시 하나님과 동행하는 삶을 통해 자연스럽게 그의 옛 모습이 조금씩 자취를 감추게 되었다. 자신이 세상의 중심으로 살았는데 하나님과 점점 친밀한 관계를 맺음으로써 자신은 죽고 그분이 내 삶에 드러나는 것, 그것이 성화인 것이다.

《떠남》, 이용규

우리가 다 하나님의 아들을 믿는 것과 아는 일에 하나가 되어 온전한 사람을 이루어 그리스도의 장성한 분량이 충만한 데까지 이르리니 이는 우리가 이제부터 어린 아이가 되지 아니하여 사람의 속임수와 간사한 유혹에 빠져 온갖 교훈의 풍조에 밀려 요동하지 않게 하려 함이라 엡 4:13,14

 기도

주님, 내 안에 주의 영이 충만하여 주와 동행하며 걷겠습니다. 주님과 함께 걸으며 주님만 의지하며, 주님의 그 발자취가 온전히 나의 삶에 드러나기를 기도합니다.

나의 적용과 결단

그래서 내 삶이 힘들고 어려웠구나

아, 내 안에 주님이 없었다

저는 젊은 시절 실패자로 뒤늦게 신학교에 들어간 사람입니다. 신학교에 들어가자마자 가장 먼저 깨달은 것은 제가 너무 인생을 낭비하며 살았다는 것입니다. 그때부터 저는 바빠지기 시작했는데, 그것은 잃어버린 시간을 만회하려는 처절함 같은 것이었습니다. 공부도 열심히 하고 목회도 열심히 했습니다. 월요일도 없고 휴일도 없었습니다. 시간이 너무 아깝고 하루 24시간이 부족할 지경이었습니다. 그러나 그 열심은 그리스도와 상관없는 열심이라는 것이 드러났습니다. 그러다가 미국에 가지 못하고 우여곡절 끝에 이스라엘에 갔을 때 어느 날 혼자 갈릴리를 여행하게 되었습니다. 예수님이 베드로를 불렀던 곳, '타브가'라 부르는 바닷가에서 저는 조용히 성경을 펴서 요한복음 21장을 읽었습니다.

"그들이 조반 먹은 후에 예수께서 시몬 베드로에게 이르시되 요한의 아들 시몬아 네가 이 사람들보다 나를 더 사랑하느냐 하시니 이르되 주님 그러하나이다 내가 주님을 사랑하는 줄 주님께서 아시나이다 이르시되 내 어린 양을 먹이라 하시고"(요 21:15).

이 말씀을 읽는데 갑자기 예수님이 내 앞에 앉아 나를 바라보시는 느낌을 받았습니다. 그때 주님이 내게 물으셨습니다.

"사랑하는 윤재야, 네가 나를 사랑하느냐?"

그때 주님이 이렇게 물으셨다면 좋을 뻔 했습니다. "사랑하는 윤재야, 너는 나를 위해 열심히 목회했지? 그리고 나를 위해 공부하러 이 먼 곳까지 왔구나." 만일 그랬다면 저는 "그렇습니다. 주님!" 하고 자신 있게 말했을 것입니다. 그러나 주님은 "네가 나를 사랑하느냐?"라고 물으셨습니다. 그 말씀이 비수처럼 가슴에 꽂히면서 저는 눈물이 쏟아지기 시작했습니다.

왜 그렇게 긴 세월을 나 자신만을 위해 살아왔는지 모르겠습니다. 인생에 실패하고 신학교에 들어갔으면 그때부터라도 주님을 위해 살았어야 합니다. 그러나 저는 여전히 자신을 위해 살았습니다. 신학교 오기 전에도, 신학교에 온 후에도 제 인생의 주인은 저였습니다. 목회는 제게 실패한 지난 시간을 되돌릴 수 있을 것 같은 기회요, 또다시 펼치는 인생의 도전 같은 것이었습니다. 거기에 왜 주님이 없었는지 저는 미처 몰랐습니다. 그저 신학교에 가면 그것으로 된 줄로 알았지만 그리스도가 없는 신학교는 제게 도피처에 지나지 않았습니다. 그때 제가 깨닫고 결심했습니다.

"아, 그렇다. 내 안에 예수님이 없었구나. 내 목회와 인생의 중심에 그리스도가 안 계셨구나. 이제 나는 평생 예수님을 사랑하며 그분만 증거하는 목회자가 되리라."

저는 아직도 가끔 흔들립니다. 다만 저는 오직 "주와 및 그 은혜의 말씀"(행 20:32)을 붙들 뿐입니다. 제가 받은 갈라디아서 2장 20절 말씀의 은혜로 갈릴리에서 만난 주님을 다시 사랑하고 그러다가 혹시 그를 또 잃을지라도 언제나 다시 그분께 돌아가겠다는 결심이 이 말씀 안에 있습니다.

"내가 그리스도와 함께…."

오직 주님이 우리의 삶과 신앙의 중심이 되기를 바랍니다.

《내가 죽어야 예수가 산다》, 이윤재

내가 그리스도와 함께 십자가에 못 박혔나니 그런즉 이제는 내가 사는 것이 아니요 오직 내 안에 그리스도께서 사시는 것이라 이제 내가 육체 가운데 사는 것은 나를 사랑하사 나를 위하여 자기 자신을 버리신 하나님의 아들을 믿는 믿음 안에서 사는 것이라 갈 2:20

기도
주님, 내 마음에 주인으로 오셔서 나를 다스려 주옵소서. 혹시나 내 마음의 어두움 때문에 주님을 모시지 못하고 내 의지대로 살고 있다면 깨우쳐 알게 하소서. 주의 생명이 온전히 나를 사로잡아 매일 주님과 동행하는 삶을 살게 하소서.

나의 적용과 결단

COMPANION with Jesus

24시간 내내 성령님의 인도함을 받길 원한다면?

주님 동행

'거룩한 낭비'의 과정이 반드시 필요하다

나는 삶 자체가 기도라 생각하고 기도합니다. 기도는 영적 호흡입니다. 호흡을 멈출 수 있습니까? 규칙적인 호흡이 끊어지면 안 되는 것처럼 기도는 수시로 해야 합니다. 물론 따로 시간을 내어 일정한 시간 동안 기도하는 것도 중요합니다.

예전에 나의 기도가 어땠는지 떠올려보니, 사는 건 그냥 사는 것이고, 기도하는 건 기도하는 것으로 양분되어 있었습니다. 예를 들자면, 새벽기도 때 교회에 가서 오늘 해야 할 일들과 사람들과의 관계에 대해서 기도한 다음 학교에 와서는 "주님! 새벽에 시간을 내서 기도했으니 지금은 하나님께서 내 삶에 개입하셔서 나를 도와주십시오" 하는 식이었습니다.

혹시 예전의 나처럼 기도하는 분이 있다면 그런 기도의 패턴에서 벗어나기를 바랍니다. 시간을 내서 기도하는 것이 귀하지 않다는 말이 결코 아닙니다. 꼭 시간을 내어 일정 시간 주님께 기도하셔야 합니다. 그렇지만 자신의 삶 자체가 하나님과의 교제가 되는 것이 굉장히 중요하다고 말하는 것입니다. 일상이 기도가 되어야 합니다. 다른 말로 하나님을 믿는다는 것은 그분과의 관계이며, 그 관계는 삶의 모든 부분과 시간에 있어야 한다는 것입니다. 어떻게 관계를 맺습니까? 바로 하나님의 임재의식입니다. 하루 종일 하나님의 임재 안에서 생활하고자 노력하는 것이지요.

"그날에는 내가 아버지 안에, 너희가 내 안에, 내가 너희 안에 있는 것을 너희가 알리라"(요 14:20).

하지만 이것이 말처럼 쉽지는 않습니다. 삶 가운데서 기도하려면 그분의 임재를 느껴야 하며 그분이 내 삶의 모든 부분에 나타나시는 실제를 경험해야 합니다. 이를 위해서는 홀로 골방에서 기도에만 시간을 쏟는 '거룩한 낭비'의 과정이 반드시 필요하기 때문입니다. 오랜 기도의 훈련과 거룩한 낭비의 시간 없이, 단지 열심히 기도한다고 해서 갑자기 삶 속의 기도가 이뤄지는 것은 아닙니다.

나의 경우만 보더라도 삶으로서의 기도 훈련을 위해 광야와 같은 시간을 통과했습니다. 하루 종일 혹은 하루에 몇 시간씩 골방에서 기도하고 말씀을 보는 거룩한 낭비의 시간을 통해 하나님과의 친밀함이 깊어졌고, 그렇게 하나님과의 친밀함이 깊어지자 살아가는 순간마다 하나님의 나타나심이 일어나고 하나님께 기도를 올려드리는 것이 쉬워졌습니다. 이 과정을 통해 믿음이 성숙해지는 유익을 얻을 수 있으며, 하나님께서 언제든지 나를 통해 나타나시도록 하는 마음의 비움의 상태가 점점 더 수월해집니다. 하나님의 영광의 통로가 되기에 자유로워지는 것입니다. 이것이 기도의 열매이며 기도 훈련으로 누리게 되는 놀라운 은혜입니다.

"새 포도주를 낡은 가죽 부대에 넣지 아니하나니 그렇게 하면 부대가 터져 포도주도 쏟아지고 부대도 버리게 됨이라 새 포도주는 새 부대에 넣어야 둘이 다 보전되느니라"(마 9:17).

삶 속에서 지속적으로 그분과 관계(기도)한다면 24시간 내내 성령님의 인도함을 받게 될 것입니다. 삶 가운데서 그분의 인도와 능력을 경험하기 위해서는 지속적으로 관계를 맺어야 합니다.

《기대합니다 성령님》, 손기철

나는 포도나무요 너희는 가지라 그가 내 안에, 내가 그 안에 거하면 사람이 열매를 많이 맺나니 나를 떠나서는 너희가 아무 것도 할 수 없음이라 요 15:5

매일 주님과의 교제를 가장 큰 즐거움으로 삼고, 매 순간 주님을 묵상하며 동행하기를 원합니다. 저에게도 거룩한 낭비의 시간들을 허락하여주시고, 그런 귀한 시간들을 통해 더욱 주님을 알아가게 하소서.

나의 적용과 결단

그의 20대는 억울한 일투성이었다

아무리 어둡고 답답해도 결론은?

인생은 작은 우주이다. 하나님께서 다윗의 청년기에 10년이 넘는 고통스런 시간을 지나게 하셨다. 너에게 아직까지 그런 고난이 없었다면 마음을 단단히 먹어라. 나이가 들어간다는 건 전혀 생각지 못했던 시련들을 견뎌야 한다는 뜻이기 때문이다. 갑자기 병에 걸릴 수도 있고, 믿었던 사람에게 배신당할 수도 있고, 꿈꾸던 모든 길이 막혀서 넋 놓고 시간만 보내야 할 때도 있을 것이다.

다윗은 "내 영혼이 억울하다"라고 했다. 정말 그랬을 것이다. 그의 20대는 억울한 일투성이었다. 누명 쓰고, 사람들에게 배신당하고, 고통당하는 상황의 연속이었다. 인생에는 내 잘못 때문에 닥치는 어둠도 있지만, 전혀 이유도 모르고 들어가게 되는 광야도 많다.

거듭 말해두지만 앞으로 넌 살아가면서 억울한 상황 많이 겪게 될 거다. 그리고 그것이 영화처럼 백퍼센트 시원하게 해결되는 경우도 거의 없다.

인생에 광야가 올 때, 보통 사람들은 스스로의 팔자를 탓하거나 남을 탓한다. 자신을 억울하게 핍박한 사람들을 저주하고 복수를 결심하거나 자포자기하여 땅이 꺼져라 한숨만 쉬고, 잠 못 이루지 못하고 이를 간다. 상황이 더 나빠지지나 않을까 하는 두려움에 덜덜 떤다. 그러나 너는 그래서는 안 된다. 일단은 어떤 원망과 불평의 말도 입 밖으로 내뱉지 마라. 그저 기도하며 침묵해야 한다.

안개 속에서 길을 잃었으면 그 자리에 가만있어야 한다. 하나님의 때가 되면 안개는 걷힌다. 그동안 너는 마음을 가라앉히고 하나님께서 왜 너에게 이런 어둠의 시간을 허락하시는지를 생각할 일이다.

지구의 낮과 밤을 만드신 하나님은 우리의 인생에도 낮과 밤을 주셨다. 거기에는 깊은 하나님의 지혜가 담겨 있다. 자연계에도 꽃이 아침에 아름답게 피어나기 위해서 밤에 아름다운 봉오리가 이슬을 머금고 준비를 한다. 인생의 밤 동안에도 하나님께서는 인간에게 꽃을 피울 준비를 시키신다. 햇볕만 계속되면 그곳은 사막이 되어버린다. 성공만 계속하면 그 인생은 교만해져서 아주 사악한 존재가 되어버린다. 그래서 하나님은 우리가 아무리 싫다고 하여도 때론 불행의 밤도 주시고, 배신의 밤도 주시고, 좌절과 실패의 밤도 주셔서 우리의 영혼에서 독기를 빼시고 정화시키신다. 너처럼 하나님이 사랑하는 사람, 그래서 큰 사명을 맡기실 사람의 경우에는 더욱 그러하다. 성경에서 하나님의 사람들은 다 이 어둡고 힘든 밤을 지나면서 변화된 사람들이다. 모세가 한 말을 한번 생각해보아라.

"너를 인도하여 그 광대하고 위험한 광야 곧 불뱀과 전갈이 있고 물이 없는 간조한 땅을 지나게 하셨으며 또 너를 위하여 단단한 반석에서 물을 내셨으며 네 조상들도 알지 못하던 만나를 광야에서 네게 먹이셨나니 이는 다 너를 낮추시며 너를 시험하사 마침내 네게 복을 주려 하심이었느니라"(신 8:15,16).

하나님은 "마침내는 네게 복을 주실" 계획이다. 결론은 승리다. 그러니까 과정이 아무리 어둡고 답답해도 결코 좌절해선 안 된다.

《순간을 위해 평생을 준비한다》, 한홍

내 형제들아 너희가 여러 가지 시험을 당하거든 온전히 기쁘게 여기라 이는 너희 믿음의 시련이 인내를 만들어 내는 줄 너희가 앎이라 인내를 온전히 이루라 이는 너희로 온전하고 구비하여 조금도 부족함이 없게 하려 함이라 약 1:2-4

 인생의 밤에 주님의 때를 기다립니다. 낮과 밤을 만드신 하나님의 지혜를 깨닫습니다. 제 안에 부정한 것들을 제하여주시고, 끝까지 주님을 신뢰하며 어둠의 시간에 잘 훈련받을 수 있도록 인도하여 주옵소서.

나의 적용과 결단

페북facebook이 아닌
믿음의 책faithbook을 사랑하라!

그렇다면 내가 사랑하는 것은?

우리가 하나님을 사랑한다면 하나님의 종이 되어야 합니다. 그러나 대개 우리의 신앙은 하나님을 종으로 삼는 것에서 끝나고 맙니다. 하나님의 종이 되려고 하지 않습니다.

믿음은 사랑하는 것입니다. 사랑하는 것이 곧 믿음입니다. 그렇다면 사랑은 무엇일까요? 사랑은 복종하고 싶은 것입니다. 다른 말로 하면 '순종'입니다. 그렇기 때문에 "하나님, 말씀하세요. 주님의 종이 되겠습니다"라고 고백하는 신앙이 진짜 믿음이라고 할 수 있습니다.

그런데 사람들은 종이 되는 것을 정말 싫어합니다. 그 이유가 뭘까요? 종에게는 자유가 없기 때문입니다. 자유가 얼마나 소중한 것인데 쉽게 포기할 수 있겠습니까? 하지만 하나님의 종이 되는 것은 예외입니다. 하나님의 종이 되면 자유함을 얻습니다. 기독교가 가진 역설(逆說)이지요. 하나님의 종이 되면 자유함을 얻고, 하나님으로부터 자유하면 종이 됩니다.

아이들이 어렸을 때 휴가를 맞아 홍천에 간 적이 있습니다. 아침 일찍 일어나 잠자리채 하나 들고 아이들을 데리고 새벽예배에 다녀오는데, 가는 길에 보니 물이 조금 고인 웅덩이가 있고, 그곳에 개구리 몇 마리가 모여 있었습니다. 가만 보니 곧 해가 뜨고 웅덩이의 물이 마르면 개구리들이 죽게 생겼습니다. 그래서 아이들에게 "개구리가 저렇게 있으면 죽어"라고 하니 이해를 잘 못합니다.

"왜 죽어요? 물속에서 잘 놀고 있는데요?" 그래서 "여기는 웅덩이니 물이 곧 마를 테고, 물이 마르면 개구리는 웅덩이 위로 못 올라오고 죽고 말어"라고 했더니 "그럼 살려줘야지!" 하며 잠자리채로 개구리를 잡기 시작합니다. 웅덩이 밖으로 꺼내어 살려주기 위해서였지요. 그러자 개구리들이 죽겠다고 도망칩니다. 잡히면 죽는 줄 알고. 그래도 열심히 잡았습니다. 몇 마리는 잡아서 건져주고, 몇 마리는 끝까지 도망가기에 할 수 없이 포기하고 가던 길을 재촉했습니다. 계속 개구리만 잡고 있을 수는 없었기 때문입니다.

개구리 입장에서 한번 생각해봅시다. 왜 그렇게 죽겠다고 도망쳤을까요? "잡히면 죽는다"고 생각했기 때문입니다. 하지만 실상은 그 반대였습니다. 잡히면 살고, 안 잡히면 죽는 것이었지요. 잡힌 개구리는 아마도 "아이고, 이젠 죽었구나"라고 생각했을 것입니다. 하지만 사실은 살았습니다. 반대로 끝까지 도망친 개구리는 "휴, 하마터면 죽을 뻔했네" 하며 안도했겠지요. 하지만 곧 죽게 되었습니다.

하나님도 우리를 잡으려고 하십니다. 우리는 그 하나님의 손길을 피해 도망가기 바쁩니다. 잡히면 죽는 줄 알고.

하나님의 종이 되면 자유를 빼앗기고 내가 가진 것도 다 잃게 되는 줄 알고 열심히 줄행랑치지만 실상은 그 반대입니다. 하나님은 우리를 종으로 만드시는 분이 아니라 자유케 하시는 분입니다. 하나님만이 우리에게 자유를 주실 수 있습니다.

자유케 하는 분의 종이 되면 자유를 얻습니다. 거꾸로 자유케 하는 분에게서 자유하면 종이 됩니다.

《페이스북, 믿음의 책: 로마서 이야기》, 김동호

진리를 알지니 진리가 너희를 자유롭게 하리라 요 8:32
너희는 자유가 있으나 그 자유로 악을 가리는 데 쓰지 말고 오직 하나님의 종과 같이 하라
벧전 2:16

 하나님께 전심으로 순종하기 원합니다. 하나님을 전심으로 사랑하기 원합니다. 하나님의 종이 되겠다는 사랑의 고백을 올려드리는 진짜 믿음을 소유하기 원합니다.

나의 적용과 결단

✢

너는 말씀을 전파하라 때를 얻든지 못 얻든지 항상 힘쓰라
범사에 오래 참음과 가르침으로 경책하며 경계하며 권하라
때가 이르리니 사람이 바른 교훈을 받지 아니하며
귀가 가려워서 자기의 사욕을 따를 스승을 많이 두고
또 그 귀를 진리에서 돌이켜 허탄한 이야기를 따르리라
그러나 너는 모든 일에 신중하여 고난을 받으며 전도자의 일을
하며 네 직무를 다하라

디모데후서 4장 2-5절

PART *three*

내게 사명 주기 원하시는
하나님 음성

✚

어느 누구도 무시하거나
판단하지 마라

지금 당신이 정죄한 그 죄인이
언제 예수님으로 인해 의인이 될지 모른다

한 세대 전에 블루버드(Bluebird)라는 이름의 여인이 있었다. 그녀는 사탄이 아주 기뻐하는 삶을 살았다. 음주, 흡연, 마약에 찌든 그녀의 삶은 사도 바울의 표현대로 '말하기도 부끄러운' 삶이었다.

그러던 중 그녀는 감옥에 갇히게 되었다. 구세군 소속의 한 여성이 그녀를 찾아가서 "당신을 사랑합니다"라고 말하면서 계속 말을 걸었다. 하지만 블루버드는 그녀를 저주하며 쫓아냈다. 그래도 그녀는 다시 와서 계속 말을 걸었다. 블루버드는 그녀를 다시 저주하며 쫓아냈다. 그러나 붉고 작은 띠가 달린 예쁜 모자를 쓴 그녀는 계속 찾아왔다. 드디어 블루버드는 그녀에게 차갑게 말했다.

"당신은 하나님이 나를 사랑하신다고 말합니다. 하지만 정작 당신은 나를 사랑하지 않아요."

"나는 당신을 사랑합니다."

"당신은 나를 사랑하는 것이 아니라, 단지 당신의 일을 하는 것뿐이겠지요. 봉급을 받고 이 일을 하는 것 아닌가요? 당신은 단지 일을 사랑하는 거예요. 당신이 정말 나를 사랑한다면, 내게 키스해줄 수 있나요?"

블루버드의 말이 끝나자마자 구세군 소속의 그 여자는, 감방의 창살 틈으로 두 손을 집어넣어 블루버드의 헝클어진 머리를 쓸어내리고 더러운 얼굴을 감싸 자기 얼굴 쪽으로 끌어당겨서 입을 맞추었다. 그러자 블루버드는 감옥의 차가운 돌바닥에 주저앉아 흐느끼기 시작했다. 그녀의 눈물에서 그녀의 영혼이 녹아나오는 것 같았다. 그 눈물 속에는 순수했던 소녀 시절에 주일학교에서 배운 "하나님은 사랑이시다"라는 말씀이 녹아 있는 것 같았다. 그날 그 차가운 돌바닥에서 그녀는 하나님께 마음을 열었다.

그후 얼마 안 되어 그녀는 사면을 받아 출옥했다. 감옥에서 나오자마자 그녀는 기독교 단체에 가입했으나, 약 3개월 후에 하나님께 부름을 받았다. 하지만 그 짧은 기간 동안 그녀는 불꽃같은 삶을 살았다. 그녀는 한때 자신이 전전했던 술집, 사회복지 시설, 죄악의 거리를 찾아가서 하나님이 자기에게 행하신 일을 증거했다. 그녀가 숨을 거두었을 때 그녀의 장례 행렬이 너무나 길어서 경찰이 교통정리에 나서야 할 정도였다고 한다. 전에는 그녀가 멀베리 벤드의 거리들을 배회하는 타락한 존재였으나, 이제는 아름다운 성도로 이 세상을 떠난 것이었다.

우리는 모든 사람들을 존중해야 한다. 그들의 현재의 모습을 보면 존경할 수 없을지 모르지만, 어린양의 보혈과 성령님의 새롭게 하시는 능력을 통해 변화될 수 있는 가능성을 보고 그들을 존중해야 한다. 레오나르도 다빈치나 루벤스의 작품이 먼지 속에 뒹굴 때에는 초라하기 짝이 없지만, 전문가의 손을 거쳐 세상의 빛을 볼 때 얼마나 아름다운 작품으로 거듭나는가! 예수 그리스도를 통해서 하나님이 '타락한 걸작'을 찾아내어 복원 작업을 하신다면, 그 걸작은 그리스도의 얼굴의 광채를 다시 발할 것이다.

《이것이 성공이다》, A. W. 토저

175

그런즉 누구든지 그리스도 안에 있으면 새로운 피조물이라 이전 것은 지나갔으니 보라 새것이 되었도다 고후 5:17

기도 나의 주변에서 나에게 도움이 되지 않고 힘들게 하는 사람들에게 닫힌 마음이 제게 있다면 녹여 주시기를 원합니다. 하나님께서 창조하신 그들을 나의 시각으로 판단하지 말게 하시며 아버지의 사랑으로 섬길 수 있는 마음을 주시옵소서.

나의 적용과 결단

아버지, 다 아시죠?

하늘 아버지께 드리는 이쁜 막내딸 편지

아름다운 사랑과 결혼을 꿈꾸던 이십 대의 제게 주님은 공주의 동곡요양
원을 환상 가운데 보여주시면서 이 땅의 가장 소외된 아동들과 함께 살기
를 원하셨지요. 그렇게 아이들과의 어설픈 동거가 시작되었고, 삼 년 동안
아이들만 바라보며 열심히 사랑하며 살았습니다. 그 뒤 주님은 제게 보석
같은 남자 김상훈을 보내주셨습니다. 하나님께서 가정을 이루도록 인도
하셨다는 확신 가운데 결혼했기에 저는 당연히 아이가 생기는 줄 알았어
요. 그런데 주님은 아이를 주셨다가 다시 거두어가시는 방법으로 우리 부
부를 힘들게 하셨지요. 그때는 잠깐 주님을 원망하기도 했어요.

'네 아이를 잃은 게 그렇게 마음이 아프고 슬프니? 나는 이 땅에 버려진
수많은 내 아이들을 보면서 마음이 아픈데, 너는 한번도 본 적 없는 없어
진 네 아이 때문에 아파하는구나.'

그때 저는 깨달았습니다. '주님이 한없이 부족한 우리 부부를 원대한 계
획 안에 두시고 이 땅의 동역자로 세우셨구나.' 제가 그 자리에서 무릎을
꿇고 주님께 이렇게 서원했잖아요. '주여, 우리를 주님의 도구로 사용하
여 주소서.'

곧 하나님께서는 '입양'이라는 놀라운 아이디어로 하은이와 하선이를 예
비하셨음을 알게 하셨죠. 얼굴도 모른 채 마음에서 떠나보내야 했던 네 명
의 아이들을 잃은 아픔은 아주 잠깐이었고, 주님이 '이 아이들이 너희 가
정의 아이들이다'라고 말씀하시는 순간, 제 안에 영원한 기쁨이 들어왔
습니다. 그리고 지금은 아이들로 인해 매일매일 더없이 행복하게 살고 있
어요.

18개월 된 하선이를 병원에서 처음 만난 날, 너무 작고 예뻐서 제가 '엄지

공주'라며 웃던 거 생각나시죠? 그런데 아이가 일곱 살 때 병원에서 치료 불가능한 병에 걸렸다는 말을 듣고 '주님은 왜 나와 함께하시지 않으시냐'라며 살려내라고 절규할 때 주님은 제 안에 들어오셔서 말씀하셨습니다. '너는 나에게 무엇을 줄래?' 그 순간 제가 깨달은 게 뭔지 아세요? 그동안 어느 누구에게도 안 한 말인데 이제 고백할게요.

'저, 하나님보다 하선이를 더 사랑했어요. 하나님이 제 안에 잠깐 안 계셔도 아무런 지장이 없었는데 하선이가 안 보이면 죽을 것처럼 아이를 더 사랑했어요. 주님은 이런 제 마음을 다 알고 계셨죠?' 그걸 깨닫는 순간, 울며불며 주님께 잘못했다고 매달리며 제 몸의 장기 기증을 약속하고, 아이들이 우상이 되는 삶이 아닌 주님이 주인 되시는 삶을 살겠다고 약속한 거 기억하시죠? 신장 하나를 떼어주고 집으로 오는 기차 안에서 주님은 제게 또 말씀하셨죠. '네 안에 나 있다!'

사는데 별 지장이 없는 장기를 하나 떼어주었을 뿐인데 제 몸 안에 주님이 들어와 계시다니, 장사로 치면 최고로 수지맞은 장사를 했다고 제가 좋아하던 것도 생각나시죠? 그리고 어린 하선이를 통해서 풀잎 끝에 간당간당 매달려 있는 이슬처럼 보기만 해도 안쓰러운 아이들을 계속 보여주셨지요. 우리 가정을 통해 주님의 사랑을 보이시려는 계획을 알기에 하은이와 하선이에 이어 다섯 명의 아이들을 배 아픈 것보다 더 아프게 가슴으로 낳았어요. 모두 주님이 원하셔서요.

《하나님 땡큐》, 윤정희

새 계명을 너희에게 주노니 서로 사랑하라 내가 너희를 사랑한 것 같이 너희도 서로 사랑하라 너희가 서로 사랑하면 이로써 모든 사람이 너희가 내 제자인 줄 알리라 요 13:34,35

 아버지! 사랑합니다. 그리고 고맙습니다. 저 또한 주님의 도구로 사용하여 주소서. 날마다 하나님께 감사하며 오직 하나님만 사랑할 수 있도록 저를 인도하소서.

나의 적용과 결단

주님을 얼마나
자주 생각하십니까?

친해지려면 그 사람을 자주 생각해야 합니다

예수님을 떠나서는 절대로 행복할 사람이 없습니다. 우리에게 예수님을 사랑하면서 사는 것 외에 길이 없습니다.

그럼 어떻게 예수님을 사랑하면 되나요? 우리가 마음에 예수님을 분명히 영접하여 인생 전체가 바뀌는 것을 경험했으면 그 주님과 계속 교제하십시오. 사랑은 사랑해야 되겠다고 결심해서 되는 것이 아닙니다.

"이 사람을 사랑해야 되겠다!" "내가 이 사람을 사랑하리라."

얼마나 어색합니까? 사랑은 오늘 한 번 결단으로 쭉 사랑하게 되는 것이 아니요 느껴지는 것입니다. 어떻게 그렇게 느껴집니까? 한 번 영접하는 것이 아니라 내 마음에 계속 예수님을 주인으로 모시고 사는 것입니다. 교회에서 예배를 드리거나 학교에서 공부를 하거나 직장에서 업무를 보거나 오고 가는 지하철이나 버스 안에서도 내 마음에 언제나 예수님만 모시고 살고 주님만 바라보고 이제부터 주님 앞에 온전히 설 때까지 주님의 마음을 품는 것입니다.

"너희 안에 이 마음을 품으라 곧 그리스도 예수의 마음이니"(빌 2:5).

로렌스 형제가《하나님 임재연습》중에서 "어떤 사람과 친해진 뒤에야 그 사람을 사랑할 수 있습니다. 그리고 어떤 사람과 친해지려면 그 사람을 자주 생각해야 합니다"라고 했습니다. 마찬가지입니다.

하나님을 사랑하려면 먼저 하나님을 자주 생각해야 합니다. 그렇게 하나님을 사랑하게 됐을 때 우리는 하나님을 더욱 자주 생각하게 될 것입니다. 우리가 귀히 여기는 것에 우리의 마음도 있는 법이기 때문입니다.

예수님을 믿는 데서 그치면 안 됩니다. 예수님을 계속 바라보아야 합니다. 주님을 계속 생각하십시오. 주님을 생각하고 주님을 사랑하는 것은 정말 간단합니다. 나의 생각과 마음에 계속해서 주님을 주인으로 왕으로 모시는 겁니다. 예수님을 사랑하는 사람만이 예수님을 자신의 삶의 주님으로 모시게 됩니다.

"내 마음에 왕이 계세요. 왕이 기뻐하지 않는 생각은 내 마음에 허락할 수 없습니다. 주님이 기뻐하지 않는 마음은 더 이상 품을 수 없습니다."

그러면 알게 됩니다. 어느 순간 내가 미치도록 예수님을 사랑하고 있다는 것을! 미치도록 주님만 사랑하면 됩니다. 다른 어떤 것도 상관이 없습니다. 베드로가 주님께 물었습니다. "요한은 어떻게 되겠습니까?" "그것이 너와 무슨 상관이 있느냐? 너는 나를 따르라."

미치도록 주님만 사랑하면 됐지 다른 사람을 의식하거나 상관할 필요가 없습니다.

주님을 믿는 것은 주님을 사랑하는 것이어야 진짜입니다. 내가 주님을 사랑하는 순간부터 이제 진정한 주님과 나만의 관계가 시작됩니다.

《네가 나를 사랑하느냐》, 유기성

믿음의 주요 또 온전하게 하시는 이인 예수를 바라보자 그는 그 앞에 있는 기쁨을 위하여 십자가를 참으사 부끄러움을 개의치 아니하시더니 하나님 보좌 우편에 앉으셨느니라 히 12:2

 주님께서 우리의 마음을 온전히 사로잡으셔서 이제는 주님을 떠나서는 살 수 없는 자가 되었습니다. 이제 저도 정말 사랑하는 자가 되기를 원합니다. 저를 다스리십시오. 제 마음을 다스리십시오. 그러면 충분하겠습니다.

나의 적용과 결단

정말, 이상하고
이해가 안 되요

잘난 구석도 없는 당신을, 왜 사랑하실까요?

사람의 사랑 중에 하나님의 사랑을 가장 비슷하게 묘사할 수 있는 것은 자식을 향한 부모의 사랑일 것입니다. 엄마는 자식이 배 속에 있을 때부터 이미 자식을 선택합니다. 물론 생물학적으로 선택해서 만들어내는 것은 아닙니다. 그러나 아기가 세상에 나올 때까지 기다림을 선택하고, 나온 이후에는 잘 돌보고 양육할 것을 선택합니다.

엄마는 태동이 있을 때부터 생명을 느끼며 사랑의 감정을 키웁니다. 그리고 부모로서 해야 할 여러 가지 일들을 선택합니다. 출산을 하면 더 사랑이 깊어지고 확고해집니다. 하나님의 사랑도 이와 비슷합니다. 하나님은 우리를 사랑하십니다. 그리고 우리를 선택하셨습니다. 우리가 태중에 있기도 전부터 우리를 사랑하시고 선택하셨으며, 우리가 이 땅에 태어날 때까지 기대함으로 기다리셨습니다. 그리고 우리가 이 땅에 태어난 순간 사랑의 눈으로 바라보셨습니다. 우리가 예수 그리스도를 받아들이는 순간 하나님의 사랑은 역사의 수면 아래에서 위로 솟아오릅니다.

하나님의 사랑이 어떻게 드러납니까? 부모가 자식에게 좋은 것 하나라도 더 해주려고 하는 것을 감출 수 있습니까? 감출 수 없습니다. 이와 마찬가지입니다. 아주 단순한 진리입니다. 부모가 자식을 사랑하는 데는 이유가 없습니다. 부모는 조건 없이 사랑합니다.

제게는 태어날 때부터 보아온 조카가 있습니다. 사랑스러운 아이지만 자신이 하고 싶은 것은 반드시 해야 하는 성격이기에 나중에 부모가 되었을 때 많은 것을 희생해야 하는 엄마의 역할을 잘 감당할 수 있을까 다소 걱정이 되었습니다. 그런데 조카는 그 염려를 보기 좋게 날려버렸습니다. 자기 자식을 얼마나 살뜰히 보살피는지 모릅니다. 뾰족하고 높은 굽만 신는 일명 '킬힐(kill heel) 중독'이었는데 임신 중에는 낮은 굽만 신는 것은 물론이고 평소에 안 먹던 음식도 아기에게 좋다고 하니 열심히 찾아 먹습니다. 또 자기 몸이 고달프고 상하는데도 모유 수유만 고집합니다. 자식을 사랑하기 때문에 어떤 희생도 받아들이는 것입니다. 부모 안에 자식을 향한 사랑이 있으니까 이처럼 희생도 기꺼이 선택합니다. 수고도 기꺼이 선택합니다.

하나님께서 왜 우리를 선택하셨는지 우리는 잘 모릅니다. '왜'에 대한 대답을 시원하게 들을 수는 없지만 다만 한 가지는 알 수 있습니다. 하나님께서 우리를 사랑하시어 우리를 선택하셨다는 것입니다. 그것은 우리가 개입할 수 있는 시간 이전에 이미 이루어진 일입니다. 우리가 입김을 불어넣을 수 있는 공간이 형성되기 전의 일입니다. 우리를 향한 하나님의 그 사랑과 열정과 에너지는 지금도 변함없습니다. 그리스도인이라면 누구도 하나님의 이런 불같은 열정의 대상에서 제외되지 않습니다. 이 열정은 고난을 적극적이고 능동적으로 이겨나가게 하는 불같은 에너지입니다. 이 영원한 에너지는 내면에서 강력하게 역사하여 어떤 환경도 극복하고 목적에 도달하게 합니다. 우리가 하나님의 자녀가 되었고 지금도 하나님의 자녀로 살아가는 것은 바로 하나님 사랑의 그 열정에 힘입기 때문입니다.

《전심으로》, 김수영

181

너희가 나를 택한 것이 아니요 내가 너희를 택하여 세웠나니 이는 너희로 가서 열매를 맺게 하고 또 너희 열매가 항상 있게 하여 내 이름으로 아버지께 무엇을 구하든지 다 받게 하려 함이라 요 15:16

때로는 하나님의 사랑을 의심하고 내 뜻대로 살았음을 고백합니다. 하나님이 우리가 태중에 있기도 전에 사랑하고 선택하셨음을 잊지 않고 살게 해주세요. 그 사랑의 열정에 힘입어 어떤 어려운 일도 이겨낼 수 있게 해주세요.

나의 적용과 결단

LOVE and FORGIVENESS

주님은 당신을 꿰뚫고 계신다

사랑 용서

이미 모든 것을 알고 계시는 주님이 너에게 말씀하신다

베드로를 보신 우리 주님은 그에게 지적 능력과 풍성한 감정과 의지력이 있지만, 그에게 부족한 것이 있다는 것을 꿰뚫어보셨다. 그가 아직은 미덥지 못할 뿐만 아니라 사람들의 집을 짓기 위한 반석으로 사용되기에는 아직 부족하다는 것을 꿰뚫어보셨다.

하지만 예수님은 그가 장차 반석이 될 것이라고 말씀하셨다. 예수님이 베드로를 대하신 방법은(아마도 베드로 자신을 포함한) 모든 사람이 그의 가능성을 믿지 않을 때 그의 가능성을 믿어주시는 것이었다. "네가 반석이라고 불릴 것이다"라는 예수님의 말씀은 그를 사로잡았다. 이렇게 시작하신 주님은 그 후 그를 결코 놓치지 않으셨다. 심지어 그가 마치 영적 자살을 한 것 같은 순간에도 주님은 그를 보시고 그의 마음을 깨뜨려주셨다. 주님은 그의 믿음이 떨어지지 않도록 기도해주셨고, 결국 그의 용기는 무너졌지만 그의 믿음은 떨어지지 않았다.

예수님은 사역이 끝나갈 무렵 다시 한 번 다락방에서 베드로에게 말씀하셨다. 예수님은 베드로 안에 여전히 잠재해 있는 연약함을 지적하시면서 그에게 이렇게 말씀하셨다.

"네가 나를 위하여 네 목숨을 버리겠느냐 내가 진실로 진실로 네게 이르노니 닭 울기 전에 네가 세 번 나를 부인하리라"(요 13:38).

이렇게 말씀하시고 곧바로 예수님은 다음과 같이 말씀하셨다. 물론 이 말씀은 베드로를 포함한 제자들에게 하신 말씀이다.

"너희는 마음에 근심하지 말라 하나님을 믿으니 또 나를 믿으라"(요 14:1).

이렇게 말씀하신 후 계속 이어서 주님은 자기가 그들을 위해 처소를 예비하러 갔다가 다시 와서 그들을 주님이 계신 곳으로 영접하겠다고 말씀하셨다. 베드로에 관한 한, 이 말씀은 "나는 네 안에 최악의 것이 있음에도 불구하고 또 네 안에 최선의 것이 있다는 것을 잘 알고 있다"라는 선언이었다. 주님이 이런 말씀을 하신 후 일어난 일을 생각하면 우리는 숨이 막힐 지경이다.

주님은 재판정에서 신문을 받게 되셨다. 베드로는 처음에는 밖에 있다가 요한의 도움을 받아 안으로 들어갔다. 그런데 그는 주님을 부인했다. 그냥 부인하는 것으로도 모자라 불경스러운 욕설로써 그것에 도장을 찍었다.

주님은 돌이켜 베드로를 보셨다. 여기서 '보셨다'라는 표현에 사용된 단어는 안드레가 베드로를 주께 데려갔을 때 주님이 베드로를 '보셨다'(요 1:42)라는 표현에 사용된 단어와 동일하다. 이 단어는 주님이 그에게 시선을 고정하고 뚫어지게 쳐다보셨다는 것을 의미한다.

그토록 치욕스러운 순간에 베드로의 입에서 저주의 말과 욕설이 흘러나왔음에도 불구하고 그의 마음속 깊은 곳에는 진실해지고 싶은 욕구가 있다는 것을 주님은 꿰뚫어보셨다.

이미 모든 것을 알고 계시는 주님이 당신에게 말씀하신다. 귀 기울여 잘 들어보라. 주님이 당신에게 지금 무슨 말씀을 하고 계신지….

《이미 모든 것을 알고 계시는 주님이 너에게 말씀하신다》, 캠벨 몰간

데리고 예수께로 오니 예수께서 보시고 이르시되 네가 요한의 아들 시몬이니 장차 게바라 하리라 하시니라(게바는 번역하면 베드로라) 요 1:42

기도　　나를 향한 주님의 마음을 알기를 원합니다. 아버지의 뜻을 몰라 방황하는 미련한 자가 되지 않게 하여 주시옵고, 기도로 말씀으로, 주님이 주시는 지혜로 주님의 마음을 깨달아 알고 행하도록 인도하여주옵소서.

나의 적용과 결단

정말 고맙다. 잘 자라주어서…

엄마, 내가 더 고마워!

엄마에게서 전화가 왔습니다.

"지난번에 미국 가기 전에 엄마가 한 말 기억해? 입양된 아이들에게 나라에서 양육비를 10만 원씩을 주는데, 너랑 하선이랑 하민이 것을 엄마가 너희 등록금으로 쓰려고 모았다고 한 말 말이야." "아, 그 돈!"

"네가 초등학교 4학년 때부터 나라에서 준 거라 그렇게 많지는 않아. 이자와 원금이 다 합쳐서 1450만 원이야. 이 돈을 어떻게 쓰면 좋겠어?" "내가 원하는 데 사용할 거야?"

"물론이지. 하은이 돈인데…. 하선이와 하민이 돈도 있지만 최종 결정권은 네게 있어. 네가 유학 가면 쓰려고 엄마가 적금을 들어놓은 거니까 네가 선택해." "엄마, 나는 그 돈을 늘사랑아동센터에 보냈으면 좋겠어."

"하은아, 신중하게 생각해. 그 돈이 많은 건 아니지만 그렇다고 결코 적은 돈도 아니야." "나도 이제는 알아. 내가 어렸을 때는 1000만 원을 벌어서 아빠에게 교회 지어주고, 우리 가족이 살 집을 사고, 그리고 엄마에게 어린이 복지관을 지어준다고 했잖아."

"그래, 네가 그렇게 생각할 정도로 큰돈이야." "그런데 내가 생각하는 세 가지를 다 할 정도의 큰돈이 아니란 것도 알아. 지금 그곳이 이사해서 건물을 짓고 있다고 하니 이럴 때 보내면 잘 쓰일 것 같아. 나와 내 동생들이 있던 곳이잖아. 그러니까 그곳에 보내면 좋겠어." "그래, 네 생각이 그렇다면 그렇게 할게." "엄마, 십일조는 해야지." "나라에서 주는 너희들의 돈은 엄마가 미리 십일조로 하나님께 다 드렸어. 이자 부분에서 발생되는 45만 원만 십일조를 드리면 돼. 그래서 십일조와 감사헌금 200만 원을 아빠가 계시는 강릉 아산병원에 헌금하려고 해." "아빠 병원에?"

184

"응, 병원에 치료비가 없어서 치료를 받을 수 없는 환자들이 참 많아. 그들을 돕는 일을 하도록 강릉중앙감리교회 이철 목사님이 병원 헌금은 병원을 위해 사용하라고 하셨어. 그래서 병원에 헌금하려고 해. 아빠가 그렇게 해달라네. 그래야 한 사람이라도 병원비를 지원해줄 수 있다고 말이야." "그럼 남은 돈은 다 기부할 거지?" "그럼, 하은이가 원하는 일인데… 남은 1205만 원은 전액 기부할게. 그런데 정말 안 아까워?" "나하고 동생들은 엄마 아빠가 잘 키워주잖아. 그리고 하나님께서 내가 장학금으로 미국 유학도 오도록 만들어 주셨고…. 나도 보답해야지."

"하은아, 정말 고맙다. 잘 자라주어서…."

"엄마, 내가 더 고마워."

저는 아직 돈에 대해 잘 모르지만 어려운 사람들에게 기부하고 싶은 마음에 돈을 모으고 있습니다. 그래서 그 돈도 당연히 기부해야 한다고 생각했습니다. 우리 주변에는 힘들게 사는 어려운 이웃이 많다는 걸 알고 있기 때문입니다. 예수님은 어려운 이웃의 친구가 되어 살라고 하셨습니다. 그래서 저는 예수님의 말씀을 실천하며, 돈보다 주님의 말씀을 들으며 살고 싶습니다.

《나는 하나님의 딸》, 김하은

185

대답하여 이르되 네 마음을 다하며 목숨을 다하며 힘을 다하며 뜻을 다하여 주 너의 하나님을 사랑하고 또한 네 이웃을 네 자신 같이 사랑하라 하였나이다 눅 10:27

기도 주님, 재정이 꼭 필요하지만 그 재정으로 인해 저희 마음을 잃어버리는 어리석음을 범하지 않게 도와주세요. 어려운 이웃이 있다면 재정보다 이웃을 더 사랑할 수 있도록 제 마음을 만져주소서.

나의 적용과 결단

내가 가진 것이 없어진 순간에도 감사할 수 있는가?

갑자기 내린 비 때문에 많은 소들이 죽었다

마사이 지역에서 가장 힘든 일은 건기에 소를 몰고 이동하는 것이다. 건기
는 대략 4월부터 10월까지인데, 빠르게는 4월부터 물과 풀을 찾아 이동해
야 한다. 마사이 사람들은 예수님을 믿지 않을 때는 식구가 다 같이 떠나
곤 했다. 하지만 예수님을 믿고 난 후에는 교회를 지키며 신앙생활을 하기
위해 각 집안의 대표들이 논의해서 공동으로 이동시켰다.

추장이 몇 사람들과 함께 소들을 데리고 물이 있는 킬리만자로 산으로 갔
다. 떠나는 날 마을 사람들은 찬양을 부르며 그들을 기도로 전송했고, 뒤
이어 수백 마리의 소 떼가 함께 이동하는 장관이 연출되었다.

그들이 떠난 후 가끔 들리는 소식은 그리 좋은 것들이 아니었다. 그들은
비가 내리기 시작하는 10월 말쯤 되어서야 돌아왔는데, 모습이 말이 아니
었다. 소들도 너무 지쳐있었다. 갑자기 내린 비 때문에 많은 소들이 죽었
다. 소문에 의하면 추장의 소가 모두 153마리였는데 그곳에서 91마리가
죽었다고 한다.

나는 추장의 소가 많이 죽었다는 말에 걱정이 되었다. "나는 더 이상 예수
안 믿는다. 믿으면 뭐하나? 제대로 되는 것도 없는데…"라고 하면서 "너
희들 맘대로 해라"라고 한다면 모두 추장을 따를 것 같았다.

나는 기도했다. "추장을 지켜주옵소서. 그 마음이 변하지 않게 하옵소서."
주일이 되었는데도 교회 분위기가 썰렁했다. 전처럼 신나는 일도 없었다.
모든 사람이 와서 즐겁게 예배를 드려야 하는데, 워낙 많은 소를 잃어 침
통한 분위기였다. 예배가 시작되어 찬양을 하는데, 추장은 여전히 모습을
나타내지 않았다. 그때, 밖에서 소 울음소리가 났다. 추장이 흰 소를 몰고
교회에 온 것이다. 흰 소는 마사이 사람들이 성스럽게 여기는 것으로 보통

축제 때나 제사를 지낼 때에 잡는다. 나는 추장에게 어찌 된 일인지 물었다. 사람들이 수근거렸고 나 역시 긴장이 되었다. 추장은 앞에 나서자마자 "할렐루야!"라고 소리쳤다.

"이번에 예수님이 저를 얼마나 사랑하시는지 깨달았습니다. 너무나도 감사해서 가장 좋은 소를 하나님께 감사예물로 드립니다."

모든 사람이 깜짝 놀랐다.

"하나님께서는 제 소를 91마리나 죽이셨습니다. 처음에는 너무 야속했는데 계속해서 죽어가는 소를 보고 기도했습니다. '지켜주옵소서. 살려주옵소서. 저는 아무것도 할 수 없습니다.' 그때, 하나님의 능력을 보았습니다. 하나님은 더 이상 소를 죽이지 않으셨습니다. 91마리를 죽일 수 있는 분이라면 153마리 전부를 죽일 수도 있었습니다. 그런데 제 기도를 들으시고 더 이상 죽이지 않으셨습니다. 하나님이 저를 사랑하시고 제 기도를 들으신다는 것을 확실히 알게 되었습니다. 그래서 너무도 감사해서 이 소를 드립니다. 정말 감사합니다."

추장은 나보다 더 큰 믿음을 갖고 있었다.

하나님의 섭리가 언제 어떻게 다가오는지 우리는 알 수 없다. 하나님을 믿는다면 우리는 감사해야 한다. 어떤 상황에서도 감사해야 하는 것은 믿는 사람이 반드시 갖춰야 할 조건이다.

《들어쓰심》, 안찬호

비록 무화과나무가 무성하지 못하며 포도나무에 열매가 없으며 감람나무에 소출이 없으며 밭에 먹을 것이 없으며 우리에 양이 없으며 외양간에 소가 없을지라도 나는 여호와로 말미암아 즐거워하며 나의 구원의 하나님으로 말미암아 기뻐하리로다 합 3:17,18

평온할 때에 하나님과 깊이 교제하며 하나님을 신뢰한 사람만이 어떤 상황에서도 감사할 수 있습니다. 하나님의 섭리가 언제 어떻게 다가오든지 굳건히 하나님을 신뢰함으로 감사할 수 있는 믿음을 주시기를 간구합니다.

나의 적용과 결단

하나님의 사랑을 잃은 징후 4가지

의무를 소홀히 하면 사랑의 마음을 잃게 된다

몸에 온기가 없으면 생명을 잃듯이 우리의 영혼도 사랑이 없으면 살 수 없다. 하나님을 사랑한다면 그 마음을 늘 유지하기 위해 노력해야 한다. 하나님께서 언제까지나 우리를 사랑하시듯, 우리도 주님을 항상 사랑해야 한다. "너의 처음 사랑을 버렸느니라"(계 2:4)라는 말씀처럼 사랑도 불처럼 자칫하면 꺼질 수 있다. 사탄은 사랑의 불꽃을 끄기 위해 노력한다. 의무를 소홀히 하면 사랑의 마음을 잃게 된다.

소위 영적 폐결핵에 걸린 탓에 사랑의 열정을 잃는 사람이 한둘이 아니다. 영적 폐결핵에 걸려 사랑을 잃는 징후 네 가지를 살펴보자.

첫째, 입맛을 잃는다. 폐결핵이 심한 사람은 입맛을 잃는다. 그는 전과는 달리 음식의 맛을 느끼지 못한다. 마찬가지로 신자도 영적 입맛을 잃으면 달콤한 약속의 말씀 맛을 느낄 수 없다. 전에는 하나님의 말씀이 꿀 송이와 같았지만, 사랑이 식으면 더 이상 그런 맛을 느낄 수 없다. 다시 말해 신령한 일들이 마치 '계란 흰자위'(욥 6:6)처럼 무미한 상태로 전락한다.

둘째, 식욕을 잃는다. 사랑을 잃은 사람은 신령한 욕구를 느끼지 못하며, 하나님의 말씀을 간절히 사모하지 않는다. 그의 마음에는 더 이상 사랑의 열정이 불타오르지 않는다. 다윗이 이불을 덮어도 따뜻하지 않았던 이유는 그가 노쇠했다는 징후였다(왕상 1:1). 마찬가지로 따뜻한 옷(즉, 거룩한 의식)을 여러 겹 겹쳐 입어도 사랑의 열정을 느끼지 못하고 차갑고 냉랭한 이유는 영적 폐결핵에 걸려 첫사랑을 상실했기 때문이다.

셋째, 신령한 사랑이 줄어든다. 세상을 사랑하면 사랑할수록 신령한 사랑은 점차 줄어든다. 한때는 고귀한 하늘의 성품을 지니고 가나안의 언어를 말했지만, 사랑이 식으면 마치 입에 돈을 물고 있는 물고기처럼(마 17:27)

변한다. 다시 말해 재물 외에는 아무것에도 관심이 없는 상태로 전락하고 만다. 그런 사람의 생각과 감정은 세상을 두루 돌아다니는 사탄처럼 온통 세상을 향한다. 녹은 금속의 광택을 사라지게 할 뿐 아니라 금속을 부식시켜 바스라지게 만든다. 마찬가지로 영혼이 세상을 사랑하면 은혜가 환한 광채를 드러내지 못하고 점차 사라지게 된다.

넷째, 예배와 기도에 소홀해진다. 영적 폐결핵에 걸리게 되면, 하나님에 대한 경배를 소홀히 하고 신앙의 의무를 형식적으로 수행한다. 다시 말해, 신앙의 의무를 행하더라도 최선을 다하지 않고 대충 처리한다. 바이올린의 현이 느슨해지면 좋은 소리를 낼 수 없듯이 신앙의 의무를 태만히 하면 기도를 해도 기도를 하지 않는 것이나 다를 바 없다. 그런 경우, 기도는 하나님의 귀에 아름다운 화음이 되지 못한다.

신앙생활이 침체되면 영혼의 맥박이 힘을 잃는다. 그것은 곧 첫사랑을 잃었다는 증거이다. 영적 폐결핵에 걸리지 않도록 주의하자.

《안심하라》, 토마스 왓슨

189

아버지께서 나를 사랑하신 것 같이 나도 너희를 사랑하였으니 나의 사랑 안에 거하라 내가 아버지의 계명을 지켜 그의 사랑 안에 거하는 것 같이 너희도 내 계명을 지키면 내 사랑 안에 거하리라 내가 이것을 너희에게 이름은 내 기쁨이 너희 안에 있어 너희 기쁨을 충만하게 하려 함이라 요 15:9-11

기도 주님께서 사랑하는 자녀를 눈동자와 같이 지켜주심같이, 저도 이 세상의 미혹과 이기적인 자아의 욕심으로부터 주님의 사랑의 은혜를 지키겠습니다. 그 생명의 사랑을 잊지 않도록 제 마음을 지켜주옵소서.

나의 적용과 결단

당신은 더 이상 사랑만 받기 위해
태어난 존재가 아닙니다

우리는 사랑을 주기 위해 거듭난 존재입니다

하나님이 주시는 기름부으심을 받으려면 내 안에 상처를 보아야 합니다. 그것을 치유해서 고침을 받아야 온전한 통로가 될 수 있습니다. 내 속의 상처를 보려면 그 상처의 근원이 되는 '원가족'(자신이 자녀로 있었던 가족) 부터 보아야 합니다. 실제로 대부분의 상처는 어릴 때 원가족에서 생겨난 것입니다. 그런 의미에서 우리를 사랑하는 부모는 가해자가 되고 우리는 피해자가 되는 것입니다.

우리가 다시 새로운 가정을 이룰 때 우리는 다시 가해자가 되고 우리의 자녀는 피해자가 됩니다. 육신의 부모를 용서하되 특별히 아버지를 용서하시기 바랍니다. 우리나라처럼 가부장적이고 유교적인 가정에서 나고 자란 우리가 하나님을 알고 하나님의 사랑을 알고 난 뒤 보면 자신의 아버지가 다 역기능 가정의 출신이고, 우리를 사랑한다고 했지만 하나님의 방식이 아닌 자기 방식대로 사랑했다는 것을 알게 됩니다. 그렇기 때문에 많은 경우 우리 안에는 아버지와의 관계에 상처가 있습니다. 그런데 그 아버지와의 관계에서 온전히 자유함을 얻지 못하면 하나님과의 관계에도 먼지가 끼게 되어 온전한 관계를 갖지 못합니다.

이 세상에 온전하게 우리를 채워주고 상처를 주지 않는 부모나 가정은 없습니다. 우리는 본질상 진노의 자녀이며 죄악 가운데 태어난 그 부모와 더불어 한 가정을 이루고 살아가기 때문입니다. 그래서 우리는 뭔가 잃어버린 것 같고 채워도 채워질 수 없을 것 같은 배고픔, 인정과 관심을 갈망하며 살아가게 됩니다. 하지만 이제 우리는 그런 것들로부터 자유함을 누릴 수 있습니다. 더 이상 날마다 상처에 매여 헤매지 않아도 됩니다. 그 상처를 싸매시러 예수님이 이 땅에 오셨기 때문입니다.

우리는 더 이상 사랑 받기 위해 태어난 존재가 아닙니다. 사랑을 주기 위해 거듭난 존재입니다. 더 이상 다른 사람을 탓하거나 자신을 정죄하거나 다른 사람에게 묶여 있지 말고 그 사랑을 오직 하나님으로부터 받아야 합니다.

그러나 대부분의 경우 부모와의 관계에서 생긴 상처 때문에 예수 그리스도로부터 흘러나오는 그 사랑의 통로를 열지 못한다는 것이 가장 큰 문제입니다. 예수 그리스도를 통해서 얼마든지 하나님의 사랑을 받을 수 있는데도 그 관계, 그 상처 때문에, 잘못된 생각의 패턴, 그 감정의 패턴 때문에 하나님 사랑의 통로를 스스로 막고 있는 것이 문제가 되기 때문입니다. 본질적으로 말하자면, 그것 때문에 바로 하나님의 진정한 기름부으심이 흐르지 못하는 것입니다.

이제는 당신 안에 사랑의 하나님이 함께 계신다는 것을 다시금 분명히 하십시오. 우리는 더 이상 부모로부터 내 남편과 아내로부터 다른 사람으로부터 사랑 받기 위해 굶주려 있는 그런 사람들이 아닙니다. 우리의 사랑은 하나님 한 분으로부터 충족되었습니다.

이제는 더 이상 사랑 받기 위해 태어난 존재가 아니라 사랑을 주기 위해 거듭난 존재가 되었음을 선포하십시오.

《기름부으심》, 손기철

사랑은 여기 있으니 우리가 하나님을 사랑한 것이 아니요 오직 하나님이 우리를 사랑하사 우리 죄를 속하기 위하여 화목제로 그 아들을 보내셨음이니라 사랑하는 자들아 하나님이 이같이 우리를 사랑하셨은즉 우리도 서로 사랑하는 것이 마땅하도다 요일 4:10,11

기도 부모님과 가정으로부터 받은 상처와 쓴뿌리, 분노, 거절감을 하나님 앞에 토해내기 원합니다. 하나님께 온전히 치유 받고 하나님의 사랑으로 채움 받기를 원합니다. 하나님께 받은 사랑과 기름부으심을 흘려보내는 인생이 되기 원합니다.

나의 적용과 결단

진심으로 하나님을 사랑한다면, 그 증거를 내놓아 보세요!

어떤 사람과 친해지려면 그 사람을 자주 생각해야 합니다

우리는 이생에서 우리의 유일한 직무가 하나님을 기쁘시게 하는 것임을 우리 자신에게 종종 상기시켜야 합니다. 그것 이외의 다른 모든 것들은 실로 어리석고 헛된 것에 지나지 않습니다.

우리는 하나님을 제대로 사랑하고 섬기며 살았습니까?

솔직히 저는 하나님께서 그간 베풀어주셨고 지금도 베풀어주시는 은혜에 대해 생각해 볼 때, 제가 그 은혜를 제대로 활용하지 못했다는 점과 그리스도인의 완전함에 이르는 길에 별다른 진전을 이루지 못했다는 생각에 부끄러움과 당혹스러움을 금할 길이 없습니다.

하지만, 이제라도 진지한 태도로 다시 시작합시다! 헛되이 낭비했던 시간을 벌충합시다! 언제라도 우리를 애정 어린 손으로 받아줄 준비를 하고 계신 선하신 하나님께 완전한 확신을 품고 돌아갑시다!

끊어버립시다! 오로지 하나님만을 사랑하기 위해 하나님이 아닌 모든 것들을 단호히 끊어버립시다!

하나님은 무한한 사랑을 받기에 합당한 분이십니다. 그러니 끊임없이 하나님만을 사랑합시다! 하나님을 전폭적으로 신뢰합시다!

저는 우리가 하나님을 신뢰한 결과와 하나님 은혜의 풍성함을 곧 체험하게 될 것이라 확신합니다.

아울러 그 은혜와 함께하면 모든 것을 능히 할 수 있지만, 그렇지 않으면 오로지 죄만을 짓게 될 것입니다.

하나님의 실제적인 도움이 없으면 인생의 곳곳에 도사리고 있는 위험과 암초를 피할 수 없습니다. 그러니 하나님의 도움을 계속 구합시다!

그러나 하나님과 함께하지 않으면 어떻게 도움을 구할 수 있겠습니까?

하나님께 계속 주의를 집중하면서 하나님을 계속 의식하지 않으면 어떻게 하나님을 자주 생각할 수 있겠습니까? 우리 내면에서 실천해야 하는 이 신령한 연습을 통해서가 아니면 어떻게 할 수 있단 말입니까?

저는 이것보다 더 쉽고 적절한 방법을 모릅니다. 그리고 오로지 그 방법만 따르고 있기 때문에 모든 사람에게 권하는 것입니다.

어떤 사람과 친해진 뒤에야 그 사람을 사랑할 수 있습니다. 그리고 어떤 사람과 친해지려면 그 사람을 자주 생각해야 합니다.

마찬가지입니다. 하나님을 사랑하려면 먼저 하나님을 자주 생각해야 합니다. 그리고 그렇게 하나님을 사랑하게 되었을 때, 우리는 하나님을 더욱 자주 생각하게 될 것입니다.

우리가 귀히 여기는 곳에 우리의 마음도 있게 되는 법이기 때문입니다.

하나님을 계속 생각합시다!

《하나님 임재연습》, 로렌스 형제

그러므로 함께 하늘의 부르심을 받은 거룩한 형제들아 우리가 믿는 도리의 사도이시며 대제사장이신 예수를 깊이 생각하라 히 3:1

오로지 하나님만을 사랑하기 위해 하나님이 아닌 모든 것을 단호히 끊어버리고, 하나님만을 자주 생각하기를 원합니다. 오늘도 하나님이 순간순간 생각나는 하루가 되게 하소서.

나의 적용과 결단

은혜를 받아도, 왜 또다시 두려운 마음이 드는 것일까?

불안을 정죄해서는 안 된다

하나님께서 우리의 두려움을 평안으로 바꿔주셨고, 하나님이 함께하시기에 우리는 두려워하지 않아도 된다는 은혜를 입었다. 그러나 그 은혜가 채 가시기도 전에 왜 또다시 우리는 두려움에 휩싸이고 마는가?

폴 투르니에(Paul Tournier, 1898-1986)라는 유명한 상담심리학자는 이같은 불안을 명명하기를 '중간지대의 불안' 이라고 했다.

공중 그네를 타는 사람은 자신이 의지하고 있던 한 축을 놓은 다음에 그 다음 축을 잡을 수 있다. 그것을 잘 잡아야 서커스가 성공이다. 중간지대는 이것을 놓아야만 하는 상황을 말한다. 잡고 있던 한쪽 축을 놓았지만 저쪽 축은 붙잡지 못한 상태, 이것이 중간지대의 불안이라는 것이다. 다시 말해서, 모든 인간은 성화의 길로 들어서서 영적 요단강을 건너 온전한 하나님나라로 들어가기 전에는 모두가 이 중간지대의 불안 가운데 있다는 말이다. 이 중간지대의 불안을 다루기 위해 우리가 기억해야 할 것이 있다. 그것은 두 가지 부분에서 균형을 잡는 것이다.

첫째로 우리의 삶의 현장에서도 나타나는 중간지대의 불안을 정죄해서는 안 된다.

예배를 통해 내 안의 모든 불안이 사라져 기쁨으로 춤출 것 같은데 막상 집으로 돌아가면 또다시 아내가 미워지고, 남편이 미워지면서 불안감이 엄습해 더 큰 절망의 나락으로 빠져들 위험이 있다. 따라서 이것에 대한 이해가 필요하다. 그것은 성화를 향해 나아가는 과정에서 나타나는 지극히 정상적인 반응이다. 그러므로 우리는 그런 우리 자신을 정죄하면 안 된다.

두 번째로 자신을 정죄하지 말고 용납하되, 자기합리화를 시켜서는 안 된다.

194

이 중간지대의 불안을 반드시 이겨낼 수 있다는 확신을 가져야 한다. 그리고 우리가 십자가의 은혜로 모든 두려움이 변하여 진정한 평안을 입었던 순간을 기억해야 한다.

"비록 내게 두려움이 엄습하고 연약함이 여전히 내 안에서 꿈틀거리고 있지만, 이미 주님의 십자가가 사탄의 머리를 짓밟았다. 내가 비록 흔들릴지라도 나는 다시 옛날로 돌아가지 않는다. 나는 변화되었다. 나는 하나님과 샬롬의 관계를 이룬 하나님의 사람이다."

과거에 하나님이 주셨던 샬롬의 관계를 기억하는 것이 영적인 생활에 큰 유익이 된다.

세상 사람들은 우리의 실력을 모른다. 우리 내면의 힘을 모른다. 겉모양으로 실력이 드러나는 것이 아니다. 100평짜리 아파트에 살고 고급 자동차를 끌고 다닌다고 실력 있는 것이 아니다. 눈에 보이지 않지만 우리 내면에 있는 하나님과의 '샬롬의 관계', 즉 "주의 능력을 힘입어 사자와 곰도 쳤던" 그 추억이 진짜 강력한 영적 실력이다.

우리는 내면에서 일어나는 중간지대의 불안을 영적 결벽증으로 내치기만 할 것이 아니라 수용하는 태도를 가져야 한다. 또한 지금의 자신이 과거 불안에 사로잡혔던 자신이 아니라 이미 주님의 샬롬의 은혜를 입은 존재임을 기억해야 한다.

《일어나라》, 이찬수

195

여호와께서 그에게 이르시되 너는 안심하라 두려워하지 말라 죽지 아니하리라 하시니라 기드온이 여호와를 위하여 거기서 제단을 쌓고 그것을 여호와 샬롬이라 하였더라 그것이 오늘까지 아비에셀 사람에게 속한 오브라에 있더라 삿 6:23,24

기도 　주님, 제 안의 두려움을 정죄하지도, 합리화시키지도 않겠습니다. 두려움이 있을지라도 정직한 심정으로 주님 앞에 나아가겠습니다. 십자가의 은혜로 저를 이끌어주시고 주님이 능력이심을 깨닫게 하여주옵소서.

나의 적용과 결단

지금 **어려움**에 **빠져** 있나요?

제발 낙심하지 말라! 전능하신 하나님을 왜 신뢰하지 않는가?

우리는 종종 하나님께서 어느 지점까지만 우리를 도울 수 있을 것이라고 생각한다. 이게 무슨 뜻인가? 하나님께서 도울 수 없는 지점부터는 우리가 우리 자신을 도울 수 있다는 뜻 아닌가? 이러한 믿음을 잘 분석해보면 그 안에 '자기 신뢰'를 감추고 있다는 게 드러난다. '자기 신뢰'의 가장 가까운 혈족은 바로 '불신'이다.

홍수가 모든 육지를 덮었을 때에 노아가 항해일지를 작성하는 것은 소용 없는 일이었다. 모든 것이 바다일 때는 어디로 항해하든 아무 문제가 되지 않는다. 마찬가지로 당신이 일단 자아로부터 벗어나면 한계가 없어진다. 하나님은 무한하시다. 그러니 무제한으로 하나님을 신뢰하고 무제한으로 하나님을 의지하라. 삼손처럼 행동하라. 그는 하나님께서 함께하심을 믿었기 때문에 당나귀 턱뼈만으로 블레셋 사람 일천 명을 쳐 죽였다.

있는 그대로 자신을 단순하게 하나님께 맡기는 한, 적들이 많든 적든 무기가 좋든 나쁘든 아무 차이가 없다. 그런데 바로 이 점에서 우리의 나약한 믿음이 드러난다. 우리는 하나님의 맨손을 온전히 의지하지 못한다. 우리 생각으로 방책을 세우려고 한다.

이 둥근 지구를 보라. 착실하게 잘 돌고 있다. 예정된 궤도를 따라 부드럽게 움직이고 있다. 왜 그런가? 아무것에 '매달려 있지 않아도' 하나님께서 권능으로 지휘하시기 때문이 아닌가? 지구가 거대한 사슬에 매달려 있다고 가정해보라. 그렇다고 해서 지금보다 더 견고하게 움직일까?

물론 그 사슬의 힘은 하나님으로부터 와야 할 것이다. 그럴 때에 사슬의 힘을 의지하는 것이 옳은가 아니면 하나님의 능력을 의지하는 것이 옳은 가? 그렇다. 경건한 성도가 오직 하나님의 능력만을 의지할 때, 지옥의 모든 귀신들이 힘을 합하여도 조금도 흔들어놓지 못할 것이다. 하나님의 맨손이 우리의 모든 능력의 근원이다.

당신은 지금 궁지에 빠져 있는가? 당신의 성경책을 펴라. 당신이 처한 독특한 상황에 적합하지 않은 약속이 단 하나라도 있는지 확인해보라.

하나님께서는 우리가 비상사태를 당할 때 요동하지 않도록 약속의 말씀을 주셨다. 그런데도 어려움을 당할 때마다 번번이 낙담하는 당신은 과연 신자인가?

용기를 내라! 전진하라! 하나님께서 건져주실 것이니 두려워하지 말라! 필요한 것을 공급해주실 것이니 당황하지 말라!

하나님을 위해 거룩한 일을 하는 것이 당신에게 어려울 수도 있다. 그러나 하나님께서는 당신을 이끌어 이미 그러한 일들을 수행하게 하셨다. 전능하신 하나님께서 "네 하나님 여호와께서 너와 함께하시느니라"(신 20:1)라고 말씀하셨는데도 그렇게 말할 작정인가? 하나님께서 명령하실 때에 그 이유를 따지거나 질문하는 것이 믿는 자의 합당한 태도인가?

지금 즉시 시행하라. 위험과 수고와 어려움이 클수록 당신 자신을 하나님께 철저히 헌신하라. 그리고 그 일을 수행했을 때에 하나님께 찬양과 영광을 올려드려라.

《네 믿음을 보이라》, C. H. 스펄전

네 길을 여호와께 맡기라 그를 의지하면 그가 이루시고 네 의를 빛 같이 나타내시며 네 공의를 정오의 빛 같이 하시리로다 시 37:5,6

기도 지금 어려움 가운데서 낙심하고 있습니다. 하지만 낙심과 걱정은 나의 믿음이 부족함을 드러낼 뿐입니다. 전능하신 하나님을 힘입어 지혜로워지며 강해지기를 소원합니다. 어려움이 더 할수록 저 자신을 더 철저히 하나님께 헌신하기 원합니다.

나의 적용과 결단

COMFORT and COURAGE

주님은 지친 당신을 결코 외면하지 않으신다

나는 너를 절대로 포기하지 않으리라!

주님이 찾으시는 사람들의 상태는 상한 갈대요 꺼져가는 등불과 같다. 튼튼한 나무가 아니라 연약한 갈대, 그것도 온전한 갈대가 아니라 상한 갈대이다.

"그는 외치지 아니하며 목소리를 높이지 아니하며 그 소리로 거리에 들리게 아니하며 상한 갈대를 꺾지 아니하며 꺼져가는 등불을 끄지 아니하고 진리로 공의를 베풀 것이며"(사 42:2,3).

'상한 갈대'는 '비참한 상태에서 그리스도께 나아와 도움을 요청하는 사람'을 가리킨다. 비참한 상태에서 그리스도께 나아온 사람은 죄가 그 비참한 상태의 원인이라는 사실을 깨닫는다. 그리고 이런저런 변명을 내세워 죄를 숨기려고 하다가 마음이 깨지고 상하게 되면 결국 주님 앞에 무릎을 꿇게 된다. 심령이 상하기까지 죄와 불행을 깊이 의식하면, 자신의 힘으로는 아무것도 할 수 없다는 생각이 든다. 그러다 보면 자신은 은혜를 받을 자격이 조금도 없지만, 그리스도께 도움을 요청해보자는 작은 소망이 생겨난다. 이런 소망은 의심과 두려움에 짓눌려 곧 사라질 듯 위태롭다. 이것이 곧 '꺼져가는 등불'의 의미이다. 이처럼 상한 갈대와 꺼져가는 등불은 비참하고 고통스러운 심령 상태를 가리킨다.

"심령이 가난한 자"(마 5:3)라는 말씀도 이와 일맥상통한다. 즉, 심령이 가난한 자란 자신이 하나님의 정의로운 심판을 받을 수밖에 없는 죄인임을 의식하고 스스로의 부족함을 인정하는 사람을 의미한다. 상한 심령은 회개하기 전에 필요하다. 상한 심령이 있어야만 교만한 마음을 꺾어 그리스도를 영접하게 하시는 성령의 사역이 가능하고 비로소 자신의 참 모습을 볼 수 있기 때문이다.

198

우리는 하나님이 이런저런 고난을 주셔서 탕자처럼 스스로 돌이킬 때까지(눅 15:17) 본연의 모습을 저버리고 이리저리 방황하며 살아간다. 우리의 마음은 범죄자처럼 혹독한 형벌을 당하기 전에는 재판관이신 주님의 자비를 힘써 부르짖지 않는다.

상한 심령은 그리스도를 귀하게 여기는 마음을 갖게 해준다. 상한 심령이 있어야 복음은 비로소 진정한 복음이 되고, 선행이나 공로가 무익해지며 감사하는 마음이 생겨나고 참된 삶의 열매를 맺는다. 율법의 채찍만으로는 부족하다. 따라서 회개하기 전에는 반드시 교만한 마음을 낮추시는 성령의 역사가 필요하다(고후 10:5). 성령께서는 우리가 죄를 뉘우치지 않을 때 꾸짖고 징계하시며, 죄를 뉘우치고 깨끗해졌을 때는 치유하고 격려하신다. 회개를 하고 나서도 상한 심령은 필요하다.

우리는 우리 자신을 '상한 갈대'라고 여겨야 한다. 우리의 본성 안에 여전히 교만의 찌끼가 남아 있어서 하나님의 은혜가 아니면 살아갈 수 없기 때문이다. 사람들이 영적 침체에 빠지거나 신앙을 저버리는 이유는 죄를 애통해하지 않기 때문이다.

아울러 상한 심령은 믿음이 연약한 신자를 낙심하지 않게 도와준다. 믿음이 연약한 신자는 믿음이 강한 신자가 상처를 받고 흔들리는 모습을 볼 때 적지 않은 용기를 얻을 수 있다.

《내가 어찌 너를 버리겠느냐》, 리처드 십스

199

하나님께서 구하시는 제사는 상한 심령이라 하나님이여 상하고 통회하는 마음을 주께서 멸시하지 아니하시리이다 시 51:17

기도 주님, 제 힘으로는 아무것도 할 수가 없습니다. 깨지고 상한 저의 심령을 받아주시고 치유해 주세요. 하나님의 긍휼과 자비가 아니면 단 한 순간도 살아갈 수 없음에도 스스로 교만하여 높아진 마음을 가졌던 것을 용서해주세요.

나의 적용과 결단

....

....

떠나 보내라, 언제까지
끌어안고 아파할 것인가?

힐링이 필요한 이유는 상처 때문입니다

요즘 주변을 둘러보면 어른, 아이 할 것 없이 여기저기서 아프다고 난리입니다. 과거에는 잘 참고 넘겼던 일들도 이제는 참기 어려워졌다며 눈물을 줄줄 흘립니다. 어떤 아이들은 아픔을 잊어보려고 게임에 빠져 밤을 꼴딱 새기도 하고, 어떤 성도들은 목회자 몰래 내적치유센터나 상담학교 등을 기웃거립니다. 게다가 근래에는 전문적인 치유 프로그램이 아닌 TV 프로그램이나 여타 문화 영역에서도 감성에 호소하는 치유, 이름하여 힐링 바람이 불고 있습니다.

하지만 힐링이 생명과 연관이 없을 때는 철학이나 심리학에 몸을 기댈 수밖에 없습니다. 이런 일은 교회 밖에서만이 아니라 안에서도 일어나고 있습니다. 교회의 주인은 생명이신 하나님이라고 고백해놓고도 생명과 관계없는 인본주의 철학이나 혼합적 사고에서 나온 논리들로 힐링을 설명하려는 이들이 많아지고 있습니다.

힐링이 필요한 이유는 상처 때문입니다. 그렇다면 상처가 무엇이고, 왜 아픈 걸까요. 왜 우리는 남에게 상처를 주고, 상처를 받으며 아파하는 걸까요. 상처를 설명할 때 '죄'에 대해 설명하지 않고서는 이야기할 수 없습니다. 상처는 죄가 들어올 때 함께 들어왔습니다. 만약 죄가 없었다면 상처도 없었을 것입니다. 죄가 들어오기 전의 인간은 완벽했습니다. 그러나 죄가 들어오자 다 망가져 버렸습니다.

주님은 우리가 두 가지 악을 행하는 자라고 말씀하셨습니다. 생수의 근원 되신 주님을 떠난 것과 스스로 웅덩이를 판 것입니다(렘 2:13). 생수의 근원을 떠나니까 갈증이 나는 거고, 갈증을 자신의 힘으로 해결하려고 하니 스스로 웅덩이를 파게 되는 겁니다. 문제는 그 웅덩이에서는 갈증을 해결할 물을 얻을 수 없다는 것이지요.

우리는 자의로 구원받을 수 있는 존재가 아닙니다. 마찬가지로 자의로 치료 받을 수 있는 존재도 아닙니다. 우리는 전적으로 타의에 의해 구원받아야 하는, 절대의존적 존재라는 걸 잊으면 안 됩니다. 우리가 하나님을 찾아가는 게 아니라 하나님께서 우리를 찾아오신 겁니다.

창조주이신 하나님, 생명이신 하나님이 우리를 살리십니다. 생명만이 우리를 치유하고 회복합니다. 회복의 길은 한 가지, 길이요 진리요 생명이신 그분 안에 들어가는 것입니다. 그분이 우리 안에 들어오시고, 우리가 그분 안에 들어갈 때 죄의 문제, 상처의 문제가 해결됩니다.

여기서 중요한 게 교회입니다. 교회는 생명인 말씀이 선포되고 가르쳐지는 곳이기 때문입니다. '티칭'(Teaching), '프리칭'(Preaching), '힐링'(Healing), 주님이 이 땅에 오셨을 때 하신 사역이지요. 그러므로 교회는 말씀이 선포되고 가르쳐지는 곳이며 동시에 상처가 치유되는 병원이 되어야 합니다.

이 병원의 의사는 단 한 분, 하나님이십니다. 그분은 병을 고쳐 달라고 오는 영혼들을 마다하지 않으십니다. 치유는 주님의 사랑의 표시이지요. 의사이신 그분이 감사하게도 우리를 간호사로 부르십니다. 우리를 고치실 뿐 아니라 동역자로 부르시는 것입니다.

《상처야 잘가》, 신상언

여호와는 나의 반석이시요 나의 요새시요 나를 건지시는 이시요 나의 하나님이시요 내가 그 안에 피할 나의 바위시요 나의 방패시요 나의 구원의 뿔이시요 나의 산성이시로다 시 18:2

세상의 방법으로 내 안의 상처를 치유하려 했던 저의 어리석음을 깨닫습니다. 나의 생명 되신 창조주 하나님을 먼저 기억하게 하시고, 길이요 진리 되신 그분과 하나 되어 죄의 문제, 상처의 문제를 해결 받기 원합니다.

나의 적용과 결단

'고통 총량 불변의 법칙'을 아는가?

재벌, 권력가, 유명인을 만나보며 얻은 진리!

인생은 위기가 전혀 없는 인생, 날마다 위기인 인생으로 나뉘지 않는다. 모든 인생은 다 위기이다.

나는 한국에서 손꼽히는 재벌도 만나봤고, 내로라하는 권력가도 만나봤다. 그런가 하면, 지하 단칸방에 사는 사람도 만나보았고, 하루하루 먹고 살 걱정에 쉴 틈 없는 사람들도 많이 만나보았다. 그러면서 내가 발견한 진리는 '고통 총량 불변의 법칙'이었다. 대궐 같은 곳에 살든, 지하 단칸방에 살든 상관없이 그 내용이 다르고 질이 달라서 그렇지 모든 사람은 다 각자에게 주어진 인생의 무게가 있다. 그렇기 때문에 인생을 고통이 없는 자와 있는 자, 위기가 없는 자와 있는 자로 나누는 것은 정직한 분류가 아니다.

그렇다면 인생은 어떻게 분류할 수 있는가? 삶의 무게와 고통은 모든 인생에 드리워지는데, 그럴 때 그 아픔을 하소연할 보호자가 있는 인생인가, 어떤 보호자도 없는 인생인가로 나누어지는 것이다.

"지존자의 은밀한 곳에 거주하며 전능자의 그늘 아래에 사는 자여, 나는 여호와를 향하여 말하기를 그는 나의 피난처요 나의 요새요 내가 의뢰하는 하나님이라 하리니 이는 그가 너를 새 사냥꾼의 올무에서와 심한 전염병에서 건지실 것임이로다"(시 91:1-3).

이 시편의 고백처럼, 우리 인생에 위기가 찾아올 때 "하나님은 나의 피난처요 나의 요새요 내가 의뢰하는 하나님이라"고 고백할 수 있는 인생과 그렇지 않은 인생이 있다는 말이다.

"그가 너를 그의 깃으로 덮으시리니 네가 그의 날개 아래에 피하리로다 그의 진실함은 방패와 손 방패가 되시나니 너는 밤에 찾아오는 공포와 낮에 날아드는 화살과 어두울 때 퍼지는 전염병과 밝을 때 닥쳐오는 재앙을 두려워하지 아니하리로다"(시 91:4-6).

밤에 찾아오는 공포와 낮에 날아드는 화살, 현대를 살아가는 우리에게도 정말 마음에 와 닿는 표현이다. 밤마다 이유를 알 수 없는 두려움에 시달리고 낮에 숱한 위기들과 불신의 관계 속에 드리워진 올무를 끊임없이 조심해야 하는 것이 현대인의 자화상이다. 그러나 그 가운데서도 하나님의 보호를 받는 우리는 하나님의 날개 아래 몸을 피하고 닥쳐오는 재앙을 두려워하지 않는다고 고백할 수 있는 것이다.

내가 경험해보니, 연탄보일러가 고장 난 달동네에서 3천 원짜리 비빔밥 하나 사 먹을 돈 없이 사는 것은 정말 불편한 일이었다. 그러나 그것이 나를 불행하게 만들지는 못했다. 우리를 불행하게 하는 것은 '결핍'이 아니다. 그것은 '관계'의 문제이다. 우리는 제자리로 돌아가야 한다. 마음의 허전함, 무엇으로도 채워지지 않는 공허함을 채우실 수 있는 유일한 분에게로 돌이켜야 한다.

아무리 교회에 오래 다녔어도 그저 세상 사람들이 구하는 것처럼 "부자 되게 해주세요. 성공하게 해주세요"라고만 부르짖기에 바쁘다면, 백 번을 부르짖어도 결코 진리를 찾을 수 없다. 예수님의 사랑의 터치를 경험해야 한다. 성령님이 우리의 마음을 터치해주셔야 한다.

《처음마음》, 이찬수

사망의 줄이 나를 두르고 스올의 고통이 내게 이르므로 내가 환난과 슬픔을 만났을 때에 내가 여호와의 이름으로 기도하기를 여호와여 주께 구하오니 내 영혼을 건지소서 하였도다 시 116:3,4

기도

현재 내가 가지지 못한 돈, 권력, 명예를 모두 가진다 해도 보호자가 없는 인생은 헛된 것임을 고백합니다. 제가 서 있는 그 장소에서 주님의 만지심을 매일매일 맛보는 삶을 살기를 원합니다.

나의 적용과 결단

COMFORT and
COURAGE

후배 검사가
나의 직속상관으로 왔다

위로 용기

점점 내 자신이 비참해지기 시작했다

나의 나 됨은 다 하나님으로 인한 것이니 다른 사람과 비교하지 말아야 한다. 자신의 상황에 감사하지 않고 자꾸 옆을 돌아보고, 뒤를 돌아보고, 위를 올려다보고 비교하면 자기 자신만 비참해질 뿐이다. '저 사람은 저렇게 잘나가는데 나는 왜 이런가.' 이런 생각은 하나님이 원하시는 것이 아니다.

2006년 광주고등검찰청으로 오니 나와 한 부서에서 근무하던 후배 검사가 나의 직속상관으로 왔다. 하루아침에 입장이 뒤바뀌었다. 이 상황을 견딜 수 있는 사람은 거의 없을 것이다. 쉽게 말해 회사 사장이 강등되어 상무가 되고, 상무가 사장이 됐다고 생각해보라. 강등된 사장이 상무 밑에서 얼마나 견딜 수 있을까. 더욱이 검찰청은 상하 관계가 확실한 조직이다. 결재권이 있기 때문에 후배였던 상관에게 결재를 받아야 한다는 것이 더 견디기 힘들다.

이제는 내 동기들도 다 나가버렸고 남은 것은 후배뿐이다. 검사는 변호사의 길이 열려 있기 때문에 그다지 어렵지 않게 나갈 수 있다. 나 역시 그 길로 가려고 했지만 하나님이 막으셨다. 그러면 내게 무엇이 남았겠는가. 하나님 한 분만 남았다.

그런데 참 신기한 것은 내가 간증을 하면서 이것이 고난이라고 하니까 어떤 분들은 '그런가보다' 라고 생각하고 또 어떤 분들은 "그게 뭐가 고난입니까?"라고 말했다. 내가 생각하는 고난과 성도들이 생각하는 고난이 달랐다. 하나님이 내게 좋은 직업을 주셨고, 일할 수 있는 자리를 주셨고, 검찰을 떠나 변호사를 할 자격을 주셨다. 참으로 감사할 일이다. 그러면서 내가 깨달은 것이 있다. '아, 비교하면 불행해지는구나.' 나도 후배, 동기,

204

선배를 놓고 비교하니까 굉장히 불행해졌다. '옛날에는 잘나갔는데 지금 이 꼴이 뭐야!' 그렇지만 하나님은 우리를 '절대적'으로 창조하셨지 '상대적'으로 창조하지 않으셨다. 이 진리를 깨닫게 하셔서 내가 평안을 되찾게 되었다. 비교하지 않으니까 감사하고 행복했다.

마음이 낮아지니까 행복해졌다. 나는 지금 무얼 해도 행복하다. 쉽지 않았지만 하나님이 결국 여기까지 오게 하셨다. 나의 마음이 낮아지니까 성도들이 내 간증을 듣고 전보다 더 큰 은혜를 받았다. 성경에 틀린 말이 하나 없다. 고난은 유익하다. 진짜 눈물이 날 정도로 감사한 일이다.

"고난당한 것이 내게 유익이라 이로 말미암아 내가 주의 율례들을 배우게 되었나이다"(시 119:71).

믿음이 없는 사람은 약하다. 세상적으로 나보다 잘사는 사람일지라도 약하다. 아무리 높은 지위에 오른 사람이라도 복음 안에 있지 않으면 약한 사람이다. 실제로 그렇다. 나도 그런 사람들을 많이 만나보았는데 그 사람은 항상 근심걱정에 사로잡혀 살아간다.

'내가 죽으면 어떻게 될까? 교통사고라도 나면 어떻게 될까? 하루아침에 가족이 없어지면 어떻게 될까?'

그들은 항상 불안해한다. 그러나 우리 그리스도인은 불안하지 않다. 믿음 안에 바로 선 사람보다 강한 사람은 없다.

《하늘의 특별검사》, 김인호

믿음이 강한 우리는 마땅히 믿음이 약한 자의 약점을 담당하고 자기를 기쁘게 하지 아니할 것이라 우리 각 사람이 이웃을 기쁘게 하되 선을 이루고 덕을 세우도록 할지니라 롬 15:1,2

 한 영혼도 귀하게 여기시는 주님의 마음을 깨닫기를 원합니다. 비교하지 않고 사랑하게 하소서. 주님의 십자가 사랑을 신뢰하며 믿음으로 사랑하며 섬기겠습니다. 믿음 안에 바로 서서 남과 나를 비교하지 말도록 도와주소서.

나의 적용과 결단

한계에 왔다! 더 이상 내 힘으론…

세상에는 사람이 절대 할 수 없는 일이 있다

오가며 늘 보았던 그 공장이 시세의 절반 가격에 매물로 나온 것을 알게 되었다. 당시 우리 공장은 임대였던 터라 일단 계약했다. 게다가 그 건물이 경매로 넘어가기 직전에 계약을 해서 가격을 더 깎은 상황이었다. 잔금 18억 원은 대출로 해결해야 했다. 여기저기 알아봤지만 모두 실사를 나갔다 오면 대출이 불가능하다고 통보했다. 알고 보니 그 공장의 건물주가 우리 회사와 부동산 매매계약을 체결하고 받은 계약금으로 은행 이자를 갚아 경매가 진행되는 것을 막은 것이었다.

잔금 치를 날짜는 점점 다가오는데 아무리 찾아봐도 해결 방법은 없고, 대출이 꽉 막혀 있으니 속이 새카맣게 타들어갔다. 이 일이 있기 전에 사기까지 당한 터라 잔금을 치르지 못해 계약금마저 날리게 되면 회사가 회생 불능의 경영 위기를 맞을 수도 있는 상황이었다.

기한이 2주밖에 남지 않은 시점에 다른 사람에게 팔려고 했지만 그 역시 여의치 않았다. 하나님을 찾는 것밖에 내가 할 수 있는 일이 없었다. 간절한 마음으로 새벽에 일어나 기도를 시작했다. 하루하루 시간이 지날수록 피가 마르는 것 같은데 사흘 전까지도 아무런 해결책이 없었다. 회사에 출근해도 일이 손에 잡히지 않을뿐더러 기도조차 나오지 않았다. 밤에도 잠을 이룰 수가 없었다. 결국 밤을 꼬박 새우고 새벽예배에 갔다. 목사님의 설교도 귀에 들어오지 않아 나는 마음속으로 기도했다.

'하나님, 저는 할 수 없어요. 그냥 포기합니다. 저는 이제 모르겠으니 하나님께서 저를 망하게 하든 흥하게 하든 마음대로 하십시오. 제 능력이 이것밖에 안 되는데 어떻게 합니까. 제 그릇이 여기까지인가 봅니다. 그렇지만 저는 하나님을 원망하지 않습니다. 여기까지라도 경험하게 해주셔

서 감사하고, 사장 소리도 듣게 해주셔서 감사합니다.'

체념하고 감사의 기도를 드리고 있는데 갑자기 목사님의 설교가 들리기 시작했다. 마가복음 4장 35-41절의 풍랑을 잠재우신 예수님의 얘기였다. "어찌하여 이렇게 무서워하느냐 너희가 어찌 믿음이 없느냐"(막 4:40). 그때 깨달았다. 세상에는 사람이 할 수 있는 일이 있고, 절대로 할 수 없는 일이 있다는 것을! 그것을 깨닫는 순간 회개의 기도가 터져 나왔다.

'하나님, 제가 정말 잘못했습니다. 여전히 제 지식과 경험, 인맥을 의지하고 있었습니다. 용서해주십시오. 더는 제가 할 수 있는 일이 없습니다. 하나님도 아시다시피 모레가 기한인데 풍랑을 잠재우신 것처럼 이제 주님이 일해주십시오. 저는 아무것도 할 수 없습니다.'

모든 것을 내려놓고 홀가분하면서도 반은 자포자기한 마음으로 회사에 출근했다. 자리에 앉았는데 한국생산성본부에서 CEO 과정을 함께했던 은행 지점장으로부터 전화가 왔다.

"임 사장, 혹시 돈 쓸 일 없어요?" "네? 무슨 말씀이세요?" 뜬금없는 소리에 놀라 내가 되물었다. "아, 회사에서 돈 좀 갖다 쓰시라고요!" 순간 내 귀를 의심했다. '그렇게 알아봐도 안 됐는데 하나님은 역시….'

그토록 애태우던 일이 단 몇 분 만에 해결되었다. 하나님께서 나를 괴롭게 하던 풍랑을 단번에 잠재워주신 것이다. 할렐루야!

《주님 손만 잡아라》, 임영서

여호와를 경외하는 것이 지혜의 근본이요 거룩하신 자를 아는 것이 명철이니라 잠 9:10

기도 문제에 직면할 때 내 경험으로 지식으로 해결하려고 하는 저의 모습을 봅니다. 가장 먼저 신실하신 주님을 의지하고 주님의 때를 기다리는 믿음을 소유하기를 원합니다.

나의 적용과 결단

마음이 아플 때
어디를 찾는가?

고통당했을 때 당신은 어떻게 반응하고 해결하려고 하는가

당신의 피난처는 어디인가? 마음이 아플 때 어디를 찾는가?

성경은 하나님이 우리의 피난처요 힘이요 어려울 때의 도움이라고 말한다. 그리고 정말 진짜로 그렇기 때문에 산이 흔들려 바다 가운데 빠져도 두려워할 것이 없다고 말한다(시 46:1,2). 이 말씀은 하나님의 품이 도망치기 가장 좋은 장소라는 의미이다. 그러나 우리는 그것을 너무나 쉽게 망각하고 엉뚱한 방향으로 도망친다.

우리가 힘들 때 어디로 가느냐 하는 것은, 우리가 누구이냐 하는 것에 대해 많은 것들을 말해준다. 우리가 어디를 피난처로 삼고 있느냐 하는 것이 우리 가치관의 지형을 알려주는 것이다.

나는 지금 섬기고 있는 이 교회의 목회자가 되기 위해 면접을 보러 왔을 때 장로님들에게 많은 질문을 받았다. 그 질문 가운데 그들이 특별히 중요하게 느끼는 것 같은 질문이 하나 있었다. 고통스러웠던 일들과 역경에 대해 말해달라는 질문이었다. 한두 번 어려운 일들을 겪었던 것이 떠올랐지만 고통이라고까지 할 것들은 아니었다. 결국 정말 고통스러웠던 적은 없다고 대답하지 않을 수 없었다. 그러자 장로님 한 분이 내 대답에 대해 깊은 우려를 표명했다. 그때 나는 생각했다.

'대체 이분들이 내게 뭘 기대하는 거지? 집에 가서 사랑하는 사람이라도 잃고 와야 한다는 것인가?'

그 장로님은 나의 대답에 대해 계속 언급하다가 마침내 이렇게 설명했다. "어떤 사람을 정말 잘 알려면 그 사람이 고통을 당했을 때 어떻게 반응했는지 알아야 하기 때문입니다!"

그로부터 몇 주 후 일을 마치고 돌아와, 낮잠을 자고 있는 내 딸 모건을 깨

우러 이층으로 올라갔다. 그때 모건은 두 살이었다. 그런데 모건의 침대 옆에 있던 소나무 옷장이 침대 위로 넘어져 있고 아기가 밑에 깔려 있는 것을 발견했다. 심장이 멎는 것만 같았다. 허둥지둥 옷장을 치우고 보니 딸아이의 몸에 시퍼렇게 멍이 들어 있었다. 급히 병원으로 데려가 이런저런 검사를 하고 엑스레이를 찍었다. 뼈가 부러진 곳은 없었지만 모건은 숨을 쉬면서도 신체 반응을 보이지 않았다. 신경에 손상을 입은 것 같았다. 모건이 엑스레이를 찍는 동안 나는 어둑한 병원 홀에 앉아 있었다. 나는 벽에 기대어 서서 울부짖으며 기도했고, '나의 주 크고 놀라운 하나님' 찬양을 하기 시작했다. 그로부터 일주일 후, 모건은 깨어났지만 걷지 못했다. 왼쪽 다리를 움직일 수 없었다. 나는 계속 기도하며 하나님께 매달렸다. 시간이 지나면서 모건이 차츰 좋아졌다. 물론 지금 모건은 정상이다. 하지만 그 일을 겪으면서 그때 장로님이 옳았다는 것을 깨닫게 되었다. 나는 나 자신에 대해 배워야 했고, 인생이 고단해질 때 하나님과 나의 관계가 어떻게 되는지 알아야 했다. 가장 깊은 두려움을 느낄 때라도 나는 하나님이 나의 피난처가 되신다는 것을 깨달았다.

《거짓신들의 전쟁》, 카일 아이들먼

하나님은 우리의 피난처시요 힘이시니 환난 중에 만날 큰 도움이시라 그러므로 땅이 변하든지 산이 흔들려 바다 가운데에 빠지든지 바닷물이 솟아나고 뛰놀든지 그것이 넘침으로 산이 흔들릴지라도 우리는 두려워하지 아니하리로다(셀라) 시 46:1-3

 나의 피난처가 되신 주님, 기쁠 때나 슬플 때나 항상 나의 시선이 주님께 향하기를 원합니다. 언제나 나와 함께하시는 주님을 신뢰하며 끝까지 믿음이 변하지 않게 하소서.

나의 적용과 결단

'기도'외엔
해결할 방법이 없다

환난 날에 나를 부르라 내가 너를 건지리니

누구나 인생을 살다보면 언젠가는 '고난의 때'를 맞이한다. 누구에게나 "곤고한 날 … 아무 낙이 없다고 할 해"(전 12:1), 곧 마음이 무겁게 짓눌릴 때가 찾아오기 마련이다. 인간이 고난을 당할 때 토해내는 소리, 그것이 곧 기도이다.

기도는 고난의 순간에 위대한 빛을 발한다. 기도는 고난을 견딜 수 있는 힘과 인내를 제공하는 한편 고난 속에서도 위로를 찾게 한다. 참된 힘의 근원을 알고 기도를 중단하지 않는 사람은 지혜롭다. 욥의 경우가 가장 대표적이다. 하나님은 욥의 진실한 믿음을 인정하셨지만, 유익하고 지혜로운 목적을 염두에 두시고 사탄에게 어느 누구도 겪어보지 않은 고난을 욥에게 가하도록 허락하셨다. "누가 우리를 그리스도의 사랑에서 끊으리요 환난이나 곤고나 핍박이나 기근이나 적신이나 위험이나 칼이랴"(롬 8:35)라는 말씀대로 고난 자체는 하나님과 성도의 관계를 간섭할 수 없다.

고난은 인간 모두의 운명이다. 비록 고난의 출처는 우리가 알지 못하더라도 한 가지 사실을 아는 것으로 족하다. 그것은 인내로 복종하며 기도로 하나님의 뜻을 인정하고 하나님과 협력하는 이들에게는 고난이 하나님의 은혜로운 사역을 성취하는 역할을 한다는 사실이다. 시편 기자는 이렇게 말했다.

"환난 날에 나를 부르라 내가 너를 건지리니 네가 나를 영화롭게 하리로다"(시 50:15).

기도는 "환난 날에" 해야 할 가장 적절한 활동이다. 기도는 고난의 때에 하나님을 인정하는 행위이다. 기도는 고난의 때에 하나님의 손길을 바라보며 그 도우심을 구하는 것이다.

고난은 우리의 연약함을 가장 솔직하게 드러낸다. 고난은 강한 사람을 겸손하게 만들고, 우리의 연약함을 드러내며, 아무 데도 의지할 곳이 없다는 무기력한 심정을 느끼게 만든다. "환난 날에" 하나님을 의지하는 법을 알고 있는 사람은 복되다. 고난이 하나님께 속한 것이라면 모든 것을 하나님께 맡기고 은혜와 인내와 순종을 구하는 것이 가장 현명하다.

고난의 때는 "주님, 제가 어떻게 하기를 원하십니까?"라고 여쭈어야 할 때이다. 영혼이 온통 깨지고 상하여 곤고할 대로 곤고해졌을 때, 자비의 보좌 앞에 무릎을 꿇고 하나님의 은혜를 구하는 것이 가장 바람직하고 현명하지 않겠는가? 고난을 당하는 영혼이 골방 외에 그 어디에서 위로를 얻을 수 있단 말인가?

고난의 때에 기도를 드리면 위로와 도움과 소망과 축복을 발견할 수 있다. 기도는 영혼의 눈을 열어 고난의 때에 하나님을 볼 수 있게 한다. 기도는 고난 가운데 하나님의 지혜로운 목적을 바라볼 수 있게 한다. 고난의 때에 드리는 기도는 불신앙을 없애주고, 의심을 불식시키며, 고통스러운 경험이 야기하는 온갖 헛되고 어리석은 질문을 차단한다.

고난의 때에 기도는 얼마나 큰 위로와 축복과 도움을 얻게 하는 수단인가! 고난의 때에 하나님께서 우리에게 주시는 약속은 그 얼마나 놀라운가! 이제 당신의 골방으로 들어가라. 무릎 꿇고 부르짖어라.

《기도해야 산다》, E. M. 바운즈

고난당한 것이 내게 유익이라 이로 인하여 내가 주의 율례를 배우게 되었나이다 시 119:71

기도
제 영혼의 눈을 열어 고난의 때에 주님을 볼 수 있게 하여 주옵소서. 고난의 때에 더욱 주님을 인정하고, 온전히 주님의 도우심을 구하는 신실한 믿음을 허락하여 주옵소서.

나의 적용과 결단

내가 너와 함께 있잖니!

홀로 있다고 낙심될 때 나는 결코 혼자가 아니었다

내가 총신대학교 신학대학원에 다닐 때 주말이면 마땅히 기거할 곳이 없었다.

신학대학원 양지 캠퍼스는 산 중턱에 있다. 금요일 오후가 되면 다른 선후배, 동기들은 섬기는 교회에서 사역을 하기 위해 집으로 돌아간다.

그런데 나는 돌아갈 집이 없었다. 그래서 할 수 없이 사당동에 있는 학부 신학교로 가는데, 그 모습이 얼마나 처량한지 모른다.

칫솔, 치약, 속옷, 수건 등을 다 챙겨가지고 사당동 캠퍼스로 오면 잘 데가 없다. 학부 기숙사 문 앞에서 몇 시간을 서 있던 적이 한두 번이 아니다. 학부생들이 금요기도회를 하러 각 교회로 가면 빈자리에서 새우잠을 자다가 누가 와서 깨우면 다른 데로 옮겨 가 자는 생활을 반복했다.

한번은 서울에 있는 신혼부부인 친구가 자신의 집이 3일 동안 비니 잠시 동안 거기서 지내라고 했다. 그날 얼마나 좋았는지 모른다. 모처럼 정말 인간다운 생활을 할 수 있었기 때문이다. 텔레비전도 마음껏 보고 잠도 실컷 자며 행복한 시간을 보냈다.

그런데 다음날 오후가 되니 갑자기 내 신세가 처량해지기 시작했다. '나 혼자 이게 뭐하는 건가' 하는 생각에 외로워 마음이 무너졌다. 그때 그 집에 있는 기타를 들고 '누군가 널 위하여'라는 찬양을 부르기 시작했다.

> 당신이 지쳐서 기도할 수 없고
> 눈물이 빗물처럼 흘러내릴 때
> 주님은 우리 연약함을 아시고 사랑으로 인도하시네.
> 누군가 널 위하여 누군가 기도하네.

네가 홀로 외로워서 마음이 무너질 때
누군가 널 위해 기도하네.

이 찬양을 한 번 부르고, 두 번 부르고, 열 번 부르고, 열다섯 번 부르는데
눈물이 막 쏟아졌다. 울면서 다시 그 찬양을 불렀다. 어느 순간부터인가
이 찬양의 가사에서 '누군가'가 '성령님'으로 바뀌기 시작했다.

성령님 날 위하여 성령님 기도하네.
내가 홀로 외로워서 마음이 무너질 때
성령님 날 위해 기도하네.

찬양을 부르는데 성령님께서 나에게 말씀하셨다. "너는 네 눈에 보이는
사람이 주변에 많으면 행복하고, 네 눈에 보이는 사람이 없으면 외로워지
니? 왜 아무도 없다고 그러니? 내가 너와 함께하는데, 내가 네 곁에 있는
데." 그 토요일 오후, 내 생애 잊을 수 없는 부흥회를 했다. 나의 마음속에
말로 다할 수 없는 감격이 느껴졌다.

우리는 때때로 외롭다고 느낄 때가 있다. 그러나 그때 하나님을 찾고 하나
님과의 교제가 회복되면, 외로움이 없어지는 정도가 아니라 하나님의 사랑
으로 충만해진다. 그러면 말로 다 표현할 수 없을 만큼 가슴이 뜨거워진다.

《보호하심》, 이찬수

내가 산을 향하여 눈을 들리라 나의 도움이 어디서 올꼬 나의 도움이 천지를 지으신 여호와에
게서로다 시 121:1,2

나의 마음을 아시고 위로해주시는 주님 감사합니다. 우울함과 외로움은 주님이
주신 마음이 아님을 깨닫습니다. 어떤 상황에서도 나와 함께하시는 주님을 찬송
하는 사람이 되겠습니다. 매일 하나님의 사랑으로 충만하게 하소서.

나의 적용과 결단

성경을 읽지 않으려거든
예배팀을 그만 두십시오!

이 말에 어떤 이는 한숨을 쉬었고,
어떤 이는 드러내고 거부감을 표했다

"이제, 하루 세끼 밥은 꼬박꼬박 먹으면서 말씀은 바빠서 못 읽었다고 말하는 예배팀이 되지 맙시다. 말씀을 읽지 않으면 예배팀에 있지도 맙시다." 이렇게 선포하고 함께 40일간 죽기살기로 성경 읽기를 마친 다음 날, 하나님께서는 내가 깨달은 말씀 읽기 명령의 이유를 경배와 찬양팀에게 솔직하게 나누라고 하셨다.

우리가 죽기 살기로 성경을 읽자고 한 이유는 무엇인가? 그것은 바로 하나님과의 완전한 합일, 깊은 연합의 관계를 맺어가기 위해서라고, 단순한 읽기가 아니라 하나님을 실제로 만나기 위해 발버둥 쳤던 것이라고, 말씀 앞에 직면하지 않고서는 결단코 하나님을 만날 수 없기 때문이라고 말이다.

214

물론 말씀 없이도, 그리고 하나님과 대면하지 않아도 신앙생활은 유지될 수 있다. 바로 그것이 무서운 것이다. 마치 책임감과 의무감만으로도 살아지는 결혼생활처럼 하나님과 나와의 관계도 그렇게 될 수 있다. 교회를 다닌다는 이유로 기독교인이라 불리며 살 수 있을지는 몰라도 주님 한 분만으로 만족하는 삶을 살아가지는 못할 것이다. 주님께서는 그러한 사랑의 관계를 맺어갈 수 있는 길은 오직 말씀과 기도뿐이라고 말씀하셨다.

"하나님의 말씀과 기도로 거룩하여짐이라"(딤전 4:5).

"성경을 읽지 않으시려거든 예배팀을 그만두십시오."

이 말에 어떤 이는 한숨을 쉬었고, 어떤 이는 거부감을 표했으며 또 어떤 이는 교역자의 의무적인 명령으로만 받아들였다. '나는 지금 큐티하고 있는데!' '꼭 다 같이 읽어야 하나?' '그런 것은 각자 알아서 하도록 내버려 두지!'

하지만 나는 그들의 내면 깊은 곳에 말씀을 사모함이 있는 것을 보았고, 그것을 통해 이루실 하나님에 대한 기대도 있었다. 우리는 사모하는 마음과 기대하는 마음으로 함께 달리기 시작했다. 성령님께서 친히 인도자요, 조력자가 되어주셨다. 한 명 한 명의 눈빛이 다시 빛나기 시작했다. 말씀 앞에 직면하기를 간절히 사모하면서 하나님을 만나고, 놀라우신 방법으로 우리 각자를 돌보고 계시는 하나님의 손길을 느꼈다. 성경이 책이 아니라 바로 하나님이심을 경험하게 된 것이다.

우리의 삶 자체가 달라졌다기보다는 삶을 대하는 자세가 달라졌다. 늘 안고 있던 문제가 일사천리로 풀리진 않았지만 그 문제를 하나님의 눈으로 바라보게 되었다. 문제의 해결만이 목적이 아니라 그 문제를 통해 어떻게 하나님의 영광을 드러낼 것인지 거룩한 고민을 하게 된 것이다. 할렐루야! 주님이 하셨다! 친히 일하시는 주님의 손길을 경험하게 된 것이다.

이제 선택은 각자의 몫이다. 죽기 살기로 치열하게 말씀을 읽겠는가? 이것을 선택하면 이 대가를, 저것을 선택하면 저 대가를 받을 것이다.

말씀을 읽자. 전심으로 말씀 앞에 서자! 이름도 없고 빛도 없는 당신의 작은 순종을 통해 하나님께서 영화롭게 되실 것이다. 또한 당신을 영화롭게 하실 것이다.

《죽기 살기로 성경읽기》, 김영표

215

모든 성경은 하나님의 감동으로 된 것으로 교훈과 책망과 바르게 함과 의로 교육하기에 유익하니 이는 하나님의 사람으로 온전하게 하며 모든 선한 일을 행할 능력을 갖추게 하려 함이라
딤후 3:16,17

기도

하나님! 한 번 해보겠습니다. 힘들 각오, 즐기는 것을 포기할 각오, 시간을 더 많이 투자할 각오를 하고 치열하게 말씀을 읽고 말씀 앞에 직면하는 시간을 갖겠습니다. 성령님, 저를 인도해주시고 도와주세요!

나의 적용과 결단

오늘은 바쁘니까 내일 하지 뭐

많은 사람들이 진정한 승리의 삶을 내일로 미룬다

내일로 미루는 것은 우리 삶의 일반적 경향이다. 이것은 인간이 사는 곳이라면 어디에서나 나타난다. "지금은 아니다. 내일 하라. 내일이 되면 다 잘될 것이다"라는 속삭임은 우리 속에서 항상 들린다. 이 속삭임을 따르면 성령의 감동은 계속 뒤로 밀려난다. 사람들은 성령의 감동을 부정하거나 거부하지는 않지만 그것에 따르기를 자꾸 미룬다. 좀 더 좋은 때를 기다린다는 핑계를 대면서 말이다. 그러나 하나님의 말씀에 순종하지 않으면 사실상 그분의 말씀을 거부하는 것이다.

당신은 책을 구입했다. 그리고 그것을 읽겠다는 의도까지 있다. 하지만 아직 읽기를 시작하지 않았다. 그 책은 책꽂이에 있다. 당신이 꽂아둔 책꽂이 말이다. 그 책이 눈에 들어올 때마다 당신은 스스로에게 "저녁에 집에 돌아오면 읽겠다"라고 말한다.

그러나 저녁에 집에 돌아오면 당신은 정부 정책이나 사회가 어떻게 돌아가는지 궁금해서 뉴스를 보고, 뉴스에 이어지는 평론가들의 이런저런 분석까지 귀담아 듣는다. 그러다보면 저녁식사 시간이 되어 밥을 먹는다. 식사 후에는 재미있는 텔레비전 프로그램을 본다. 그 다음에 다른 프로그램을 또 본다. 그것이 끝나면 기지개를 켜고 하품을 하면서 "오늘도 고된 하루였지"라고 중얼거린다. 결국 책에는 손도 안 댄 채 침대로 간다. 그리고 속으로 '시간적 여유가 생기는 다음번 여름에 저 책을 꼭 읽겠다'라고 생각한다. 다음해 여름, 당신은 그 책을 여행가방에 넣고 긴 여행을 떠난다. 하지만 휴가지에서 그 책을 읽을 시간이 좀처럼 나지 않는다.

그런데 그 책이 성경책이라고 가정해보자. 성경책은 하나님께서 그분의 큰 구원 계획에 따라 기록하고 만들어 우리에게 주신 책이다. 그 성경은 무수한 사람들을 구원으로 이끌었지만 당신에게는 아직 도달하지 못한 것이다. 왜냐하면 하나님의 진리를 아는 일을 아직까지 연기하고 있기 때문이다.

좋은 설교를 들을 때 당신은 '성경 읽기를 다시 시작해야겠다' 라고 생각하지만 그 후 실행에 옮기지는 않는다. 대신 머리를 식히겠다고 텔레비전을 보거나 음악을 듣는다. 아니면 누군가 미리 요약해놓은 짧은 경건묵상의 글을 읽고 그것을 당신의 오늘의 영적 양식으로 삼는다. 그러면서 속으로 '이런 글은 잠깐의 유익만 있으므로 다음에는 성경을 읽겠다' 라고 생각한다.

이런 식으로 몇 년의 세월이 흘러간다. 하지만 아직 당신은 성경을 처음부터 끝까지 읽은 적이 없다. 혹시 한 번은 그렇게 했다 할지라도 두 번은 하지 않았다. 성경을 부분적으로는 여러 번 애독(愛讀)했어야 한다. 그렇게 하고 싶은 생각이 당신에게 있었겠지만 결국 그렇게 하지 못했다.

거룩해지기를 원하는가? 하나님을 섬기기를 원하는가? 그렇다면 하나님께 시간을 드려라. 은혜를 받고 거룩해지려면 시간이 필요하다. 성령님과 동행하려면 하나님께 시간을 드려야 한다. 깊은 신앙의 단계로 들어가려면 시간을 내어 하나님 앞으로 나아가라. 그렇게 하겠다는 마음만 지니고 있으면 안 된다.

《믿음에 타협은 없다》, A. W. 토저

부지런하여 게으르지 말고 열심을 품고 주를 섬기라 롬 12:11

 진리를 따라 살겠다고 결심하면서도 기꺼이 주님께 시간을 드리지 못한 것을 회개합니다. 약한 육신의 유혹에 넘어가지 않고, 성령님의 인도함으로 순종의 기쁨을 깨닫게 하여주소서. 매일 주께 더 나아가기를 원합니다.

나의 적용과 결단

얼마나 중요하기에, 하나님께서 직접 써서 주셨을까?

오늘, 당신에게 주신 하나님의 친필 메시지!

십계명은 하나님이 직접 쓰셨습니다. 십계명이 얼마나 중요했으면 하나님께서 직접 쓰셨겠습니까? 다른 말씀들은 당시의 선지자나 사도들을 통해 쓰게 하셨지만 십계명만큼은 모세가 준비한 두 돌판에 하나님 자신의 손으로 직접 새겨서 주셨습니다. 십계명이 우리에게 있으나 마나 한 것이라든지, 우리와 별로 상관없는 것이었다면 하나님이 이렇게까지 신경을 쓰셨을까요? 이런 점을 생각해볼 때 십계명만큼 우리에게 중요하고 반드시 필요한 말씀이 없다는 사실을 깨달아야 할 것입니다.

십계명 중에서 하나님이 가장 먼저 주신 계명, 모든 계명의 기초와 토대가 되는 첫 번째 계명은 바로 이 말씀입니다.

"나 외에는 다른 신들을 네게 두지 말지니라"(신 5:7).

우리가 이 계명의 뜻과 의미를 제대로 이해하기 위해서는 먼저 한 가지 질문을 던져야 합니다.

"이 계명은 누구에게 주신 계명인가?"

어쩌면 황당하고 너무 기본적인 질문 같겠지만, 이 질문은 우리가 반드시 짚고 넘어가야 하는 것입니다. 십계명은 누구에게 주신 계명입니까? 성경에 십계명은 두 군데 기록되어 있습니다. 출애굽기와 신명기이지요. 둘다 동일한 십계명이고 같은 내용이지만 역사적 배경은 조금 다릅니다.

출애굽기는 이스라엘 백성들이 애굽에서 나온 지 얼마 안 되었을 때를 배경으로 하고 있습니다. 하나님이 호렙산에서 백성들을 불 가운데 만나주시고 말씀을 주셨을 때의 기록입니다. 반면 신명기는 같은 내용이지만 광야생활 40년 후, 이제 곧 젖과 꿀이 흐르는 약속의 땅에 들어가기 직전을 배경으로 하고 있습니다. 동일한 말씀이지만 그 말씀이 주어진 시기가 다르고 그 대상이 달랐습니다.

출애굽기에 기록된 십계명은 분명 모세를 통해 애굽을 탈출한 이스라엘 백성들에게 주어진 것이 확실합니다.

그렇다면 신명기에 기록된 십계명은 어떻습니까? 과거 그들의 조상에게 주신 말씀을 그냥 한 번 더 읽어주는 데 그치는 것일까요? 이에 대해 모세는 신명기에서 뭐라고 강조하고 있습니까?

"우리 하나님 여호와께서 호렙 산에서 우리와 언약을 세우셨나니 이 언약은 여호와께서 우리 조상들과 세우신 것이 아니요 오늘 여기 살아 있는 우리 곧 우리와 세우신 것이라"(신 5:2,3).

모세는 십계명이 조상들에게 주어진 것이 아닌 바로 '우리'에게 주신 것임을 두 번이나 강조하고 있습니다. 모세는 힘을 다해 이렇게 외치고 있는 것입니다. "이 말씀은 40년 전에 있었던 부모에게 주신 것이 아니라 오늘날 우리에게 주신 것이다!"

십계명은 조상들에게 주어진 것이 아니라 바로 '우리'에게 주신 것입니다. 지금 살아 있는 세대, 바로 '우리에게' 주신 것입니다. 오늘날도 여전히 동일하게 적용되는 말씀입니다.

《하나님 친필 메시지》, 김승욱

이 언약은 내가 너희 조상들을 쇠풀무 애굽 땅에서 이끌어내던 날에 그들에게 명령한 것이라 곧 내가 이르기를 너희는 내 목소리를 순종하고 나의 모든 명령을 따라 행하라 그리하면 너희는 내 백성이 되겠고 나는 너희의 하나님이 되리라 렘 11:4

십계명! 그 말씀이 오늘 나에게 주신 하나님의 말씀이라는 사실을 깨닫습니다. 주의 말씀을 더욱 사모하고 묵상하며, 그 말씀대로 살기를 원합니다.

나의 적용과 결단

나는 살리는 말을 하는 사람입니까?

어떤 이들은 말씀으로 남을 죽이는 비판을 서슴지 않고 합니다

생각은 말에서 행동으로 이어집니다. 말부터 바뀌어야 삶이 바뀌게 됩니다. "누구든지 스스로 경건하다 생각하며 자기 혀를 재갈 물리지 아니하고 자기 마음을 속이면 이 사람의 경건은 헛것이라"(약 1:26).

말로 선포하는 것은 생각을 실천하는 데 있어서의 첫걸음입니다. 진정한 성령의 사람이 되면 말하는 것부터 변화되기 마련이죠.

사도행전 2장에서 성령이 임하셨을 때, 제자들이 방언을 하기 시작했습니다. 여기서 방언이라는 현상보다 중요한 것이 있습니다. "성령이 말하게 하심을 따라"(행 2:4) 말하기 시작했다는 것이지요. 바로 성령님에 의해서 그들의 말이 달라졌다는 것입니다.

예수님께서는 우리에게 "하나님의 입에서 나오는 모든 말씀으로 살아야 한다"라고 말씀하셨습니다. 그 하나님의 입에서 나오는 말씀을 들려주시고(요 16:13), 우리 안에서 말씀하시는 분은 다름 아닌 성령님이십니다(마 10:20, 눅 12:12, 요 3:34).

성경 지식이 풍부하고 기도를 많이 하는 사람들 중에서도 시시때때로 남을 비판하는 사람들이 있습니다. 그들은 알고 있는 말씀으로 남을 죽이는 비판을 서슴지 않고 합니다. 이들이 아무리 많은 성경 지식을 가지고 깊은 묵상을 한다 할지라도 남을 비방하고 있다면 그것은 율법을 비방하는 것이고, 재판자이신 하나님의 자리에 앉아 있는 것입니다(약 4:11).

성령의 사람은 살리는 말을 합니다. 성경의 저자들은 모두 혀에 재갈을 무는 훈련이 잘된 자들입니다. 그들은 성령을 좇아 생명의 성령의 법에 의해 생각을 내려놓으면서 혀에 재갈을 무는 훈련을 했습니다. 그들은 예수님처럼 "아무것도 스스로 할 수 없다"(요 5:19,30)는 고백과 함께 오직 그리

스도의 영광을 바라보며 하나님께서 주시는 말씀만을 전달하려고 했습니다. 그것은 바로 그들이 성령의 말하게 하심을 따라 말하는 훈련이 잘되어 있는 사람임을 증명하는 것입니다.

그들이 혀에 재갈을 무는 훈련이 잘되어 있던 어느 날, 성도들에게 쓴 편지들이 그대로 성경이 되었고, 그것이 우리들에게 하나님의 말씀이라고 불려졌지요. 실로 놀라운 축복입니다.

성경을 소리 내지 않고 눈으로만 읽는 자는 말의 훈련이 덜되었을 수 있습니다. 많은 성경 지식을 가져서 생각이 바뀌어도 말이 달라지지 않았을 가능성이 높습니다. 왜냐하면 혀와 입술의 훈련이 없기 때문입니다.

그러나 성경을 소리 내어 암송하며 자아부인을 통해 성령님을 바라보는 훈련을 많이 한 사람은 말하는 것이 달라졌을 것입니다. 왜냐하면 매일 아침마다 성령님께서 쓰신 성경을 반복 암송하면서 입술과 혀가 훈련되기 때문입니다. 이렇듯 성경을 소리 내어 암송하며 생각을 내려놓는 차원의 성령집중기도는 일거양득의 효과를 가져옵니다. 암송으로 자아의 생각을 비워서 성령님을 바라보게 되고, 혀와 입술이 말씀암송으로 훈련되어 말이 바뀌게 되는 것입니다.

자아부인의 암송기도는 육체의 욕심(생각)을 내려놓게 하며, 성령님께 집중해서 예배하면 말이 바뀔 뿐만 아니라 이것을 통해 작은 행동들이 바뀌게 될 것입니다.

221

《말씀으로 기도하라》, 지용훈

내가 내 자의로 말한 것이 아니요 나를 보내신 아버지께서 내가 말할 것과 이를 것을 친히 명령하여 주셨으니 나는 그의 명령이 영생인 줄 아노라 그러므로 내가 이르는 것은 내 아버지께서 내게 말씀하신 그대로니라 하시니라 요 12:49,50

매일 드리는 기도가 육체의 욕심을 따라 구하는 기도가 아니었는지 돌아봅니다. 내 자아를 부인하는 말씀암송기도를 통해 말의 선포가 바뀌고 삶이 변화되는 은혜를 경험하도록 인도해주소서.

나의 적용과 결단

THE WORD and COMMANDMENTS

그럴듯하게 포장은 했지만 나의 설교는 죽어갔다

그러던 어느 날 도저히 그냥 넘어갈 수 없는 말씀이 딱 걸렸다!

나의 설교는 내가 보아도 보통 메마른 설교가 아닐 수 없었다. 여러 책들속에서 그럴싸한 구절과 명언들을 뽑아 그에 합당한 본문을 정하고 유식한 척 고상한 말을 전했지만, 매일의 삶 가운데 절규하며 하루하루를 살아가는 성도들에게 힘을 주는, 살아 있는 메시지를 전하는 것은 아니었다. '어떻게 하면 영혼들이 깨어나고 주님을 사모하며 거룩한 변화를 받게 하는, 성령님의 감동이 넘치는 메시지를 전할 수 있을까?' 하는 고민이 나를 사로잡기 시작하였다. 그러던 어느 날 성경을 읽는데 내 심령에 도저히 그냥 넘어갈 수 없는 말씀이 딱 걸렸다.

"사람이 너희를 회당이나 위정자나 권세 있는 자 앞에 끌고 가거든 어떻게 무엇으로 대답하며 무엇으로 말할까 염려하지 말라 마땅히 할 말을 성령이 곧 그때에 너희에게 가르치시리라 하시니라"(눅 12:11,12).

이 말씀은 복음을 증거하는 자가 세상 사람 앞에 서게 될 때 성령님께서 적합한 말씀을 가르쳐주신다는 것이다. 이 구절을 묵상하는 동안 말씀이 내게 깊게 다가왔다.

나는 한 번의 설교를 위해서 책을 30권쯤 읽고 10시간가량 준비하지만, 기도는 많이 한다고 해봐야 서너 시간 정도 하는 사람이었다. 그런데 이 말씀은 나의 취향에 맞게 본문을 정하고 내가 원하는 것을 전하는 것이 아니라, 성령님께서 마땅히 하실 말씀을 전해야 한다는 감동으로 다가왔다. 그때부터 내 필요에 의한 설교가 아니라 성령님께서 교회에 하실 말씀을 달라고 기도하기 시작하였다.

'하나님, 이 말씀의 비밀을 알게 해주세요. 제가 어떻게 해야 할지 말씀해주세요.'

그런데 아무리 기도해도 이 말씀이 깨달아지지 않았다. 성도들 각자에게 합당한 말씀과 심령 깊은 곳에 변화를 줄 수 있는 메시지는 분명 성령님과의 충만한 교통 가운데 나오는 것임은 이해되지만 실제로 나를 통해서는 그러한 말씀이 선포되고 있지 못했기 때문이다.

이 말씀이 너무나 나의 심령에 걸려서 기도원에 올라가 21일 금식기도를 하였다. 그리고 그곳에서 성경만 보기 시작했다. 그때 놀라운 사건이 일어났다. 말씀이 눈에 잘 들어오지 않아 고민하며 기도하고 있을 때 하나님께서 감동을 주셨다. '아들아, 너는 성경을 읽을 때 한 구절이라도 이해가 안 되는 것이 있으면 그냥 넘어가지 말고 이해가 될 때까지 그 의미를 찾고 구하라!'

금식 가운데 성경 원문의 깊은 의미를 깨닫게 해달라고 무릎 꿇고 간구하면서 묵상하였다. 그렇게 20일쯤 지나자 하나님의 은혜가 임하기 시작하였다. 눈을 감아도 걸어가도 말씀이 툭툭 떠오르고, 예배 중에도 성경구절들이 떠올랐다. 창세기부터 요한계시록까지의 말씀들이 떠오르는데 내 생각으로는 감히 조합할 수가 없는 깊은 깨달음들이 쏟아졌다. '아, 이 말씀이 바로 그 말씀이었구나!'

감당이 안 될 정도로 말씀이 떠오를 때마다 그 말씀을 가지고 그대로 기도하기 시작하였다. 기도원에서 말씀을 읽고 내려가니까 생각이 달라졌다. 나의 관심이 내 시각에서 하나님의 시각으로 바뀌기 시작하였다.

《하늘 보좌 중보기도》, 김종필

223

보혜사 곧 아버지께서 내 이름으로 보내실 성령 그가 너희에게 모든 것을 가르치고 내가 너희에게 말한 모든 것을 생각나게 하리라 요 14:26

성령님, 제 안에 오셔서 저의 무지를 일깨워주시고 갈급함을 채워주소서. 더 이상 나의 기준이 아닌 주님의 마음으로 살아가기를 원합니다. 말씀의 충만한 은혜를 부어주시고 주의 뜻대로 행하는 자녀가 되게 하소서.

나의 적용과 결단

미지근하게 믿으면
너를 토하여 버리리라

내가 사랑하는 자를 책망한다. 열심을 내라, 회개하라.

당신과 나는 예수 그리스도께 돌아와 그분을 믿는다.

예수 그리스도를 올바로 믿으려면 성경을 올바로 이해해야 한다.

우리는 왜 하나님을 믿는 것일까? 그것은 우리가 원래의 상태로 돌아가기 위해서다. 원래의 상태로 돌아간다는 것은 아담 안에서 잃어버린 본래의 상태로 돌아간다는 말이다. 우리를 지으신 위대한 하나님을 숭모하고 찬양하는 자리로 돌아가기 위해서 믿는다는 말이다. 아무런 방해를 받지 않고 영원히 하나님과 함께 살기 위해 믿는다는 말이다. 얼굴을 가리지 않고 하나님의 영광스러운 존전에서 하나님의 얼굴을 뵈며 하나님을 닮기 위해 믿는다는 말이다.

우리는 예배하기 위해 태어났다. 우리는 예배를 위해 태어났고 예배를 위해 거듭났다. 그렇기 때문에 만일 우리가 예배하지 않는다면 우리는 우리의 존재 목적을 스스로 저버리는 것이다. 예배는 즐겁고 경외롭고 두렵고 놀라운 경험이다. 예배의 감격의 강도가 때에 따라 달라질 수는 있지만, 예배를 폐할 수는 없다. 우리는 예배 중심으로 살아야 한다. 사랑하는 친구들이여! 오늘이야말로 우리가 "나는 나의 냉랭한 마음이 너무 싫다"라고 말하고 새롭게 결단하기에 좋은 날이다.

오늘 아침 한 젊은이가 나를 찾아와 말했다. "나는 나의 영적 생활에 대해 깊은 불안을 느끼고 있습니다. 나는 이 교회에 17년을 다녔지만, 내가 하나님의 뜻을 이루어드리지 못하는 것 같다는 깊은 고민을 지울 수 없습니다. 나는 마음이 차갑고, 위험한 상태에 처한 것 같습니다."

그의 말을 듣고 나는 성 버나드의 글에 나오는 한 문장을 그에게 들려주었다. 그 문장은 이 청년처럼 자신의 마음이 굳어 있다고 고민하던 어떤 사람에게 버나드가 써 보낸 글의 일부이다.

"내 형제여! 자기의 마음이 굳어 있다는 것을 모르는 사람의 마음만이 굳어 있는 것입니다. 자기가 완고하다는 것을 모르는 사람만이 진짜 완고해진 것입니다."

당신의 마음이 냉랭한 것을 알고 있다면, 당신의 마음은 아직 굳어진 것이 아니다. 하나님이 아직 당신을 거부하신 것이 아니다.

만일 당신의 마음에 갈망이 있다면, 하나님이 그것을 심어주신 것이다. 하나님은 당신을 실망시키기 위해 그런 갈망을 심어주신 것이 아니다. 당신이 거기에 부응하여 결단하도록 심어주신 것이다. 결단을 위한 일종의 미끼를 던져놓으신 셈이다. 하나님이 당신을 조롱한 다음 냉혹하게 등을 돌리기 위해 그런 갈망을 심어주신 것이 아니라는 말이다. 하나님이 당신을 미소로 맞이하기 위해 심어주신 것이다.

오늘 당신에게 갈망이 있다면 미루지 말고 결단하라. 차가운 마음을 버려라. 미지근한 신앙에서 탈피하라. 반쯤 죽은 것 같은 무기력한 삶에서 벗어나라. 회개하고 하나님의 얼굴을 구하라. 모든 것을 다 바쳐서 하나님을 사랑하라. 그리하면 하나님이 찾아와 당신 안에 충만히 거하실 것이다. 당신을 두 팔로 안아주실 것이다.

《이것이 예배이다》, A. W. 토저

네가 이같이 미지근하여 뜨겁지도 아니하고 차지도 아니하니 내 입에서 너를 토하여 버리리라 네가 말하기를 나는 부자라 부요하여 부족한 것이 없다 하나 네 곤고한 것과 가련한 것과 가난한 것과 눈 먼 것과 벌거벗은 것을 알지 못하는도다 무릇 내가 사랑하는 자를 책망하여 징계하노니 그러므로 네가 열심을 내라 회개하라 계 3:16,17,19

 저의 존재 이유가 하나님을 예배하기 위함인데 그 지으신 목적대로 살지 못했던 것을 회개합니다. 제가 어디 있든 무엇을 하든, 저의 모든 시간이 하나님을 예배하는 시간이 되기를 소원합니다.

나의 적용과 결단

북한 수용소 독방에서
그는 무려 3개월 동안 있었다

그곳에서 어떻게 견디셨어요?

중국에서 만난 한 분은 북한으로 출퇴근을 하신다. 우리와 달리 중국인들은 북한과 왕래가 가능하기 때문이다. 그 분은 아침에 리어카에다 '메이드 인 차이나(made in china)' 상품을 싣고 북한 장터에 나가서 팔고, 하루의 일과를 마치면 남은 물건을 싣고 다시 중국으로 온다. 그냥 장사만 하는 것이 아니라 장사를 하면서 복음을 전하신다. 그러던 어느 날, 이 분이 다른 사람의 실수로 북한으로 넘어오는 경계선에서 잡혀 수용소에 수감되었다. 그 분은 "더 깊은 곳에 들어가 복음을 전하라는 게 주님의 뜻이라면 감사히 여깁니다" 하며 형무소에 들어가서 복음을 전하기 시작했다.

수용소 사람들은 골치가 아팠다. 어떻게 할까 하다가 그를 독방에 넣었다. 북한식 독방은 가로, 세로, 높이가 모두 1미터로 한마디로 1평방미터짜리 상자다. 빛도 들어오지 않고 해가 뜨고 지는 것도 보이지 않고 전기도 없다. 시간이 얼마가 지났는지도 모른 채 하루에 한 번 구멍이 열려서 밥이 들어오고 닫힌다. 당연히 배설물도 그 안에서 해결해야 한다.

내일이 막막한 그곳에서 그 분은 무려 3개월 동안 있었다. 그것이 끝이 아니었다. 거기서 나와서도 한 달 반 동안 고문과 심문을 당했다. 그러고 또 한 달 반 동안 심문받은 내용을 다 적어야 했다. 다 합쳐서 6개월을 감옥 안에 있다가 풀려나서 다시 중국으로 돌아왔다.

내가 그 분께 물었다. "많이 힘드셨지요?" "아이, 뭐가요."

보통 사람은 독방에서 48시간을 못 견딘다고 한다. 정신력이 강한 사람이라고 해도 일주일을 못 견디고 정신이 이상해진다고 한다. 그런데 이 분은 3개월 동안 있었는데 아무 문제가 없었으니 이에 대한 해석이 필요했다. "한 가지 여쭤볼게요. 도저히 이해가 안 가서요. 그곳에서 어떻게 견디셨어요?"

그때 그 분이 했던 말이 잊히지 않는다.

"저는 마시고 있었어요." "네? 뭘 마셔요?"

"제 안의 생수 되신 예수 그리스도, 생명수의 원천되신 그분을 마시고 있었어요. 물론 상황은 바뀌었지요. 상자 밖에서 상자 안으로. 사방이 막히고 내일이 보이지 않는 어둠 속에 아무런 희망이 없이 앉아 있었지만 한 가지 변하지 않은 것이 있습니다. 밖에 있든 안에 있든, 내 안에 계신 그분은 바뀌지 않았어요."

철인은 최악의 상황을 최고의 상황으로 바꿀 수 있는 능력을 가지고 있다. 그는 고문을 당하고, 조롱과 채찍질뿐 아니라 결박과 옥에 갇히는 시련을 받고, 돌로 치는 것과 톱으로 켜는 것과 궁핍과 환난과 학대를 받는다. 이런 자를 세상은 감당치 못한다고 성경은 말하고 있다(히 11:35-38).

어떻게 최악의 상황이 최고의 상황이 될 수 있는가? 왜 욱여쌈을 당해도, 고꾸라져도 괜찮은가?

"하나님을 사랑하는 자 곧 그의 뜻대로 부르심을 입은 자들에게는 모든 것이 합력하여 선을 이루느니라"(롬 8:28). 이 말씀을 믿기 때문이다.

이런 자는 문제가 해결되지 않아도 기뻐할 수 있다. 어떤 환경에서도 끄떡없이 믿음을 지킬 수 있다.

《철인》, 다니엘 김

227

예수께서 대답하여 이르시되 이 물을 마시는 자마다 다시 목마르려니와 내가 주는 물을 마시는 자는 영원히 목마르지 아니하리니 내가 주는 물은 그 속에서 영생하도록 솟아나는 샘물이 되리라 요 4:13,14

기도

문제는 환경이 아니라 제 안에 있음을 깨닫습니다. 주님 이외의 다른 것들로 채워져 있는 마음을 비우고 다시금 주의 말씀으로 채우기를 원합니다. 영원히 마르지 않는 생명의 원천이 되신 주님을 날마다 묵상하며 살게 하소서.

나의 적용과 결단

말씀이 당신의 삶에 나타나고 있습니까?

진리의 말씀을 믿는 것은 정말 중요하지만 그것이 끝은 아닙니다

기독교는 관계 신앙이며 체험 신앙입니다. 삼위일체 하나님을 믿을 뿐만 아니라 그 하나님과 생명적 관계를 갖는 것이 정말 중요합니다.

그런데도 너무나 많은 사람들이 단지 그 삼위일체 하나님을 믿는 데 만족하는 신앙생활을 하고 있습니다.

마찬가지로 진리의 말씀을 믿는 것은 정말 중요하지만 그것이 끝은 아닙니다. 말씀을 믿는 믿음을 통해 그 말씀이 체험되어야지, 단지 말씀을 믿기만 한다면 그 말씀은 지적(知的) 유희로 끝나버립니다.

우리는 한 걸음 더 나아가야 합니다. 그 말씀이 살아 역사하셔서 내 마음 판에 풀어져야 하고 체험되어야 합니다. 그런 의미에서 기독교는 관계 신앙이고 체험 신앙이라고 할 수 있습니다.

성경의 말씀은 진리입니다. 그러나 우리 가운데 일어나는 경험, 혹은 체험, 혹은 표적이 그 말씀의 증거라는 사실 또한 기억하십시오.

"제자들이 나가 두루 전파할새 주께서 함께 역사하사 그 따르는 표적으로 말씀을 확실히 증언하시니라"(막 16:20).

말씀이 진리라면 그 진리에 따르는 실체가 경험되어야 하고 우리의 삶에 나타나야 합니다. 왜냐하면 말씀은 단지 '기록된 말씀'이 아니라 예수 그리스도시고 말씀이 곧 하나님이시기 때문입니다. 그 말씀이 우리와 관계한다면 그 말씀에 따르는 실체가 우리 삶 속에 나타나고 체험되어야 하지 않겠습니까?

"하나님의 나라는 말에 있지 아니하고 오직 능력에 있음이라"(고전 4:20).

이 말씀은 능력이 중요하고 말씀은 중요하지 않다는 것이 아닙니다. 말씀이 살아 있다면 그 말씀에 따르는 실체가 내 삶 가운데 나타나야 한다는

뜻입니다.

사도 바울도 경건의 모양은 있지만 경건의 능력은 부인하는 자들에게서 돌아서야 한다고 했습니다(딤후 3:5). 우리가 말을 많이 하고 또 그럴 듯하게 말하더라도 그 말씀대로 살지 않고 그 말씀을 증거하는 실체가 나타나지 않는다면, 그 말씀은 아무것도 아니며 단지 지식에 불과할 뿐입니다.

말씀은 살아 있는 말씀이 되어야 합니다. 말씀은 성령의 조명하심으로 생명의 말씀, 능력의 말씀이 되어야 합니다.

우리 신앙의 중심은 진리의 '말씀'과 내 안에 계신 '예수 그리스도'이십니다. 내 안에 계신 그리스도께서 내게 알려주시는 말씀이 곧 신앙생활의 전부입니다. 그리스도께서 나타나심으로 말미암아 그 말씀에 따르는 표적이 내 삶에 드러날 때 비로소 다음과 같은 일이 가능해집니다.

"너희가 내 안에 거하고 내 말이 너희 안에 거하면 무엇이든지 원하는 대로 구하라 그리하면 이루리라"(요 15:7).

성령과 말씀이 하나되는 이 말씀이 모든 그리스도인의 삶의 중심이 되어야 합니다.

《알고 싶어요 성령님》, 손기철

그 말씀이 너희 속에 거하지 아니하니 이는 그가 보내신 이를 믿지 아니함이라 너희가 성경에서 영생을 얻는 줄 생각하고 성경을 연구하거니와 이 성경이 곧 내게 대하여 증언하는 것이니라
요 5:38,39

기도

주님, 아는 것에 그치는 어리석음을 범하지 않고 주의 말씀대로 주의 뜻에 따라 실천하겠습니다. 말씀의 생명력으로 제 삶을 인도하여주옵소서. 순종하는 믿음으로 말씀이 실현되어 주님이 나타나는 삶을 살게 하소서.

나의 적용과 결단

당신은 왜, 주님을 전심을 다해 찾지 않는가?

하나님은 자기에게 향하는 자의 손을 잡아주신다!

"오늘날 우리에게 일용할 양식을 주시옵고"(마 6:11).

우리는 내일 속에서 살지 않고 오늘 속에서 산다.

우리는 내일의 은혜나 내일의 양식보다 오늘의 은혜와 오늘의 양식을 사모하며 구하여야 한다.

오늘을 열심히 사는 사람이 가장 번성하고 성공할 수 있다.

신앙생활도 이와 같다.

오늘의 은혜를 구하고, 오늘 필요한 것을 간절히 구하는 사람이 성장할 수 있다.

진정한 기도는 현재의 어려움과 현재의 필요에서 나온다.

오늘을 위한 양식이 있으면, 그것으로 충분하다.

오늘 주어진 양식은 내일도 양식이 주어질 것임을 암시하는 가장 강력한 보증이다.

오늘 허락된 승리는 내일도 승리가 허락될 것임을 말해주는 증거이다.

우리의 기도는 현재에 초점을 맞추어야 한다.

우리는 오늘 하나님을 믿고, 내일을 그분께 전적으로 맡겨야 한다.

현재는 우리 것이고, 미래는 하나님께 속한다.

기도는 우리가 날마다 해야 하는 과업이다.

우리는 날마다의 필요를 위해 날마다 구해야 한다.

날마다 양식이 필요하기 때문에 우리는 날마다 기도해야 한다.

오늘 기도를 아무리 많이 했다 해도, 내일을 위한 기도를 아무리 많이 했다 해도 내일의 기도의 과업을 면제받는 것이 아니다.

우리에게 필요한 것은 오늘의 만나(Manna)이다.

하나님께서는 내일도 우리에게 필요한 것을 공급해주실 것이다.

하나님은 하루하루를 주님께 맡기고 의지하는 믿음을 우리에게 불어넣기를 원하신다.

그러므로 내일에 대한 근심, 걱정, 내일의 필요와 어려움은 모두 그분의 손에 맡겨드리자.

내일의 은혜나 내일의 기도를 저장해두는 것은 불가능하다.

내일의 문제에 대비하여 오늘의 은혜를 저축해두는 것도 불가능하다.

우리는 내일의 은혜를 가질 수 없고, 내일의 양식을 먹을 수 없다.

그러나 분명히 확신하건대, 우리에게 믿음이 있다면, 오늘의 필요를 채우시는 하나님께서 내일도 선한 것을 충분히 공급해 주실 것이다.

이를 믿고 날마다 오늘의 양식, 오늘의 은혜, 오늘의 필요를 간절히 구하라!

《기도의 심장》, E. M. 바운즈

나를 사랑하는 자들이 나의 사랑을 입으며 나를 간절히 찾는 자가 나를 만날 것이니라 부귀가 내게 있고 장구한 재물과 의도 그러하니라 내 열매는 금이나 정금보다 나으며 내 소득은 천은보다 나으니라 나는 의로운 길로 행하며 공평한 길 가운데로 다니나니 이는 나를 사랑하는 자로 재물을 얻어서 그 곳간에 채우게 하려 함이니라 잠 8:17-21

기
도
오늘 나에게 베푸실 하나님의 은혜를 사모하며 기다립니다. 매일매일 나의 삶이 성실하신 하나님으로 인하여 믿음으로 나아가게 하옵소서. 오늘 나의 삶에 개입하셔서 역사하실 하나님을 믿음의 눈으로 바라봅니다.

나의 적용과 결단

소리내어 선포하십시오!

이것이 영적 전쟁의 가장 강력한 무기입니다.

우리가 성경을 암송해야 하는 이유는 성경암송이 특별한 프로그램이어서가 아니라 신앙의 기초이기 때문입니다. 소리 내어 성경을 암송하여 선포하는 것 자체가 기도, 찬양, 예배, 중보기도, 영적 전쟁, 그리고 전도의 핵심 요소입니다.

기도의 본질은 주님의 뜻을 구하고 그 뜻을 선포하는 것입니다. 주님의 뜻은 성경에 나타나 있습니다. 그러므로 성경을 암송하면서 선포하는 것, 그것이 기도의 핵심입니다. 또한 기도의 기초는 자아를 부인하는 것입니다. 그러므로 성경을 암송할 때 생각이 맑게 비워지는 모습은 기도의 중요한 요소 중 하나입니다. 따라서 성경을 소리 내어 암송하며 마음 위에 주의 뜻이 담긴 말씀을 올려놓는 것이 바로 기도입니다. 찬양과 예배는 주님의 이름과 성품, 그리고 섭리를 높여 드리는 것입니다. 그런데 모든 성경의 말씀들은 하나님께서 어떠한 분이신지 나타내는 것이므로 우리가 이해하든 못하든 성경을 소리 내어 암송하여 선포하면, 그것이 찬양이요 예배입니다.

하나님의 말씀을 선포하는 현장에는 하나님의 나라가 임합니다. 골방에서 개인 기도를 할 때 성경을 암송하여 선포하며 이웃들을 주님의 손에 올려드리면 그 이웃의 삶에 하나님나라가 임합니다. 또한 성도들이 함께 모여 성경을 암송하며 선포할 때 그 현장에서 자신과 옆에 있는 이웃들에게도 임합니다. 탄식하며 썩어짐의 종 노릇을 하고 있는 피조물들은 하나님의 자녀들이 나타나는 것을 기다립니다(롬 8:19-22).

우리가 각 나라와 민족, 도시와 지역 가운데 나아가 산천초목을 향해 그리고 정치, 경제, 사회, 문화, 예술, 군사, 교육 등 각 영역들을 향해 하나님의 말씀을 암송하여 선포하면 그곳에 하나님의 나라가 임합니다. 성경을 암송하여 선포하는 행위는 그 나라가 임하도록 하는 중보기도의 중요한 요소입니다.

전도의 본질을 예수님께서 말씀하셨습니다. 마가복음 1장 38절에서 예수님께서 쓰신 '전도'라는 단어의 헬라어는 '케륏소'(khruvssw)인데, "선포하다"라는 뜻입니다. 예수님을 믿도록 영접기도를 하게 하거나 사람을 교회에 데려오는 것이 전도의 본질이 아니라, 영혼들에게 말씀을 선포하는 것이 전도입니다. 그러므로 성경을 암송하여 선포하는 것은 전도의 핵심입니다.

기도의 골방에서 성경을 암송하여 선포하는 훈련이 된 사람은 삶의 현장과 노방과 열방에서 복음전도의 준비가 이미 된 것입니다. 반면 성경을 소리 내어 암송으로 선포하지 않고 눈과 생각으로만 읽는 사람들은 그만큼 전도자로서 훈련이 덜 되는 것입니다.

영적 전쟁의 가장 강력한 무기는 하나님의 말씀입니다. 우리의 싸움은 혈과 육의 싸움이 아니라 정사와 권세와 어두움의 세상 주관자들과 악한 영들과의 싸움입니다. 악한 영적 존재들에게는 영적 무기가 필요합니다. 성령의 능력과 성령께서 주시는 말씀이 그것입니다. 특히 영(靈)에 새겨진 암송된 말씀으로 선포하는 것은 마귀와 악한 영들에 대한 강력한 영적 전쟁의 도구입니다.

《말씀으로 기도하라》, 지용훈

오직 여호와의 율법을 즐거워하여 그의 율법을 주야로 묵상하는도다 시편 1:2

영적 전쟁 가운데 있으면서도 가장 강력한 무기인 말씀을 준비하는 데 소홀했음을 고백합니다. 영에 새겨진 말씀암송 선포를 통해, 영적 전쟁에서 승리하게 하옵소서.

나의 적용과 결단

아, 내가 바보 같은 짓을 했구나

주님은 내게 아무 말씀도 하지 않으셨다

일본에 있을 때 예전 매니지먼트 회사 중 한 곳에서 전화가 왔다. 오랜만에 큰일이 들어왔다는 것이다. "여수 엑스포 일본관에서 연주할 수 있겠어요?" 날짜를 물어보니 일본 작은 교회의 스케줄이 이미 잡혀 있었다. "그날은 일본에 연주가 잡혀 있어서 힘들 것 같은데요." "제 이야기를 좀 들어보세요. 집사님이 일본에 대한 마음이 있잖아요?" "네, 있지요." "이건 정말 중요한 일이에요." 일본관을 주관하는 진행팀의 제일 높은 사람이 드라마의 팬인 것을 알고, 돈은 원하는 대로 줄 테니까 나를 데려오라고 했다는 것이다. 또 세계적인 명품 브랜드인 '루이비통'의 대표도 온다고 했다. 나는 스케줄을 조정할 수 있는지 한번 알아보겠다고 하고 전화를 끊었다. 나는 히로시마에 전화를 걸어 양해를 구했다. 히로시마, 에이메, 오카야마에서의 연주는 작은 인원들이 모이고, 이번에도 자비로 가는 것이기에 조절이 가능하다고 생각했다. 그래서 전화를 했는데 이미 포스터도 붙이고 광고전단도 다 돌렸다고 했다. 나는 상황을 설명했다. 교회에서는 섭섭해 했지만 충분히 이해한다고 했다. 나는 곧장 연락을 해서 여수 엑스포 스케줄이 가능하다고 전했다.

스케줄을 조절한 뒤 찻집에서 아내와 커피를 마시는데 뭔가 찜찜했다. 늘 들리던 부드러운 소리가 안 들렸다. 주님은 내게 아무 말씀도 안 하셨다. '아, 내가 바보 같은 짓을 했구나.' 다시 일본에 전화했다. "그냥 히로시마 스케줄 할게요." 확답을 주겠다고 말해놓은 회사에는 전화를 걸어 미안하지만 못하겠다고 최종 답을 주었다. 그리고 일본에 갔다.

에이메에서는 음악홀이 아닌 작은 다다미방을 빌렸다. 그런데 연주하기 한 시간 반 전에야 음향장비가 제대로 갖춰지지 않았음을 알았다. 기적적으로 연주 시작 20분 전에 장비를 렌트해 연주할 수 있게 되었다. 수녀님 두 분과 팔 하나가 없는 할머니와 젊은 청년들과 술기운이 있는 것 같은 아저씨, 그렇게 30여 명 정도가 내 연주를 들었다. 나는 생각했다.

'내가 만약 여기 있지 않았다면 레드 카펫이 있고 여수 앞바다가 보이는 곳에서 멋진 양복을 입은 루이비통 사장님이 내 연주를 듣고 있지 않았을까? 그런데 지금 자비로 와서 30명 모인 다다미 방에 조그만 스피커 갖다 놓고 뭐하는 걸까?'

연주가 시작되고 앞에 앉은 몇 명이 눈시울을 붉혔다. 한 쪽 팔이 없는 할머니 한 분이 계셨는데 평소 집 밖에 잘 안 나온다고 했다. 그런데 예수님을 믿는 손녀의 권유로 딸과 함께 와서 예수님을 영접했다. 할머니가 어린 아이처럼 나와 사진 찍는 모습에 감동한 손녀는 다다미방 창고에 들어가 울고 있었다. 그러면서 엄마와 할머니가 동시에 예수님을 영접하리라고는 생각도 못했다고 말했다.

대학생으로 보이는 한 여자는 다카맛츠에 있는 80개의 절을 순례하고 있다고 했다. 일본인들은 그렇게 하면 극락에 갈 수 있다고 믿는다. 그런데 우연히 광고지를 보고 내 연주회에 와서 예수님을 구주로 영접했다. 순간 내가 왜 그곳에 있는지 알게 되었다. 루이비통 가방 중에 제일 값나가는 것이 얼마인지는 모르나 한 가지 확실한 것은 하나님께서 독생자 예수 그리스도를 십자가에 못 박히게까지 하시며 산 우리의 값만큼 비싸지 않다는 거다.

《하나님의 연주자》, 송솔나무

너희 몸은 너희가 하나님께로부터 받은 바 너희 가운데 계신 성령의 전인 줄을 알지 못하느냐 너희는 너희 자신의 것이 아니라 값으로 산 것이 되었으니 그런즉 너희 몸으로 하나님께 영광을 돌리라 고전 6:19,20

기도

주님, 저는 복음에 빚진 자입니다. 독생자를 내주시기까지 사랑한 하나님의 마음을 깨닫고 내 이웃에게 그 마음을 전하는 자가 되겠습니다. 어떤 것보다 귀한 복음을 전하는 일에 늘 깨어 있게 하소서.

나의 적용과 결단

'증인'으로 살고 싶은가?

내 결심, 내 힘만으론 안 된다

많은 이들이 자기의 부르심과 비전에 대한 고민과 갈망을 말한다. 나도 시 퍼런 청춘의 시절에는 그것에 집착하였다.

"모든 예수 그리스도의 제자들에게는 단 하나의 부르심이 있습니다. 그것 은 바로 그리스도의 증인이 되는 것입니다. 주님처럼 가난한 자에게 복음 을 전하는 그것입니다." 나는 그런 고민을 물어오는 이들에게 늘 그렇게 말해준다. 이것이 정답이라고 믿는다.

주님의 '손과 발'이 되고, 그 가시는 길을 따라 살게 해달라고 나도 무수 한 시간을 기도하였다. 하나님을 알지 못하고 그 사랑과 은혜를 모르는 지 극히 작은 한 영혼, 그들에게 구원의 비밀과 통로와 능력인 주님을 알게 하고 자유와 해방을 주는 것. 그것이 성경의 진리가 요구하는 삶이다.

그런데 말이다. 그것은 나의 힘과 애씀, 능력으로는 어렵다. 아직도 나의 힘으로 가능하다고 믿는 이들이 있다면 더 많이 무너져봐야 하리라. 예수 님조차 그것을 행하시려고 '기름부음'을 받으셨다. 아아, 이것은 얼마나 중요하고도 놀라운 것인가!

"주의 성령이 내게 임하셨으니 이는 가난한 자에게 복음을 전하게 하시려 고 내게 기름을 부으시고 나를 보내사 포로 된 자에게 자유를, 눈먼 자에 게 다시 보게 함을 전파하며 눌린 자를 자유케 하고 주의 은혜의 해를 전 파하게 하려 하심이라 하였더라"(눅 4:18,19).

주님처럼 사는 것은 그분의 '증인'이 되는 것이다. 진정으로 증인이 되게 하는 것은 나의 확신이나 헌신만으로는 되지 않는다. 오직 성령님의 충만 함과 그것으로 부어지는 '권능'만이 내가 증인이 되게 한다. 내 안에 그 리스도께서 살아 역사하시게 한다.

나는 주를 향한 열망은 특심이로되 그것을 가능케 하는 성령님의 권능, 기름부음에는 무지하였다.

방송 다큐멘터리에 매우 지쳐 있던 2004년 어느 봄날, 나는 극적으로 주님의 음성을 들었다. "그러면 주님… 당신의 손과 발이 되게 해주세요. 진정한 제자가 되게 해주세요." 나는 내 의지가 아닌 어떤 힘에 의해 용광로 같은 뜨거운 눈물을 쏟아내며 그렇게 주님의 음성을 들었다.

주님은 내게 다시 사도행전 1장의 말씀을 들려주셨다. "오직 성령이 너희에게 임하시면 너희가 권능을 받고 … 땅 끝까지 이르러 내 증인이 되리라"(행 1:8). 그 말씀은 너무나 익숙해서 식상할 정도였다. 그러나 이제 나는 그것이 '진정한 능력'의 원천임을 알았다. 식상한 말씀이란 없다. 모든 말씀은 '살았고 운동력이 있는' 성령의 검이다. 그 믿음이 와야 하늘 문이 열린다.

"주님, 이 연약하고 무익한 저를 용서하시고 다시 권능으로 부어주세요. 성령님, 제 배에서 생수의 강이 흐르게 해주세요."

성령님은 진리의 영이시며 진리는 살았고 운동력이 있는 하나님의 능력이다. 그 진리를 믿음으로 이를 악물고 붙들면 우리가 상상하지 못했던 하나님의 역사가 나타나는 것이다. 이 단순한 영적 기초로 다시 돌아가자. 오직 하나님의 언약을 믿고 또 믿는 자녀들이 되자.

《하나님의 이끄심》, 김우현

237

이러므로 우리에게 구름 같이 둘러싼 허다한 증인들이 있으니 모든 무거운 것과 얽매이기 쉬운 죄를 벗어 버리고 인내로써 우리 앞에 당한 경주를 하며 히 12:1

 예수님의 발자취를 따라 가난한 자에게 복음을 전하는 주님의 증인이 되겠습니다. 이것이 나의 확신과 힘으로가 아닌 오직 성령님에 힘에 이끌려 행하는 자가 되겠습니다. 제 안에 성령님의 임재가 충만하시기를 소원합니다.

나의 적용과 결단

지금도 **선교사로** 가고 싶소?

인생의 황금기를 주님께 드리다

나는 한국 나이로 마흔아홉 살에 선교사가 되었다.

1981년 가을 무렵, 아무 연락도 없이 한경직 목사님께서 병원으로 찾아오셨다. "어쩐 일로 이렇게 갑자기 오셨습니까?"

목사님께 여쭈니 미국의 선교단체인 월드컨선(World Concern)의 지부가 한국외항선교회에 생겼는데 네팔에 갈 선교사 의사를 물색 중이라 내 생각이 나서 찾아오셨다는 것이다. 거실에서 기도를 하신 후 한 목사님은 단도직입적으로 물으셨다.

"강 장로, 지금도 선교사로 가고 싶소?"

주저할 것도 없이 나는 "예"라고 분명하게 대답했다. 그리고 그해 겨울, 나는 선교사로 헌신할 것을 교회에 정식으로 통보했다. 한 목사님께는 가겠다고 했는데, 아내하고는 결정이 안 난 상태였다.

당시 개원한 지 11년이 흐르고 그야말로 병원은 환자가 밀려서 숨 쉴 틈이 없는 지경이었다. 그리고 아이들은 대학 입시를 앞두고 있었고, 연로하신 부모님 두 분 모두 살아 계셨다. 특히 아버지는 노환으로 아프시기까지 했다. 선교사로 가겠다는 내 말에 의사가 되기를 권했던 아버님은 말없이 많은 눈물을 흘리셨다. 나를 설득할 수 없다고 느끼자 아내는 내게 애원했다. "우리도 그냥 보통 사람들처럼 살 수 없어요?" 나는 아내의 말에 적잖이 당황했다. '그렇다면 나는 보통 사람이 아니란 말인가?'

며칠 동안 기도하고 생각했다. 결론은 나는 보통 사람이라는 것이었다. 나는 예수님을 믿고, 성경 말씀을 따르는 보통의 크리스천이었다. 나는 내 인생의 가장 중요한 시기, 생선의 가운데 토막 같은 인생을 하나님께 드리고 싶다고 아내를 다시 설득했다.

하나님께서 역사하시고 인도하시면 사람의 계획대로 되는 일은 없다. 내가 하나님과의 관계가 확실하고, 그런 후에 기도했다면 갈 길은 밝히 보인다고 생각한다. 누군가 내 등을 떠밀면서 "이리 가시오, 저리 가시오" 했다면 오히려 갈 수 없었을 것이다. 그렇지만 기도 가운데 인도하심을 따라 결단하고 헌신했기에 나는 행복했다. 어려울수록 오히려 감사하게 되었다. 바로 그때 하나님의 임재를 체험할 수 있기 때문이다.

흔히 선교사는 특별한 부르심, 즉 소명이 있어야 한다고 말한다. 틀린 말은 아니지만 나는 소명을 조금 일반화시켜 생각해야 한다고 본다. 소명은 특별한 사람의 전유물이 아니라 예수 믿는 사람이라면 누구나 받는 것이다. 예수님이 사람으로 오셔서 십자가에서 우리 죄를 대속해 죽으시고, 부활하셔서 우리를 하나님의 백성이 되도록 초청하신 사실이 바로 소명의 시작이라고 할 수 있다. 복음에 반응하는 것, 구원으로의 초청에 반응하는 것이 소명에 반응하는 것이다.

나는 예수님을 믿으면 기본적으로 누구나 소명을 받았다고 생각한다. 그 소명에 우리가 반응할 수 있는 까닭은 다름 아닌 하나님의 사랑 때문이다. 하나님이 먼저 우리를 사랑하셨기 때문에 그 소명에 응답할 수 있는 것이다.

《히말라야 슈바이처》, 강원희

239

그러므로 주 안에서 갇힌 내가 너희를 권하노니 너희가 부르심을 받은 일에 합당하게 행하여
엡 4:1

 내가 내 삶의 주인이 아니라 주님이 주인 된 삶으로 하나님의 부르심에 충실한 종이 되겠습니다. 내 안의 모든 소원과 바람이 주님으로부터 나오며 오직 믿음으로 행하는 자가 되도록 인도하여주옵소서.

나의 적용과 결단

당신은 더 으깨져야 한다!

주님은 당신을 쓰시기 전에 반드시 낮추신다

하나님께 쓰임 받으려면 복잡하고 오랜 과정을 거치게도 하시는 것 같다. 내가 중국에 두부 기계를 구입하러 갔을 때, 문병익 사장이라는 분이 두부에 인생철학이 깃들어 있다는 이야기를 들려주었는데, 매우 인상적이었다. 내 손으로 직접 두부를 만들어 보니 그 말이 더 이해가 되었다.

게다가 콩으로 두부를 만드는 과정이 하나님께서 우리를 연단하고 쓰시는 과정과 비슷하다는 생각이 들었다. 그 분이 들려준 이야기를 여기에 각색하여 옮겨본다.

먼저 유통 과정에서 더러워진 콩을 깨끗이 씻어야 한다. 이것은 죄악 된 세상에서 더러워진 우리를 죄사함과 세례로 깨끗케 하시는 것에 해당한다.

그 다음 콩을 불리면, 콩이 2,3배 크기로 불어난다. 하나님께서는 우리가 죄사함을 받고 난 후, 바로 훈련시키지 않으시고 꿈을 주시고 격려해주신다. 그래서 간혹 우리는 뭐라도 된 양 우쭐해지기도 한다. 그러나 하나님께서는 때가 되면 우리를 하나님의 사람으로 빚기 시작하신다.

다음은 콩을 가는 과정이다. 콩을 갈듯이 우리의 자아를 갈아서 겸손하게 낮추신다. 콩을 처음 갈 때는 쿵탕쿵탕 소리가 요란하다. 갈리지 않으려고 반발하기 때문이다. 갈리는 데는 그만큼 희생이 따른다. 자기를 부인하고 자기가 죽는 아픔이 있다.

그러나 두 번째 갈 때는 거의 소리가 나지 않는다. 깨어진 정도가 아니라 이미 형체도 없이 곱게 갈리는 단계로 진입했기 때문이다. 우리의 교만한 내면이 하나님의 훈련으로 깨지고 갈리는 과정이다.

그 다음은 가열하는 과정이다. 100도 이상의 온도에서 끓여 모든 불순물과 세균을 제거하여 순수하게 하는 것이다. 성화(聖化)되는 과정이라고도

할 수 있다.

하나님께서는 우리를 쓰시기 전에 반드시 우리를 낮추고 우리 삶의 동기와 목적을 순수하게 하신다. 이 낮아지는 과정에 아픔이 있다.

사실 알고 보면 고난의 과정도 축복이다. 이 과정을 거치면 우리가 알 수 없는 하나님의 더 큰 축복이 기다리고 있기 때문이다.

완전히 갈아져 낮아지고 순수하게 된 다음에는 눌러서 두부를 만든다. 이제는 자아도 없고 자기주장도 없어 주인의 주권적인 손에 모든 것을 맡기는 것이다. '내 주여, 뜻대로 행하시옵소서'의 단계이다.

두부가 완성되면 그 다음에는 주인이 원하는 대로 다양한 제품을 만들게 된다. 이렇듯 두부가 완성되는 과정은 하나님이 우리를 쓰시는 단계와 비슷하다. 이를 통해 하나님께서는 우리를 영화롭게 하시고 영광을 받으신다.

《복음에 빚진 사람》, 이민교

형제들아 내가 그리스도 예수 우리 주 안에서 가진 바 너희에 대한 나의 자랑을 두고 단언하노니 나는 날마다 죽노라 고전 15:31

 죄로 물든 이 마음을 주의 보혈로 다시금 깨끗이 씻어주옵소서. 새 마음으로 새로운 것을 보고 새 꿈을 꾸게 하소서. 그 꿈이 나로 하여금 이루어지는 것이 아니라 주의 성령의 능력으로 이루어지게 하소서. 나를 써주시옵소서.

나의 적용과 결단

MISSION and
CALLING 너의 꿈을 포기하라

낮은 가치를 포기해야만 높은 가치를 붙들 수 있다

나는 주님을 만난 이후 나름대로 열심을 다해 선교적 삶을 살아왔다. 나의
생각, 나의 계획, 나의 상상력을 동력으로 비즈니스, 병원, 학교, 미디어,
NGO, 교회 등 많은 영역에서 열정적으로 꿈의 씨앗을 심었다. 그렇지만
결과는 '열매 없이 잎만 무성한 나무'였다. 의지적으로는 주님을 위해 달
려왔건만 결국 '마이 드림'(My Dream)을 추구한 것이다. 그 과정에서 엄
청난 하나님의 은혜를 체험했지만, 뿌리 깊은 죄성과 연약함에 무너지기
도 했다. 사역과 비즈니스에서 승승장구하기도 했지만, 나의 교만함으로
하나님의 뜻보다 나의 뜻을 앞세우다가 큰 실패와 수치를 당하기도 했다.
어느새 주님의 일이 감당할 수 없이 무거운 짐으로 바뀐 것이다.

그때 하나님께서 강력한 임재를 통해 서서히 내 힘을 빼도록 역사하셨다.
그리고 삶의 모든 영역에서 성령님의 만지심을 깊이 경험하게 되었다. 성
공주의 신화 속에서 허우적거리던 나에게도 조용한 변화가 일어나기 시작
했다. 하나님의 영광을 위하여 내 인생에서 뭔가 그럴 듯한 것을 만들어야
한다는 강박관념에 쫓겨 살아온 인생의 짐들을 내려놓게 된 것이다. 이제
는 내 방식이 아닌 성령님의 방법으로 살고 싶다는 열망이 내 안에 생겼다.

'하나님 앞에서의 나'라는 본질적인 물음 앞에서 내가 하나님을 위해 했
던 모든 사역 역시 다시 돌아보게 되었다. 그러면서 나 자신이 아닌 100퍼
센트 하나님을 위해 한 일이 있는지 다시 물었다.

'오직 하나님을 사랑하는 마음으로 했는가, 아니면 다른 마음이 섞여 있
었는가?' '성령님의 능력을 의지해서 했는가, 아니면 내 힘으로 했는가?'
그러자 놀랍게도 이후로 나의 방법을 내려놓게 되었고 전적으로 하나님
의 방법을 신뢰하게 되었다. 그리고 성령님의 능력에 의지하여, 그리스도

의 은혜 안에서, 하나님의 방법에 따라 내 인생을 리스트럭처링 (restructuring) 하고 싶다는 강한 열망이 일어났다.

바로 이 시점에 하나님께서 손기철 장로님 부부를 만나게 하셨고 그 분들을 통해 보혜사 성령님께서 내게 결정타를 먹이신 것이다. 하나님께서는 내가 마지막까지 붙잡고 싶어 한 '자부심'의 영역까지 산산이 깨뜨리시고, 이른바 'Total Surrender' (주님께 전적으로 항복하는 것)의 역사로 나를 이끄셨다. 문제의 핵심은 나의 계획, 나의 스케줄, 나의 야망 때문에 앞서 가던 나였다. 하나님의 일을 한다고 하면서 내가 힘을 빼지 않은 것, 모든 일을 맡긴다고 하면서 일일이 챙겨가며 내가 하려고 했던 것, 보혜사 성령님께서 나를 통해 일하시도록 온전히 내맡기지 못하고 계속 힘을 주어왔던 것이다.

2009년을 맞이하여 손기철 장로님과 교제하던 중 장로님께서 이런 말씀을 해주셨다. "능력의 핵심은 자아를 주(主)께 드리는 것이며 보혜사 성령님이 나를 파괴하고 나오시는 것입니다. 그 배에서 생수의 강이 흘러나오는 역사는 자신의 전부를 과감히 주께 맡기고 믿음으로 행할 때 일어납니다." 그렇다. 마이 드림에 집착하다가 킹덤드림을 놓치는 경우가 얼마나 많은가. 이 경우에는 마이 드림이 성취되더라도 더 갈급해지고 또 다른 마이 드림을 찾아 추구하게 된다. 마이 드림은 성취할수록 오히려 허망하다.

《킹덤드림》, 황성주

243

우리가 항상 예수의 죽음을 몸에 짊어짐은 예수의 생명이 또한 우리 몸에 나타나게 하려 함이라 우리 살아 있는 자가 항상 예수를 위하여 죽음에 넘겨짐은 예수의 생명이 또한 우리 죽을 육체에 나타나게 하려 함이라 고후 4:10,11

기도

주님, 제가 이루고자 하는 꿈의 목적이 무엇입니까? 주님입니까? 저의 만족입니까? 제 마음속에 헛되고 썩어질 것들에 대한 꿈들을 접게 해주시고, 하나님나라의 꿈을 꾸게 하여 주옵소서. 주님의 꿈이 이 땅에 이루어지길 소원합니다.

나의 적용과 결단

'사람' 때문에 힘드십니까?

사람은 사랑의 대상이지 믿음의 대상이 아닙니다

어려운 환경 중에서도 우리를 가장 힘들게 하고 가슴 아프게 하는 것이 있다면, 바로 사람입니다. 우리는 사람 때문에 힘들어하고, 사람 때문에 위로받습니다. 사람 때문에 분노하고 사람 때문에 행복해합니다. 본질적으로 사람은 사랑의 대상이지 믿음의 대상이 아닙니다. 사람을 따르고 의지하려고 하면, 큰 어려움에 부딪힐 수 있다는 말입니다. 이 말은 모든 사람을 다 의심하고, 관계도 맺지 말고, 거리를 두고 살라는 말은 아닙니다.

핵심 질문은 이것입니다. "과연 나는 사람 때문에 흔들리는 사람인가?"

사울은 다윗을 두려워했습니다. 그러나 당시 겉으로 보기에 돌아가는 상황은 완전히 반대였습니다. 누가 보아도 다윗이 사울을 두려워할 상황이었지 사울이 두려워할 상황이 아니었습니다. 사울은 왕이었고 리더십도 확실했습니다. 그런데도 사울이 다윗을 잡으러 다닌 기간이 13년 이상 됩니다. 그 기간 동안 사울은 흔들리지 않는 강자였습니다.

다윗이 사람을 모아 데리고 있기는 했으나 혁명이나 반란을 도모하기 위해 모은 것과는 근본이 다릅니다. 그들은 다윗이 사울에게 쫓겨 다니는 것을 보고 모인 그 사회의 '루저'(loser, 패자)들이었습니다.

그러면 왜 사울은 다윗을 죽이기 위해 그토록 오랜 시간 에너지를 낭비했습니까? 다윗이 두려웠기 때문입니다. "여호와께서 사울을 떠나 다윗과 함께 계시므로 사울이 그를 두려워한지라"(삼상 18:12). 그러면 다윗은 사울을 두려워하지 않았을까요? 언뜻 보면 다윗은 하나님께 합한 사람이라 하나님께 늘 물어보며 두려움을 느끼지 않았을 것만 같습니다.

그러나 다윗도 사울을 두려워하기는 마찬가지였습니다. "그날에 다윗이 사울을 두려워하여 일어나 도망하여 가드 왕 아기스에게로 가니"(삼상

21:10).

다윗도 사람이었고 두려움을 느꼈습니다. 그 역시 사람을 의지하기도 했고 음모를 꾸미기도 했습니다. 그로 인해 주변 사람들에게 피해를 주기도 했습니다. 이런 관점으로 보면 사울과 다윗이 큰 차이가 없어 보입니다. 그런데 어떻게 결과적으로 정반대의 삶을 살게 됩니까? 무엇이 다릅니까? 차이는 시편에서 나타납니다. 시편에는 다윗의 적나라한 감정들과 하나님에 대한 깊은 사랑의 고백이 공존합니다. 다윗의 시가 아름다운 것은 하나님이 자신의 피난처요, 목자요, 바위요, 요새라는 고백이 있기 때문입니다. 다윗은 시를 통해 하나님이 자신의 보호자시며 권능의 주(主)이심을 인정합니다. 그러나 사울에게는 이런 고백이 없습니다.

두려움을 주는 사람도 결국은 사라집니다. 우리는 사람이 아니라 하나님을 두려워해야 합니다. 사람은 하나님을 떠나면 두려워하게 되어 있습니다. 두려움은 하나님이 인간들을 위해 심어놓으신 알람 기능입니다.

우리는 하나님의 임재, 즉 동행을 깨달아야 합니다. 광대하신 하나님께서 내 아버지로 내 곁에 계시다는 것을 확실하게 알아야 합니다. 나를 지으신 예수님이 내 곁에 계시면서 내 손을 꼭 잡아주십니다.

《폭풍 속의 동행》, 김수영

귀인들을 의지하지 말며 도울 힘이 없는 인생도 의지하지 말지니 그의 호흡이 끊어지면 흙으로 돌아가서 그 날에 그의 생각이 소멸하리로다 야곱의 하나님을 자기의 도움으로 삼으며 여호와 자기 하나님에게 자기의 소망을 두는 자는 복이 있도다 시 146:3-5

제가 항상 주님의 임재 가운데 거하게 하소서. 사람을 두려워하지 말고 하나님을 두려워하게 하소서. 주님의 임재를 의식하며 경외하며 따르겠습니다. 주님, 나와 언제나 함께하여 주옵소서.

나의 적용과 결단

당신이 현재 가장
많이 하는 말은?

경제위기, 돈, 성공, TV 프로그램, 연예인 가십거리인가,
하나님을 경외하는 말인가?

기독교인은 함께 걷거나 식탁에 앉았을 때 항상 은혜로운 말을 주고받아
야 한다. 그래야만 먹거나 마시는 일에서도 '하나님의 영광'을 구할 수 있
다(고전 10:31).

신앙에 관한 이야기만 나오면 혀가 입천장에 들러붙기라도 한 듯이 아무
말이 없는 사람들이 많다. 신앙의 문제는 아주 중요하다. 하나님을 사랑
하는 마음이 있고, 또 주님의 자비하심을 깨달은 사람은 그분의 의를 말하
지 않을 수 없다(시 71:24). 경건한 신자는 거룩한 말을 쏟아놓지 않을 수
없다. 천국에 속한 일들을 말하는 것 외에 달리 해야 할 일이 무엇이 있겠
는가? 기독교인을 자처하는 사람들 중에서도 부끄러워해야 할 사람들이

많다. 그들이 모임에서 하나님을 대화에서 제쳐놓기 때문이다.

지식이 많아서 더는 발전이 없어도 괜찮고, 믿음이 충분해서 더 이상 성장
하지 않아도 괜찮다는 말인가? 신앙 문제에 관해 침묵하는 것은 중죄에
해당한다.

오늘날 경건의 능력을 쉽게 찾아볼 수 없는 가장 큰 이유는 성도들 사이에
서 거룩한 대화가 오가지 않기 때문이다. 사람들은 온갖 부적절한 일들만
화제로 삼을 뿐 아니라 하나님과 천국에 관한 말은 하지 않는다. 어떤 사
람들은 이야깃거리가 없어서 무슨 말을 해야 할지 도대체 모르겠다고 불
평한다.

은혜로운 대화를 나누려면 진리를 많이 알고 있어야 한다. 입으로 말할 수
있는 진리가 마음에 풍성하게 쌓여 있어야 한다.

할 말이 없는데도 뭔가 좋은 말을 하려고 애쓰는 사람들이 있다. 하지만
빈 그릇에서는 아무것도 나올 수 없다. 은혜로운 말을 쏟아내고 싶으면 먼

저 거룩한 지식을 충분히 쌓아야 한다.

바울은 "그리스도의 말씀이 너희 속에 풍성히 거하여 모든 지혜로 피차 가르치며"(골 3:16)라고 말했다. 예수님은 물 항아리에 먼저 물을 가득 채우게 한 다음 "이제는 떠서 연회장에게 갖다 주라"(요 2:8)라고 말씀하셨다. 이처럼 먼저 거룩한 지식을 가득 채워야만 은혜로운 대화를 건넬 수 있다.

또한 우리가 하나님에 관한 일을 자연스럽게 말할 수 있으려면 신앙생활을 기쁨으로 알아야 한다. 사람은 자신이 기뻐하는 것을 입으로 전하기 마련이다. 관능주의자들은 육신의 쾌락을 말하고, 물질주의자들은 사치스러운 소비생활을 말한다. 마찬가지로 그리스도의 아름다움에 매료되어 기쁨을 감추지 못하는 사람은 자신의 감정을 숨기기 어렵다.

은혜로운 대화는 유익이 크다. 경우에 합당한 말은 다른 사람의 마음에 강력한 영향을 끼쳐 평생 큰 유익을 누리게 만든다. 신자는 은혜로운 말을 통해 무지한 사람을 깨우치고, 냉랭한 사람을 훈훈하게 녹이며, 슬픈 사람을 위로하고, 흔들리는 사람에게 확신을 제공한다.

사도 바울은 "듣는 자들에게 은혜를 끼치게 하라"(엡 4:29)라고 말했다. 이는 거룩한 말을 통해 서로의 덕을 세워야 한다는 뜻이다.

거룩한 대화를 나눌 수 있는 은사와 은혜를 하나님께 구해야 한다. "주여 내 입술을 열어주소서"(시 51:15)라고 기도하라.

《하나님을 경외하는 사람》, 토마스 왓슨

내가 너희에게 이르노니 사람이 무슨 무익한 말을 하든지 심판날에 이에 대하여 심문을 받으리니 네 말로 의롭다 함을 받고 네 말로 정죄함을 받으리라 마 12:36,37

은혜를 나누는 말보다 쓸모없는 무익한 말을 더 즐겨했던 것을 회개합니다. 늘 은혜로운 대화가 가득한 입술이 되기 위하여 제 안에 그리스도의 말씀을 풍성히 쌓고 늘 하나님을 묵상하기로 결단합니다.

나의 적용과 결단

이제 더 이상 주님께
사기 치지 말라

황당하기 짝이 없는 알량한 행위로 주님 앞에 꼿꼿이 서려 하는가!

우리는 우리가 어떤 존재인지를 알아야 한다.

정직해지는 것이 얼마나 어려운가! 내가 용납받기 힘든 존재라는 것을 인정하는 것이 얼마나 힘든가! 스스로 의롭게 될 수 없음을 인정하는 것이 얼마나 힘든가!

나의 기도, 영적 깨달음, 십일조, 사역의 성공 때문에 하나님께서 나를 기뻐하신다는 주장을 철회하는 것이 얼마나 어려운가!

나의 어떤 장점 때문에 하나님이 나를 아름답게 봐주시는 것이 아니다.

내가 하나님의 눈에 사랑스런 존재로 보이는 것은 오직 하나님이 나를 사랑하시기 때문이다.

정직해지려는 사람은 자신의 진짜 모습을 똑바로 보겠다고 각오해야 한다. 그 진짜 모습이 아무리 불쾌하고 위협적인 것이라 할지라도 말이다.

정직해진다는 것은 스스로 하나님과 함께 버티는 것을 의미한다.

우리가 정도에서 벗어났다는 것을 인정하는 것이요, 우리 자신에게 문제 해결 능력이 전혀 없다는 것을 철저히 깨닫는 것이다. 그러므로 계속해서 정직해지려면 힘과 용기가 필요하다.

정직하지 못한 사람은 자신을 꽤 괜찮은 존재로 그린 자화상을 만드는 데 열중하게 된다. 이렇게 되면 하나님을 기뻐하는 대신 자기만족에 빠지고 만다.

그러나 정직한 사람들은 자신들이 영적으로 가난한 자들이며 구원받은 죄인들임을 계속 의식하게 된다. 그런 사람들이 천국에 들어갈 수 있는 사람들이다. 심령의 가난함과 철저한 정직이 그들을 해방시켰기 때문이다.

하나님께 가까이 갈 수 있는 유일한 길은 자신에게 정직해지는 것이다. 그렇게 되면 은혜의 강물이 우리에게 새롭게 흐를 것이다.

"주 예수님! 우리는 감히 당신 앞에 서려고 시도했던 어리석은 양들입니다. 우리는 황당하기 짝이 없는 알량한 행위로 당신을 매수하려고 했던 어리석은 양들입니다.

그러나 이제 깨달았습니다. 우리가 잘못했으니 우리를 용서하소서. 우리가 부랑아임을 인정할 수 있는 은혜를 베푸소서. 깨어진 우리 자신을 끌어안을 수 있는 은혜를 베푸소서. 우리가 지극히 연약할 때 주님의 자비를 찬양할 수 있는 은혜를 허락하소서. 우리가 어떻게 행동하든 간에 당신의 긍휼을 의지할 수 있는 은혜를 더하소서.

사랑하는 예수님! 사람들의 주의를 끌어 인기를 얻으려는 짓을 중단하도록 도우소서. 과시하지 않고 은밀히 진리를 실천하도록 도우소서. 우리의 삶에서 정직하지 못한 것들이 사라지도록 은혜를 더하소서. 우리의 한계를 인정하고 은혜의 복음을 붙들고 당신의 사랑을 기뻐하는 마음을 우리에게 허락하소서. 아멘."

《한없이 부어주시고 끝없이 품어주시는 하나님의 은혜》, 브레넌 매닝

네가 말하기를 나는 부자라 부요하여 부족한 것이 없다 하나 네 곤고한 것과 가련한 것과 가난한 것과 눈 먼 것과 벌거벗은 것을 알지 못하는도다 계 3:17

나는 가난하고 궁핍하오니 하나님이여 속히 내게 임하소서 주는 나의 도움이시요 나를 건지시는 이시오니 여호와여 지체하지 마소서 시 70:5

제 삶에서 정직하지 못한 것들이 사라지기를 기도합니다. 겉으로는 하나님을 위한다면서 사실은 나 자신을 드러내려는 숨은 동기를 버리게 하옵소서. 온전히 주님만을 높이며, 오직 주님만이 주실 수 있는 은혜만을 따라 살기를 소원합니다.

나의 적용과 결단

그만 심장이 멎어버리고 말았다

그분은 나와 함께 아파하고 눈물 흘리고 계셨다

DTS를 끝내고 열심히 주님을 섬기던 시절, 우리 가정에 청천벽력 같은 일이 일어났다. 하나밖에 없는 형이 25세의 나이에 죽은 것이다.

그날 형은 자신이 지휘하던 찬양대원들과 산을 오르는 도중 그만 심장이 멎어버리고 말았다. 연락을 받고 부랴부랴 병원으로 가는 택시에서 아버지가 말했다. "네 형이 죽었다."

성악과 출신이었던 형은 고가의 아르바이트를 해서 재정적으로 넉넉했다. 하루는 배가 고프다는 나를 뷔페에 데리고 가서 맘껏 먹을 수 있게 해주었던 기억이 난다. 우리는 한 방을 쓰면서 자랐고, 각자 친구들의 비리까지 서로 다 아는 사이였다. 그런 형이 죽었다.

사람들은 위로의 말을 건넸다. "하늘나라에 일꾼이 필요해서 데려간 모양이다." 나는 분노가 올라왔다. '일꾼이 필요하면 목사님들 중에서 데려가지 왜 젊은 형이 죽어야 하나!' 어떤 분은 이렇게 말했다. "네가 형 몫까지 살아라." '내 삶도 살기 쉽지 않은데 형 몫이라니, 됐습니다.' 가장 위로가 된 것은 그저 아무 말 없이 같이 울어주던 사람들이었다.

형의 장례는 집에서 치러졌다. 입관을 하고 관에 기대어 앉아 있는데 문득 한 가지 생각이 들어왔다. "하나님은 선하시다." 형을 죽음으로부터 보호해주지 않으셨다는 생각에 하나님을 원망했던 내 곁에서 그분은 함께 아파하고 눈물 흘리고 계셨음을 알게 된 것이다. 그때 비로소 충분히 슬퍼할 수 있었다.

나는 아직도 형의 죽음을 이해하지 못한다. 그러나 형의 죽음이 내 영혼에 가져온 축복은 놀라운 것이었다. 우선 나는 겸손해졌다. "사명이 있으면 죽지 않아"라고 말하던 교만을 내려놓았다. 하나님은 언제라도 내 목숨을 거두실 수 있다는 엄연한 현실을 마음에 새겼다. 회개도 많이 했다. 하지만 이 모든 것이 형의 죽음을 설명하지는 못한다. 이해되지 않은 상황이라해도 하나님의 선하심에 대한 믿음이 있다면 그 한 가지만으로 주님과의 관계를 지속하는 데에 문제가 없었다.

나는 레노바레(라틴어로 '새롭게 하다'라는 의미로 리차드 포스터가 창시한 영성 운동)를 통해 필립 얀시를 알게 되었는데, 2010년 한국 레노바레 세미나에 그를 초청했을 때 그는 고통에 대해 이렇게 말했다. "우리는 아프면 그고통의 원인을 병원에 가서 떼어 놓고 싶어 한다. 의학적으로 가장 큰 고통은 출산인데, 어느 누구도 그 고통의 원인을 병원에 두고 오려는 사람은없다. 고통은 풀어버려야 할 문제가 아니라 완성시켜야 할 작품이다."

결코 풀 수 없는 문제로 여겼던 형의 죽음이 내 영혼을 다듬었다. 형의 죽음은 늘 나에게 인간의 유약함을 되새기게 한다. 언제든지 내가 하던 일이중단될 수 있다는 사실을 염두에 두게 한다. 또 하늘나라가 형 덕분에 가까워졌다. 내가 가야 할 나라임이 분명한데 그 나라에 형이 먼저 가 있다는 생각이 천국을 친근하게 만들어주었다. 낙원에서 주님과 함께 있는 형의 영혼에 대한 마음은 갑작스런 헤어짐이 가져온 상실의 아픔을 그리움으로 바꾸어주었다. 그리고 주님의 나라가 더욱 보고 싶고, 가고 싶도록했다.

251

《더, 더 가까이》, 홍기영

너희는 마음에 근심하지 말라 하나님을 믿으니 또 나를 믿으라. 내 아버지 집에 거할 곳이 많도다. 그렇지 않으면 너희에게 일렀으리라 내가 너희를 위하여 처소를 예비하러 가노니 가서 너희를 위하여 처소를 예비하면 내가 다시 와서 너희를 내게로 영접하여 나 있는 곳에 너희도 있게 하리라 요 14:1-3

기도

지금의 아픔이 이해되지 않지만 주님은 그런 우리와 함께 아파하고 눈물 흘리고 계셨음을 알게 하신 것을 감사합니다. 이 땅이 아닌 천국에 소망을 품고 오늘 하루도 주님의 일하심을 기대하며 살게 하소서.

나의 적용과 결단

금 신상에 직접
절하지는 않지만…

우리는 다른 우상들에게 절하고 있다!

오늘날 우리에게 금 신상을 세우고 절하라는 군주는 없다. 그러나 세상은 여러 가지 형태의 우상숭배를 우리에게 끊임없이 강요한다.

우상은 다른 게 아니라 내 돈과 시간과 마음을 바치는 어떤 것이다. 내 삶의 절대우선순위를 두는 것들이다. 이를테면 직장, 은행 계좌, 자녀, 취미생활, 쇼핑, TV 시청,골프, 컴퓨터 게임, 스마트폰 같은 것들에 지나치게 빠지면 그것이 우상이 된다.

겉으로 드러난 행위보다 더 무서운 것은 우리가 섬기는 우상 신들 뒤에 숨어 있는 죄의 본질이다.

성경에 나오는 우상 신들의 특징은 물질적이고, 음란하고, 폭력적이다. 그래서 우상 신들을 예배하는 사람들도 똑같이 닮아갔다. 그래서 하나님께서 우상숭배를 엄히 금하셨다. 숭배하는 우상들이 조장하는 어둠의 영에 우리가 물들까 봐 경계하신 것이다.

느부갓네살 왕은 세 친구들에게 하나님을 버리라고 하지 않았다. 다만 사람들이 보는 앞에서 신상에게 한 번만 절하라고 했다.

오늘날도 똑같은 방법으로 세상이 우리를 압박한다. 하나님을 믿지 말라고 하지는 않는다. 하나님을 믿되, 세상의 우상들과 적당히 손잡고 타협하라고 한다. 이 그럴듯한 유혹에 얼마나 많은 크리스천들이 넘어지는지 모른다.

세 친구는 목숨을 던져야 하는 상황에서도 믿음을 타협하지 않았다. 그러나 오늘날 크리스천들 중에는 당장 회사에서 쫓겨난다고만 위협해도 믿음을 타협하는 사람들이 얼마나 많은가.

세상이 하나님의 사람을 우습게 보는 것은 그가 돈이 없거나 힘이 없어서

252

가 아니다. 세상 사람이 넘어지는 시험에 크리스천도 똑같이 넘어지고, 그들이 탐닉하는 것들을 크리스천도 똑같이 탐닉하기 때문이다.

그러나 그것 때문에 손해를 보고 욕을 먹고, 모든 것을 잃어도 믿음을 지킨다면 세상은 교회를 두려워할 것이다.

오늘날 크리스천들의 믿음은 너무나 연약하고, 기복이 심하다. 조금만 힘들면 추풍낙엽처럼 나가떨어진다. 우리 모두는 다시 새롭게 회개하고, 영적인 야성을 회복하며 일어나야 한다.

《다니엘 임팩트》, 한홍

너희 모든 성도들아 여호와를 사랑하라 여호와께서 진실한 자를 보호하시고 교만하게 행하는 자에게 엄중히 갚으시느니라 여호와를 바라는 너희들아 강하고 담대하라 시 31:23,24

 세상의 우상들과 적당히 손잡고 타협하는 우리의 삶을 돌아봅니다. 내 삶으로 예수 그리스도를 믿는 믿음이 무엇인지 보여주게 하시고 그 믿음을 지키는 삶을 살게 하소서!

나의 적용과 결단

하나님 사람에게 주는 하나님 음성

초판 1쇄 발행   2013년 11월 19일
초판 3쇄 발행   2015년 11월 27일

엮은이   규장 편집부

펴낸이   여진구
책임편집   이한민
편집   1팀 | 이영주, 김수미   2팀 | 최지설, 박민희   3팀 | 안수경, 유혜림   4팀 | 김아진, 김소연
책임디자인   마영애, 황혜정 | 이혜영, 전보영
해외저작권   김나은
마케팅   김상순, 강성민, 허병용, 이기쁨   마케팅지원   최태형, 최영배, 이명희
제작   조영석, 정도봉   경영지원   김혜경, 김경희

이슬비전도학교   최경식, 전우순   303비전성경암송학교   박정숙, 정나영, 정은혜
303비전장학회 & 303비전꿈나무장학회   여운학

펴낸곳   규장

주소 137-893 서울시 서초구 양재2동 205 규장선교센터
전화 02)578-0003   팩스 02)578-7332
이메일 kyujang@kyujang.com   홈페이지 www.kyujang.com
트위터 twitter.com/_kyujang   페이스북 facebook.com/kyujangbook
등록일 1978.8.14. 제1-22

책값 뒤표지에 있습니다.
ISBN 978-89-6097-325-1 03230

규 | 장 | 수 | 칙

1. 기도로 기획하고 기도로 제작한다.
2. 오직 그리스도의 성품을 사모하는 독자가 원하고 필요로 하는 책만을 출판한다.
3. 한 활자 한 문장에 온 정성을 쏟는다.
4. 성실과 정확을 생명으로 삼고 일한다.
5. 긍정적이며 적극적인 신앙과 신행일치에의 안내자의 사명을 다한다.
6. 충고와 조언을 항상 감사로 경청한다.
7. 지상목표는 문서선교에 있다.

> 하나님을 사랑하는 자 곧 그의 뜻대로 부르심을 입은 자들에게는 모든 것이 合力하여 善을 이루느니라(롬 8:28)